REJOIGNEZ LA COMMUNAUTÉ DES LECTEURS MALINS !

Inscrivez-vous à notre newsletter et recevez chaque mois :

- des conseils inédits pour vous sentir bien ;
- des interviews et des vidéos exclusives ;
- des avant-premières, des bonus et des jeux !

Rendez-vous sur la page :

http://leduc.force.com/lecteur

ou scannez ce code :

Découvrez aussi notre catalogue complet en ligne sur notre site : **www.editionsleduc.com**

Enfin, retrouvez toujours plus d'astuces et de bons conseils malins
sur notre blog : **www.quotidienmalin.com**
sur notre page Facebook : **www.facebook.com/QuotidienMalin**

Ce livre est une compilation des 4 ouvrages suivants,
parus aux éditions Leduc.s :
La méditation, c'est malin de Marie-Laurence Cattoire
L'autohypnose, c'est malin de Jean-Michel Jakobowicz
Apprendre à lâcher prise, c'est malin de Cécile Neuville
Mieux vivre avec l'EFT, c'est malin de Jean-Michel Gurret

Maquette : Émilie Guillemin
Illustrations : Fotolia, Michel Pinosa (p. 27, 33, 52, 116)

17, rue du Regard
75006 Paris – France
ISBN : 979-10-285-0124-2
ISSN : 2425-4355

C'EST MALIN

GRAND FORMAT

LE MEILLEUR DU DÉVELOPPEMENT PERSONNEL

LEDUC.S ÉDITIONS

SOMMAIRE

TÉLÉCHARGEZ DES CONTENUS EXCLUSIFS

Tout au long de cet ouvrage, vous retrouverez des QR codes vous permettant de télécharger sur votre téléphone ou tablette des contenus exclusifs.

Pour les consulter, téléchargez sur votre magasin d'applications mobiles (App Store, Android market, etc.) une application permettant de lire les QR codes. Lancez l'application et visez un QR code avec l'appareil photo de votre téléphone mobile. L'application reconnaît automatiquement le QR code et vous permet de voir son contenu sur votre écran.

Vous pouvez également accéder au contenu via les liens indiqués sous chaque QR code, il vous suffira pour cela de taper ce lien directement dans la barre de recherche de votre navigateur Internet.

MARIE-LAURENCE CATTOIRE

LA MÉDITATION, C'EST MALIN

Inclus : 2 vidéos pour méditer plus facilement ! Rendez-vous à la page suivante !

UNE MÉDITATION GUIDÉE ET DEUX VIDÉOS INDISPENSABLES !

Pour vous aider à méditer facilement au quotidien, découvrez sans tarder une méditation guidée de Fabrice Midal, ainsi que deux vidéos inédites de Marie-Laurence Cattoire expliquant comment préparer votre espace dédié à la méditation, à la maison mais aussi au bureau.

Rendez-vous vite sur la page :

www.quotidienmalin.com/meditation

ou scannez ce code

Marie-Laurence Cattoire dirige sa propre agence de relation presse, est mère de famille et coordonne depuis 2005 des séminaires de méditation.

Préface de Fabrice Midal, fondateur de l'École Occidentale de Méditation et auteur de *Que sais-je, La méditation* et de *Pratique de la méditation* (Livre de Poche).

PRÉFACE DE FABRICE MIDAL

La méditation s'enracine en Occident de manière durable et profonde. Sa reconnaissance par la communauté scientifique et médicale nous a démontré, sans ambiguïté, ses effets physiologiques bien réels. Elle cesse d'être perçue comme une discipline religieuse exotique venue d'un lointain Orient, réservée à des êtres en marge, pour devenir aujourd'hui une manière *pratique* d'être plus ouvert, plus responsable et plus vivant.

Le terme « pratique » ne doit pas nous égarer. Il est parfois un peu déconsidéré. Or, ce mot vient du grec *praxis*, qui désigne l'action entièrement libre, que l'on accomplit pour elle-même et qui nous affranchit de la servilité des contingences. Elle se distingue des activités entièrement tournées vers un objectif de résultat, ainsi que de toutes les formes d'affairement si courantes aujourd'hui. Aristote souligne que c'est la *pratique* qui permet à l'homme d'advenir au véritable bonheur – parce qu'elle seule est à même de faire de lui un être humain vraiment libre.

Les conseils et les explications que nous donne ici Marie-Laurence Cattoire permettront à chacun de découvrir et d'approfondir le sens pratique de la méditation ; ils permettront également de réaliser de quelle manière la méditation nous fait apprécier la merveille d'être un être humain, dans toute son ampleur.

Marie-Laurence Cattoire étudie avec moi depuis la fondation de l'École occidentale de méditation et j'ai, dès le premier jour, été frappé par sa capacité à comprendre le sens réel de la *pratique*. Femme accomplie, chef d'entreprise, mère de trois enfants, ayant nombre de responsabilités associatives, elle n'a jamais cherché à faire de la méditation un outil technique de plus, un rêve, une discipline abstraite qu'il faudrait s'imposer coûte que coûte. Elle a cherché à découvrir comment la méditation pouvait être *pratique* – et l'amener ainsi à avoir un rapport plus libre et donc bienveillant avec ses collaborateurs, ses clients, sa famille et tous les gens qu'elle rencontre. La vertu de ce livre est de permettre ainsi au lecteur de se poser les bonnes questions, de pouvoir à son tour *pratiquer* la méditation et la laisser résonner dans tous les aspects de son existence.

FABRICE MIDAL,
fondateur de l'École occidentale de méditation.

INTRODUCTION

Chef d'entreprise, mère de trois enfants, j'ai toujours eu un sens aigu des responsabilités. Arrivée à la quarantaine, alors que, de l'extérieur, tout semblait aller pour le mieux, je ressentais comme une forme sourde, mais constante, de panique, presque une asphyxie. J'avais l'impression de vivre en apnée ; le sens du devoir avait pris tant de place qu'il masquait toute possibilité de joie, et me détendre se résumait à raconter ma vie à mes amis en buvant du bon vin... J'ai compris alors que je ne pourrais plus tenir longtemps ces rôles sociaux parfois forcés et trop séparés les uns des autres... au fond, qui était Marie-Laurence Cattoire ? L'amie sympathique ? L'épouse soumise par facilité ? La mère stressée ? La patronne exigeante ? Je ne le savais plus trop. Rien n'était unifié... Rien ne me semblait tout à fait réel...

J'ai alors eu l'occasion de suivre un stage de méditation, dirigé par Fabrice Midal (fondateur de l'École occidentale de méditation, voir encadré p. 17). Ce fut un bouleversement ; j'ai eu l'impression qu'on m'arrachait des œillères et que je retrouvais, au fil de ce séminaire d'une semaine, une vision panoramique sur ce qui m'entourait. Je découvrais enfin un monde réel ; j'étais libérée d'un voile, d'un brouillard quasiment imperceptible mais omniprésent.

C'était il y a dix ans, et la méditation s'est, depuis, profondément inscrite dans ma vie. Elle m'a tellement aidée, dans tous les aspects de mon existence, qu'il m'a semblé important d'écrire un livre sur cette pratique capable de donner une nouvelle ampleur à la vie de quelqu'un de tout à fait ordinaire et d'aussi peu « spirituel » que moi.

POURQUOI LA MÉDITATION, C'EST MALIN ?

Parce que la pratique de la méditation aide à développer une forme d'intelligence différente : plus corporelle, plus directe, moins intellectuelle. La méditation nous permet de renouer avec notre intuition et, progressivement, d'avoir davantage confiance en nous-mêmes. Elle est une aventure qui invite à la découverte de soi, des autres et du monde. En nous (ré)apprenant à être présents, présents aux situations, présents à la vie, la méditation nous ouvre un rapport inédit au temps et à l'espace.

UN LIVRE DE PLUS SUR LA MÉDITATION ?...

Le rayon « méditation » des librairies ne cesse de s'agrandir chaque mois depuis quelques années. On y trouve de nombreux livres intéressants mais, généralement, ils abordent la méditation soit d'une manière scientifique ou médicale, « preuves » à l'appui, soit d'une manière très spirituelle, voire religieuse.

Femme d'action, je ne me suis jamais considérée comme une personne en quête de spiritualité. C'est du reste l'approche laïque, précise et tout à fait concrète proposée par l'École occidentale de méditation qui m'avait, d'emblée, séduite. J'ai donc pensé qu'il pourrait être utile d'écrire un livre dans cet esprit, très accessible, structuré en chapitres courts, qui répondent concrètement à nos préoccupations quotidiennes ; ce livre souhaite aborder une pratique ancestrale, très précieuse pour les femmes et les hommes d'aujourd'hui, de manière simple, sans jargon particulier.

OÙ PRATIQUER?

Fondée en 2006 par Fabrice Midal, qui enseigne depuis près de vingt ans et a écrit une trentaine d'ouvrages sur la méditation, l'art et la philosophie, l'École occidentale de méditation propose d'apprendre à méditer dans un cadre laïc. L'École organise des soirées d'introduction à la pratique hebdomadaires et ouvertes à tous, à Paris et à Genève. Elle propose de nombreux séminaires partout en France et en Suisse. L'École a également mis en place une formation d'instructeur de méditation sur trois ans.
www.ecole-occidentale-meditation.com
Il existe, dans la plupart des grandes villes, des centres Zen (dojos) qui proposent une approche de la méditation rigoureuse et relativement ascétique, telle qu'elle a été développée au Japon puis introduite en Occident dans les années 1970 par Deshimaru.
Beaucoup de centres bouddhiques se sont également implantés en France, qu'ils soient d'obédience tibétaine ou vietnamienne. Le centre des Pruniers, dirigé par le maître vietnamien Thich Nhat Hanh par exemple, propose des retraites de méditation, mais attention, les groupes sont très importants (300 à 500 personnes). Ces centres bouddhistes ont souvent une approche très traditionnelle qui s'appuie sur des pratiques liturgiques. Informations : www.bouddhisme-france.org.
L'essentiel est d'aller voir par vous-même si ce qui est dit vous parle, si ce qui est montré vous aide, vous éclaire, si vous trouvez des réponses précises à vos interrogations. Faites confiance à votre discernement, à votre intuition et ne prenez rien pour « argent comptant », comme on dit.

1

COMPRENDRE LA MÉDITATION

Chapitre 1

Qu'est-ce que la méditation ?

UNE PRATIQUE SIMPLE, SANS FIORITURES

Pour pratiquer, il suffit d'avoir... un corps et de respirer ! Il s'agit de s'asseoir quelques dizaines de minutes, en silence, de ne plus bouger, afin de pouvoir porter son attention aux pensées qui nous traversent, au souffle qui nous anime, à notre corps, à l'environnement immédiat. Pour cela, on peut choisir de s'asseoir sur un coussin (il en existe de très pratiques, adaptés à la morphologie occidentale) ou sur une chaise si l'on s'y sent plus à l'aise.

QUE NOUS APPREND LA MÉDITATION ?

- À revenir au moment présent.
- À prendre appui sur les ressources infinies de l'attention.
- À stopper notre tendance à vouloir tout analyser.
- À renouer avec la simplicité.
- À retrouver l'unité corps-esprit.
- À mettre en lumière notre propre intelligence.

POURQUOI VOULOIR REVENIR AU MOMENT PRÉSENT ?

Quand j'étais enfant, maman me disait souvent que le seul instant réel est l'instant présent. Celui d'avant est déjà fini, celui d'après n'existe pas encore. Ainsi, s'abriter dans le présent est une attitude tout à fait responsable puisque le présent nous offre le seul sol sûr. La méditation nous entraîne à avoir davantage confiance en ce présent vivant et toujours neuf. Au fil des sessions de méditation, nous découvrons en prime que ce présent est plus vaste, plus riche, plus étonnant, plus subtil que ce que nous imaginions. Méditer est une invitation à revenir à l'ampleur de la réalité.

QUELS SONT LES EFFETS BÉNÉFIQUES DE LA MÉDITATION ?

Sur la santé

Dès les années 1970, aux États-Unis, la communauté scientifique s'est interrogée à propos des éventuels effets bénéfiques de la méditation sur le cerveau humain ; à la fin des années 1980 ont débuté des études de fond – basées sur les neurosciences et les sciences expérimentales – mesurant l'impact de la pratique méditative sur l'esprit, sur le comportement et sur la prévention, voire le traitement de certaines maladies. Les résultats furent tellement concluants qu'aujourd'hui, des centaines de scientifiques y consacrent leurs recherches, et près de 200 hôpitaux américains, de nombreuses écoles et entreprises proposent la méditation dans leurs protocoles. On peut noter que la méditation a ainsi montré des résultats probants dans les cas suivants : prévention des troubles cardio-vasculaires, réduction de l'hypertension, amélioration des fonctions cognitives et du sommeil, concentration favorisée, attention plus soutenue, renforcement du système immunitaire.

Sur la traversée de l'adolescence

En Europe également, la méditation suscite l'intérêt des scientifiques, et notamment son impact sur les jeunes ; une équipe de l'université de Louvain (KUL) a souhaité en savoir davantage sur ses bénéfices potentiels chez les adolescents. Environ 400 élèves, issus de cinq écoles situées en Flandre et âgés de 13 à 20 ans, ont été intégrés dans ces travaux. Tous ont rempli un questionnaire destiné à déceler l'existence de symptômes (pré)dépressifs, ainsi qu'à déterminer les niveaux de stress et d'anxiété. Le panel a ensuite été scindé en deux : les uns ont suivi une formation à la méditation de pleine conscience, les autres non. Une évaluation est intervenue après six mois. Le résultat est spectaculaire : alors qu'au départ, les deux groupes présentaient à peu près la même proportion de jeunes en situation de fragilité (21 % et 23 %), une différence énorme s'est creusée à l'avantage des participants aux cours de méditation : 16 % contre 31 %. Les auteurs de l'expérience considèrent qu'il serait utile de réfléchir à l'opportunité d'organiser une prise en charge de ce type, en milieu scolaire, auprès des jeunes les plus vulnérables.

Les Occidentaux sont tellement habitués à utiliser leur mental au détriment du corps qu'une pratique permettant de privilégier la posture ne peut qu'être bénéfique. Retrouver un lien d'amitié avec son corps, redécouvrir que nous *n'avons* pas un corps mais que nous *sommes* un corps est un véritable soulagement.

Sur la créativité

La méditation est également une ressource étonnante pour ceux qui pratiquent un art. En accentuant notre disponibilité à ce qui se présente, sans préjugés ni concepts, la méditation ouvre grand la porte à une inspiration juste, loin de toute agression ou expression narcissique. Là encore, plusieurs enquêtes américaines ont démontré qu'une pratique régulière de la méditation peut augmenter considérablement la créativité, en développant une forme de clarté immédiate qui donne naissance à un art direct et naturel.

Au-delà de la recherche de créativité, on peut aussi expérimenter le fait que la méditation, en nous rendant attentifs aux moindres détails, à ce que chaque situation a de bon et de digne, nous permet de faire de notre vie un art. On peut lire à ce propos le bel ouvrage de Chögyam Trungpa, *Dharma & Créativité.*

Chapitre 2

D'où vient la méditation ?

UNE PRATIQUE MILLÉNAIRE

La méditation n'est pas une invention récente ! Elle existe et est pratiquée depuis des millénaires, partout dans le monde, dans diverses traditions. On retrouve ainsi de très anciennes pratiques méditatives chez les chrétiens, les juifs, les Indiens d'Amérique et bien sûr en Asie. C'est aujourd'hui grâce au bouddhisme – le zen japonais ou le bouddhisme tibétain notamment – que nous la redécouvrons en Occident. Depuis une vingtaine d'années, quelques Occidentaux l'enseignent à leur tour en la rendant encore plus accessible.

QU'A VU LE BOUDDHA ?

Beaucoup de gens méditaient déjà au temps du Bouddha, il y a 2 500 ans, mais ce que cet homme a compris, c'est qu'il n'y a pas de séparation entre le corps et l'esprit, et que la voie ne consiste donc pas à une domination du corps par l'esprit. Il a vu que la méditation n'allait pas nous aider en trouvant une forme de maîtrise (voie ascétique) ou le bonheur (nirvana) mais que, par la pratique de l'attention, nous pouvions apprendre à dissiper le brouillard constant de notre esprit afin de voir plus clair.

SI ELLE VIENT DU BOUDDHISME, LA MÉDITATION EST-ELLE UNE PRATIQUE RELIGIEUSE ?

Il n'est pas nécessaire de connaître quoi que ce soit du bouddhisme pour la pratiquer. Mais il serait dommage de rejeter l'expérience de milliers de pratiquants qui ont fait le chemin avant nous et qui nous apportent un corpus d'études exceptionnelles sur l'esprit humain. Pour ma part, je n'ai aucune opinion sur les notions de karma ou de renaissance par exemple, qui demandent une foi ou une croyance particulières, mais j'aime lire les textes traditionnels (*La Vie de Yéshé Tsogyal, La Vie de Milarépa* ou encore *Vivre en héros pour l'éveil* de Shantideva). L'exemple de ces grands maîtres, de ces grands pratiquants du monde tibétain et du zen, m'inspire dans ma vie quotidienne ; les lectures de Shunryu Suzuki (*Esprit zen esprit neuf*), de Chögyam Trungpa (*Le Mythe de la liberté*) nourrissent ma pratique et m'aident à ne pas la rendre trop mécanique ou utilitaire au fil des jours. J'ai d'ailleurs choisi d'émailler ce livre de citations d'auteurs que je lis régulièrement, qu'ils soient pratiquants, philosophes, penseurs ou poètes, afin de montrer à quel point ils peuvent soutenir la pratique ou l'éclairer de manière neuve.

UNE PRATIQUE LAÏQUE

La méditation est une pratique laïque, et c'est ainsi qu'elle est présentée dans ce livre. La méditation n'appartient donc pas à une religion et encore moins à un gourou. Elle est transmise d'homme à homme, de génération en génération, de manière simple, souvent orale. Nul besoin d'avoir une aspiration spirituelle ou d'avoir la foi – ou encore de renoncer à sa religion – pour commencer à méditer ; c'est une pratique qui invite à faire l'expérience des choses, des phénomènes, des événements avec plus d'attention, en pleine conscience. En développant attention et présence vivante, on découvre peu à peu une manière de se relier à l'existence et au monde, sans violence mais sans mollesse non plus.

UNE PRATIQUE POUR TOUS

La méditation est une pratique adressée à tous, quels que soient l'âge, le milieu social, la condition physique… Le groupe avec lequel je pratique régulièrement est très hétéroclite et c'est aussi ce qui en fait la richesse : il y a des hommes, des femmes, des étudiants, des retraités, des artisans du bâtiment, des médecins, des chefs d'entreprise, des demandeurs d'emploi, des mères de famille, des commerciaux, infographistes, dessinateurs de BD, éducateurs, comédiens, thérapeutes, agriculteurs, juristes, officiers de police, vendeurs, professeurs… Tous ont la même aspiration : retrouver un rapport plus simple aux choses, avoir un regard un peu plus clair sur ce qui importe dans leur vie.

Chapitre 3
Quelques idées reçues sur la méditation

Il est important, avant même de commencer à pratiquer, de vous débarrasser de certaines idées préconçues sur la méditation, ce afin que vous puissiez réellement en faire l'expérience, sans être trompé par des attentes inappropriées et égarantes.

C'EST UN EXERCICE D'INTÉRIORISATION

Faux. On pense souvent à tort que la méditation consiste en un exercice d'intériorisation, voire à se regarder le nombril, et on lui donne alors une connotation égocentrique, individualiste. La méditation est au contraire un geste de courage, car elle est un entraînement à s'ouvrir chaque jour un peu plus aux autres et au monde, à ne plus avoir peur de sa vulnérabilité et de celle des autres, à se laisser toucher par le monde. C'est pourquoi notamment nous méditons les yeux ouverts, en développant une attention vive et alerte à ce qui nous entoure, afin d'être prêts à entrer dans le monde avec une saine présence.

C'EST UNE TECHNIQUE DE RELAXATION

Faux. Il existe de nombreuses manières de se relaxer, de se détendre, qui peuvent être précieuses et aidantes, mais la méditation n'en fait pas partie. En espérant une forme de relaxation, vous risquez d'être très déçu par vos premières expériences de pratique qui vous feront au contraire découvrir à quel point votre esprit est agité. Et c'est avec cela que nous travaillons dans la méditation. Nous apprenons à nous familiariser avec notre esprit en habitant notre corps. Si la méditation nous procure un profond soulagement, il est très différent de ce que l'on peut entendre par relaxation. La méditation nous soulage en nous apprenant à nous accepter tels que nous sommes d'une part, et à avoir moins peur de l'inconnu, de l'imprévisible, d'autre part.

C'EST UNE TECHNIQUE DE GESTION DU STRESS

Faux. Réduire la méditation à un outil de gestion du stress participe très clairement de notre tendance à vouloir que tout soit utile. Ma profession, mon parcours de vie ont toujours placé l'efficacité au premier plan. Néanmoins, c'est au moment où j'ai découvert un espace gratuit, dans lequel il s'agit juste d'offrir du temps au temps, sans objectif à court terme, que j'ai pu donner une nouvelle ampleur à ma vie et à mon métier. Pour « gérer » mon stress, j'ai pratiqué durant des années diverses techniques de relaxation ; mais au fond, cela ne changeait rien à mes soucis et problèmes. Ce n'est qu'avec la méditation que j'ai découvert un soulagement bien plus profond, celui qui naît du fait d'avoir le courage de s'assumer.

ELLE SERT À FAIRE LE VIDE DANS SA TÊTE

Faux. Nous sommes des êtres humains et donc nous pensons. C'est normal et beau. Quand on médite, il ne s'agit nullement de faire le vide dans sa tête, comme on viderait une bassine d'eau sale, mais plutôt de laisser, en quelque sorte, reposer son esprit dans son corps jusqu'à ce que, suivant l'image traditionnelle, la boue et les saletés se déposent au fond du récipient et laissent apparaître l'eau claire. Il ne s'agit donc pas d'arrêter le mental, de ne plus penser (ce qui d'ailleurs me semble impossible, surtout dans notre monde actuel), mais de faire la différence entre notre agitation, nos pensées, nos émotions, et la situation plus claire qui peut se dégager du fait même de se poser dans la pratique.

ELLE INVITE À DES EXPÉRIENCES TRANSCENDANTALES OU EXTATIQUES

Faux. La toute première fois que j'ai essayé de pratiquer, je me souviens que je cherchais un état particulier, je portais attention aux moments où je me sentais « décoller », où ma vision se voilait pour devenir légèrement « hallucinatoire »... La méditation, ce n'est pas cela du tout, ce n'est pas un « trip », ce n'est pas une expérience transcendantale ! C'est au contraire revenir dans son corps quand on se sent parti, c'est rafraîchir son regard quand on commence à voir trouble !

ELLE SERT À S'ISOLER DU MONDE

Faux. La méditation ne doit en aucune manière être utilisée comme une fuite de la réalité et du monde extérieur. Elle ne sert pas à construire un cocon protecteur. Là encore, pratiquer les yeux ouverts, avec une attention aux sons, au souffle, à l'environnement, indique bien cette aspiration à être en rapport au monde et non à s'en protéger. Si vous éprouvez le besoin d'être seul quelque temps, votre coussin de méditation deviendra un formidable endroit pour cela, mais, même si vous vous éloignez momentanément de votre famille ou de votre travail, il s'agira davantage d'une rencontre avec vous-même et votre manière d'être au monde que d'un isolement.

ELLE DISSOCIE LE CORPS ET L'ESPRIT

Faux. La méditation unifie au contraire corps et esprit. Elle nous apprend, suivant la magnifique expression de Francisco Varela*, à découvrir l'inscription corporelle de l'esprit, à découvrir l'intelligence du corps. En pratiquant, on découvre que notre esprit est bien plus qu'un morceau de cerveau coincé entre deux oreilles... et qu'il n'est pas non plus une entité abstraite, indépendante de notre corps. Notre corps est notre seul moyen d'habiter le monde en pleine conscience.

ELLE IMPLIQUE DE SE CENTRER SUR SOI-MÊME

Faux. Il ne s'agit pas de se centrer sur soi-même, mais de retrouver son centre. La posture de méditation dans son entièreté nous dit comment retrouver un axe, un centre à partir duquel notre intelligence, notre singularité, notre bonté, notre

* Diplômé d'Harvard, spécialiste des sciences cognitives au Laboratoire de l'École polytechnique et directeur de recherches au CNRS, Francisco Varela (1946-2001) enseignait la méditation et en avait une approche très fine. Il a notamment écrit *L'Inscription corporelle de l'esprit*, Éditions du Seuil, 1993.

beauté peuvent se déployer. Il ne s'agit pas de trouver qui nous sommes en cherchant à l'intérieur de soi de manière analytique ou psychologique, mais de s'ouvrir, avec détente et attention, à notre manière d'être, à notre manière de faire, puis à notre vérité propre.

2

PRATIQUER LA MÉDITATION PAS À PAS

Chapitre 1

Qu'est-ce que méditer ?

La méditation est une pratique à la fois simple et rigoureuse. L'essentiel est d'y consacrer un temps quotidien (de 10 à 30 minutes) afin de commencer à se familiariser avec elle et d'en comprendre le sens. Pour cela, il existe des instructions très précises qui nous permettent d'entrer en rapport au présent en développant une attention fine à notre posture, à notre respiration, à nos pensées et à l'environnement direct.

TROUVER LA JUSTE POSTURE

Il ne s'agit pas de s'évader ni d'essayer de capter l'énergie du monde !

C'est beaucoup plus simple que cela, mais simple ne veut pas dire facile. Les instructions demandent une précision juste et tenue dans les moindres détails.

DESCRIPTION DES 6 POINTS DE LA POSTURE

1. *Le bassin et les jambes*

En premier lieu, il s'agit de trouver son assise. Les fesses sont posées sur le coussin, on peut sentir ses ischions, ces deux pointes osseuses, bien en appui sur le coussin, et légèrement balancer de droite à gauche ou d'avant en arrière pour trouver sa juste verticalité. Les jambes sont croisées devant nous, le flanc extérieur de chaque pied reposant sur le sol. Le poids du corps descend littéralement dans le bassin et les jambes. Faites l'exercice suivant : mentalement, placez le poids du corps dans votre thorax, puis faites-le descendre dans le bassin et les jambes. Faites cet exercice plusieurs fois jusqu'à vraiment sentir que vous êtes pleinement assis sur la terre.

2. *Le dos*

Le dos est bien droit, la colonne vertébrale tient votre verticalité, mais les épaules sont détendues, relâchées. Essayez de tenir les épaules légèrement haussées, puis relâchez-les. Le dos est tenu et la poitrine est ouverte. Trouvez le juste équilibre entre être trop cambré et trop voûté, là encore vous pouvez faire de légers mouvements pour trouver votre position qui, du reste, peut légèrement varier d'une session à une autre suivant votre forme physique.

3. *La tête*

La tête est droite également, la nuque dans le prolongement du dos, avec le menton légèrement rentré. Elle est comme tenue par un fil qui la relie au ciel, en prenant soin de toujours bien relâcher les épaules.

4. *Le regard*

Le regard est posé sur le sol à environ 1,50 m devant vous. Les yeux sont tout à fait détendus, semi-ouverts et comme au repos. Le regard n'est pas crispé, il ne regarde rien de particulier, il est juste doucement posé sur le sol. Si vous avez du mal, vous pouvez lever le regard à l'horizontale puis imaginer que vous suivez une feuille d'arbre qui tombe au sol, légèrement, sans intention particulière.

5. *La bouche*

La bouche est légèrement entrouverte, de quoi laisser passer le souffle, la mâchoire inférieure est tout à fait détendue.

6. *Les mains*

Les mains sont posées bien à plat sur les cuisses. Pour cela, vous pouvez laisser pendre vos bras très naturellement de chaque côté du tronc puis plier les coudes, en bougeant seulement les avant-bras pour venir placer les mains sur les cuisses.

MÉDITER SUR UNE CHAISE

Il est tout à fait possible de méditer sur une chaise, c'est une pratique à part entière et on dit même que le prochain Bouddha, Maitreya (voir encadré ci-après), pratique sur une chaise !

L'important est de choisir une chaise à l'assise ferme et bien horizontale, pour ne pas être ni trop en avant ni trop en arrière. Là encore, trouver la verticalité est l'essentiel. Vous ne devez pas vous appuyer sur le dossier de la chaise mais tenir votre dos droit, alerte. Les pieds reposent sur le sol et vos cuisses devraient former un angle droit avec vos jambes. Les mains sont posées sur les cuisses, les épaules relâchées.

CONNAISSEZ-VOUS MAITREYA, LE BOUDDHA QUI PRATIQUE... SUR UNE CHAISE ?

Le Bouddha historique, Sakyamuni, est né en Inde il y a 2 500 ans ; c'est le Bouddha qui est représenté en robe de moine, assis en lotus et touchant la terre de la main droite, et dont nous voyons l'histoire dans le film *Little Buddha* de Bernardo Bertolucci par exemple. Dans un texte canonique, Sakyamuni a écrit que le Bouddha qui lui succéderait s'appellerait Maitreya, « le bienveillant », et qu'il pratiquerait sur une chaise pour signifier qu'il est prêt à s'engager dans le monde. Méditer sur une chaise, dans une posture moins recueillie et plus exposée que celle que nous adoptons sur un coussin, est déjà un engagement dans le monde ; c'est une posture qui signifie qu'on est prêt à se lever très vite, soudainement et sans hésitation, pour agir. Les représentations de ce Bouddha de l'avenir le montrent paré, portant des bijoux précieux et des tissus raffinés ; il symbolise ainsi le temps de la bonté, de la générosité, de la chaleur, de la richesse, où les conditions pour pratiquer la méditation seront très favorables. C'est pour cela qu'il est souvent représenté en Chine sous les traits d'un personnage au bel embonpoint et aux joues rieuses, très avenant, qui symbolisent cette dimension de richesse. C'est ce qui marque la différence avec Sakyamuni, qui est l'image de l'ascèse et de temps plus difficiles qui appellent à la compassion.

La posture, fondement de la méditation, permet littéralement de se poser dans son être. Elle associe présence vive du corps et tenue dans la droiture, dans une dignité qui nous appartient et que nous avons à retrouver. La posture est bonne, elle restaure, elle guérit.

S'ACCORDER À NOTRE RESPIRATION

Notre mode de vie actuel a oublié l'attention à la respiration. Respirer est automatique, alors pourquoi s'en préoccuper? Pourtant, quand ils étaient plus jeunes, si un de mes enfants se faisait mal, la première chose que je lui disais était: « *Respire, respire, profondément* » et la moitié de la douleur était déjà évanouie. Un autre exemple du pouvoir de la respiration est celui de l'accouchement sans douleur. C'est en revenant à son souffle, en ramenant une attention directe à son corps que la femme qui donne naissance apaise la douleur physique. La respiration est un formidable antidote à la panique. Tout le monde respire et, en ce sens, nous pouvons tous méditer.

> « La respiration n'est pas séparée de vous et en même temps elle n'est pas tout à fait vous, aussi y a-t-il des qualités énigmatiques à la respiration… »
>
> ***Chögyam Trungpa, Le chemin est le but, Éditions du Seuil, 2007.***

L'attention à la respiration est un exercice formidable, car il s'appuie sur un mouvement continu mais sans cesse différent, celui du souffle. Dans la méditation, on porte attention à sa respiration sans la modifier ou la manipuler; on observe plutôt comment elle est: courte, longue, calme, irrégulière, ventrale, par le nez, par la bouche, l'air est chaud ou frais… En portant attention à quelque chose qui n'est pas fixe, on apprend peu à peu la souplesse, on développe une attention vivante, le souffle vient comme un point de repère mais qui est toujours en mouvement, comme la flamme légèrement vacillante d'une bougie. Porter attention au souffle évite d'être trop tendu, trop concentré, trop focalisé sur un objet.

> « Ce que nous appelons "je" n'est qu'une porte battante qui va et vient quand nous inspirons et que nous expirons. »
>
> ***Shunryu Suzuki, Esprit zen esprit neuf, Éditions du Seuil, 1977.***

Autre qualité de l'attention à la respiration, c'est qu'elle nous fait peu à peu découvrir l'échange permanent qui se fait entre notre corps, notre être et le monde extérieur. En ce sens, il est conseillé de porter une attention légèrement plus fine à l'expiration, en l'accompagnant d'une sensation de détente, de décrispation.

L'inspiration se fait toute seule, très naturellement, puis on suit l'expiration comme on suivrait le mouvement des vagues qui se retirent sur la plage, en développant une forme d'abandon profondément confiant, bienfaisant.

Inspire/expire, le tendre flux et reflux de la mer qui jamais ne cesse et n'est jamais tout à fait le même.

La respiration est la dimension vivante de notre être ; s'accorder à notre respiration, c'est s'accorder à notre propre être.

Quand vous êtes en colère, énervé ou tout simplement contrarié, pensez à revenir à la respiration : portez une attention à l'air frais qui entre, par les narines ou par la bouche, goûtez-le doucement, puis voyez comme votre souffle se dissout dans l'espace à l'expiration. Recommencez plusieurs fois jusqu'à ce que vous retrouviez une conscience claire de l'environnement où vous vous trouvez.

ACCUEILLIR SES PENSÉES

En commençant la pratique de la méditation vous allez avoir un choc : votre esprit est absolument sans arrêt traversé de pensées de toutes sortes, qui peuvent vous embarquer n'importe où en quelques fractions de seconde... et c'est normal !

La méditation ne consiste pas à ne plus avoir de pensées mais à les regarder sans s'y attacher.

Au début, il s'agit d'être très précis : on voit les pensées qui arrivent, on les identifie puis on les laisse partir, et on revient à sa posture, à son corps, à la réalité du présent – nous sommes juste assis sur ce coussin, dans cette pièce. Il ne s'agit ni d'accepter ni de rejeter ses pensées mais de les remarquer.

Certaines pensées sont très fugaces et passagères : méditer consiste alors à faire la différence entre le bavardage des pensées et la présence toute simple, qui n'a pas besoin d'être commentée.

D'autres pensées résistent et sont plus tenaces, voire récurrentes. Dans ce cas, nous pouvons les observer plus finement : dans quel état me met cette pensée ? De quelle couleur est-elle ? Quel goût provoque-t-elle dans ma bouche ? Puis on lâche. Sentir ce qu'une pensée tenace provoque en nous est une manière habile de revenir au corps, au présent.

Ainsi, pendant toute la session de méditation, nous faisons l'effort de revenir au présent à chaque fois que nos pensées nous ont emportés dans un monde imaginaire, brillamment fabriqué par notre esprit mais sans rapport à la réalité présente. On revient et on pourrait même dire « bonjour », « bonjour » au présent vivant, à sa posture, à sa respiration. Revenir à sa posture est toujours une bonne idée, nous sortons de notre tête, nous revenons au corps, à l'existence, nous choisissons délibérément d'habiter notre corps.

Plusieurs images traditionnelles peuvent aider à développer une attention aux pensées :

- les voir tels des nuages qui ne font que passer dans le ciel ;
- les voir comme des bulles de savon dans l'espace que l'on peut percer au simple contact de la pointe d'une aiguille ;
- les voir comme des enfants qui jouent ou se chamaillent dans une cour, pendant que vous restez immobile sur votre fauteuil, droit, stable, bienveillant.

En entrant ainsi en rapport à nos pensées, plutôt que de les subir sans même nous en rendre compte, nous développons une forme de lucidité, un mélange de curiosité et de gentillesse toute simple envers nous-mêmes et notre état d'esprit.

L'ATTENTION N'EST PAS CE QUE L'ON CROIT

> « Attention, chien méchant ! »
>
> ***(Plaque d'avertissement la plus utilisée en France)***

> « Attentifs, ensemble. »
>
> ***(Message d'information de la RATP inclus dans le dispositif Vigipirate en Île-de-France)***

Notre société associe l'attention à la notion de danger – face auquel on doit faire preuve d'une excessive prudence – ou la confond avec une forme de concentration.

Dans la méditation, on parle de porter attention, mais il s'agit d'une tout autre attention, qui n'est ni crispation, ni focalisation.

Il faudrait plutôt penser à une ouverture directe à l'expérience :

- nous faisons attention au corps sans le réifier mais en étant ouverts à l'expérience de la posture ;
- nous faisons attention à la respiration sans nous mettre en apnée mais en nous accordant à elle ;

- nous faisons attention à nos pensées et nos émotions sans nous identifier à elles mais en les laissant venir et s'évanouir d'elles-mêmes, puis en revenant au corps et à la respiration.

Nous sommes attentifs au mouvement même de la vie en nous et autour de nous, sans rien fixer ni rejeter. L'attention consiste à laisser être les événements sans s'accrocher à eux, à se mettre à l'écoute de ce qui nous est donné à chaque instant, avec une précision de plus en plus fine au fil des séances.

LA PRÉSENCE NOUS LIBÈRE DE L'INATTENTION

« Nous vivons mal car nous abordons le présent de manière inapte, inachevée, distraite... »

Rainer Maria Rilke, Correspondances, Éditions du Seuil, 1976.

Dans la méditation, l'attention, c'est aussi l'effort de revenir au présent, à chaque fois que l'on réalise que nous n'étions plus là, revenir au moment présent de tout son cœur.

Par la pratique de la méditation, on développe une attention qui s'avère beaucoup plus fine et puissante que la volonté. Nous pourrions même découvrir que la volonté, qui régit notre monde, est souvent très limitée, égocentrique et nous restreint plutôt qu'elle nous ouvre des possibles.

5 manières très courantes d'être dans l'inattention :

1. Ruminer le passé.
2. Agir par automatisme, sans conscience.
3. Se focaliser sur une seule chose au point de ne plus avoir de rapport avec la situation dans son ensemble.
4. Être perdu dans le vague, dans le flou, sans aucune précision.

5. Penser et vivre au travers de concepts tout faits, sans rapport à l'expérience.

C'est une découverte extraordinaire que nous invite à faire la méditation : il est toujours possible de revenir au présent, dont nous sommes la plupart du temps séparés. Une minute, une seconde, peu importe, nous pouvons revenir au présent vivant, toujours offert, et arrêter le flou et l'imprécision dans lesquels nous plonge l'inattention.

Chapitre 2

Méditer en détail

INSTRUCTIONS DE BASE

Vous vous asseyez sur le coussin ou la chaise en prenant la posture telle que décrite ci-dessus. Ne vous jetez pas dans la pratique immédiatement, n'essayez pas de pratiquer sur-le-champ. Commencez par sentir que vous êtes là, posé sur votre base ; sentez le poids de votre corps sur le coussin ou la chaise.

Prenez quelques minutes pour « arriver », pour sentir comme il est bon de n'avoir rien d'autre à faire que d'être là, assis.

Puis vous pouvez examiner mentalement votre posture. Votre dos est-il droit ? Vos épaules bien relâchées ? Vos lèvres entrouvertes, votre regard posé sur le sol, à environ 1,50 m devant vous ? Êtes-vous trop cambré ou trop affaissé ? Ajustez en douceur ce qui vous semble nécessaire et dans le même temps, commencez à porter une légère attention à votre souffle.

Essayez de ne rien changer à votre respiration habituelle. Vous sentez juste l'air entrer, par la bouche ou par le nez, puis vous sentez l'air sortir et vous portez une attention légèrement plus fine à cette expiration, jusqu'au bout... Puis vous laissez l'air entrer de nouveau.

Vous étiez en train de méditer et vous vous rendez compte qu'une pensée vous a entraîné ailleurs : vous êtes à New York, ou avec votre patron, ou au restaurant… aucun problème, vous revenez simplement à l'instant présent, ici sur votre coussin ou votre chaise, et vous pouvez dire mentalement « bonjour » (ou « maintenant », ou « ici »…) pour bien marquer la différence entre le moment où vous étiez parti dans vos pensées et votre présence maintenant que vous êtes revenu au corps.

Vous dites mentalement « bonjour » au présent, à la chaleur ou la fraîcheur de la pièce, aux bruits ambiants, à votre corps posé sur la terre.

Voilà, c'est cela, pratiquer.

Être assis, sentir le poids de son corps sur la terre, se tenir droit, porter une légère attention à la respiration et revenir à sa posture lorsque l'on s'aperçoit que nos pensées nous ont emmenés ailleurs.

EST-CE TOUJOURS SIMPLE DE REVENIR AU PRÉSENT DANS LA PRATIQUE ?

La technique est tout à fait simple : on est assis, attentif, alerte, on pratique consciencieusement et soudain, on s'aperçoit qu'on n'est plus là du tout. On suit alors la consigne de revenir à son corps, à la situation, au présent, gentiment, sans se faire de reproches.

Mais il arrive dans certaines sessions de méditation que nous ne sentions plus quand nous sommes présents ou pas ; le contraste s'émousse entre les moments où nous sommes ailleurs et les moments où nous revenons.

Dans ce cas, on peut s'aider de différentes manières :

- Quand nous revenons, nous pouvons vérifier notre posture entièrement, des pieds à la tête : les pieds sont-ils bien posés sur le sol, les jambes entièrement détendues, le poids dans le bassin et le ventre, les épaules relâchées, le dos droit, la poitrine ouverte, le menton légèrement rentré pour garder la nuque dans le prolongement de la colonne vertébrale, la bouche entrouverte, le regard doucement posé sur le sol, la tête droite ?

- Nous pouvons aussi porter attention à l'air sur notre peau, sentir chaque pore de notre peau en contact avec l'espace qui nous entoure.
- Nous pouvons porter une attention fine aux différents sons dans la pièce ; sans avoir besoin de les identifier, nous en remarquons la richesse et la diversité.
- Nous pouvons sentir la qualité de l'air qui entre et sort par la bouche ou le nez : est-il frais, chaud, épais, parfumé, léger, est-il le même lorsqu'il entre et lorsqu'il sort ?

Tous ces exercices simples nous permettent d'apprécier de nouveau le présent.

DÉCOUVRIR LE CORPS

Nous avons souvent une compréhension très étriquée du corps, qui serait séparé de l'esprit. L'esprit serait la partie noble, intelligente, spirituelle de notre être ; le corps en serait la partie utilitaire, matérielle, un peu grossière. Mais il n'est pas certain du tout que cette séparation ait un sens ! Nous pouvons par exemple penser aux manifestations symptomatiques lors desquelles « notre corps nous parle », nous pouvons nous rappeler que pour beaucoup de thérapeutes, « le ventre est le deuxième cerveau », mais, plus profondément, la méditation nous *permet de voir le corps dans son unité profonde, de redécouvrir que corps et esprit sont un,* de goûter l'inscription corporelle de notre esprit.

Il ne s'agit donc pas d'utiliser son corps mais d'être son corps !

Pour cela, on peut, une fois que l'on est assis sur son coussin ou sa chaise, et que l'on a pris sa posture, s'aider d'images simples et parlantes :

- Vous êtes comme un rocher, stable et tranquille, au milieu d'une rivière que l'eau claire et fraîche vient caresser, sans jamais le faire bouger.
- Vous êtes telle une montagne, au milieu d'un espace immense et pur ; votre base est ancrée dans la terre, solide, immuable, fiable, et votre sommet est en rapport au ciel ouvert, dégagé, empli de possibles.
- Vous êtes comme un arbre, les racines profondément ancrées dans la terre. Vous ne bougez pas, vous sentez le vent balayer le feuillage.

Ces images aident à trouver l'attitude juste dans la posture : un mélange de confiance, de solidité qui vient de cette assise, de cet ancrage réel dans la terre, et une dimension d'attente vive, alerte, qui vient de notre rapport au ciel, à l'espace ouvert.

QUE FAIRE DE VOS ÉMOTIONS ?

Parce qu'elles sont plus puissantes, plus intenses ou plus violentes que nos autres pensées, nous croyons souvent que nos émotions nous disent la vérité !

Mais en quoi seraient-elles plus réelles, plus fidèles à la réalité que nos autres événements mentaux ? L'intensité n'est pas la mesure du réel.

« Les émotions sont juste des pensées qui crient plus fort que les autres… »

Fabrice Midal, séminaire inédit, 2013.

Il est tout à fait malin d'entrer en rapport avec nos émotions comme nous le faisons avec les autres pensées qui adviennent. Entrer en relation avec sa colère, sa passion, son chagrin peut même s'avérer une magnifique manière d'arrêter de polluer le monde et son entourage avec tout son « ressenti », son « vécu », bref avec ce qui nous passe par la tête !

Vous êtes assis sur votre coussin ou sur votre chaise, une émotion forte vous assaille, vous la regardez, vous l'identifiez, vous pouvez même la nommer mentalement (« colère », « jalousie », « panique », « passion »...), puis vous revenez doucement à votre posture, gentiment à votre respiration, inspire/expire, au présent qui vous entoure. L'émotion vous assaille de nouveau, vous refaites la même chose, avec un effort juste et précis.

Il n'est pas impossible que peu à peu, dans la session de méditation, l'émotion s'évanouisse et qu'une forme d'apaisement vienne, qui permette un regard plus frais et plus clair sur la situation.

Le fait même de se rendre compte qu'on est en colère ou fou de désir, par exemple, apaise déjà la situation. Bien souvent, nous agissons sans même nous rendre compte que nous sommes bouleversés ! Nous pensons juste que nous avons raison d'agir ainsi, alors que nous sommes plongés en pleine confusion émotionnelle !

Méditer, c'est découvrir que la confusion, dont les émotions sont les avant-postes, n'est pas si solide.

Pratiquez 10 minutes, puis notez sur un carnet votre état d'esprit, à faire tous les jours pendant une dizaine de jours. Cet exercice vous aidera à y voir bien plus clair sur les pensées et les émotions qui vous traversent et, au lieu d'en être victime, à les accueillir avec davantage de conscience.

LES 5 PILIERS DE LA PRATIQUE

1. **La simplicité** : pratiquer est une expérience d'une très grande simplicité. Ce n'est ni abstrait, ni compliqué, il s'agit juste de s'asseoir, de se poser.
2. **La posture** : réapprendre à « être » passe par le corps, nous avons à habiter notre corps, et en ce sens toute la pratique de la méditation est déjà dans la posture. On se tient droit, dans tous les sens du terme.
3. **La respiration** : en portant attention à la respiration qui n'est jamais fixe, nous acceptons que l'attention soit vivante, nuancée, mouvante.
4. **Comment travailler avec son esprit** : nous ne nous accrochons pas à nos pensées, nous ne nous identifions pas à elles, mais nous apprenons à faire la différence entre la présence et le bavardage mental.
5. **Apprendre à vivre au présent** : la discipline de la pratique consiste à revenir au moment présent à chaque fois que l'on s'aperçoit que l'on est parti ailleurs ; on salue le présent, on se réjouit d'en retrouver la fraîcheur, la clarté.

Chapitre 3

Comment pratiquer malin

PRÉPAREZ-VOUS UN ENVIRONNEMENT PROPICE

Ménagez-vous un espace dédié

La première chose à faire est d'aménager un espace dédié à la maison. Si vous voulez vous donner toutes les chances de méditer au quotidien (et c'est à cette condition que la pratique pourra porter ses fruits), il est indispensable de trouver un endroit simple, lumineux, dans lequel l'idéal est de pouvoir laisser votre coussin (ou votre chaise) visible ; ainsi, dès que vous verrez votre coussin, « le vent de la pratique soufflera déjà en vous » et vous donnera envie de vous y mettre.

Le coussin

Il existe des coussins pensés et dessinés spécifiquement pour la morphologie occidentale, confectionnés en France, dans différents tissus colorés et décoratifs de belle qualité. Vous pouvez l'assortir d'un tapis ainsi que d'un rehausseur si vous avez besoin d'augmenter un peu la hauteur du coussin pour être confortable au niveau des jambes (voir p. 123).

L'endroit

Dans la chambre, le coussin peut trouver sa place près d'une fenêtre par exemple et vous permettre de méditer quelques dizaines de minutes dès le réveil, avant même le petit déjeuner.

Si votre espace de méditation est dans le salon, vous aurez davantage envie de méditer le soir, lorsque la ville, le monde s'endort, ce qui peut être très agréable aussi.

Si votre habitat comporte un bureau, ce peut être également un endroit propice, et votre méditation prendra lieu avant, ou après, un travail intellectuel nécessitant une certaine concentration.

LE PETIT MOT DE L'AUTEUR

Multipliez vos chances de pouvoir méditer
Dans notre appartement familial, j'ai deux coussins de méditation, un dans la chambre, face à la fenêtre, et un dans le salon à côté du canapé. Cela me laisse deux possibilités de pratiquer en fonction de l'activité des uns et des autres.

Le décor

Dans tous les cas, prenez le temps d'aménager cet espace de jolie manière, pour le rendre invitant. Vous pourrez y placer un ou deux objets que vous aimez, la photo d'un auteur (maître spirituel, poète, penseur) qui vous inspire, un beau bouquet de fleurs ou une plante, un porte-encens... et si possible, faites en sorte qu'il soit bien éclairé (lumière naturelle ou artificielle) car l'obscurité incite à la somnolence.

Les vêtements

Beaucoup pensent qu'il faut avoir une tenue spéciale pour méditer, comme pour aller au yoga ou faire de la gym. Personnellement je ne suis pas très jogging ou leggings... Si vous pratiquez dès le lever, vous pouvez le faire en chemise de nuit ou pyjama, en prenant soin d'avoir une couverture type polaire à portée de main. Si vous pratiquez une fois la journée commencée, votre tenue du jour conviendra parfaitement. Quand je pratique au bureau ou avant une réunion, je ne me change pas ! Si vous aimez porter des minijupes ou des robes courtes, prévoyez un châle ou un grand foulard pour vous couvrir les jambes. Si vous aimez les costumes très près du corps, ne le choisissez peut-être pas trop étriqué quand même.

LE PETIT MOT DE L'AUTEUR

Oui aux jolies robes !

Au bout de quelques années, pratiquer devient une seconde nature : lorsque j'achète de nouveaux vêtements, je vérifie juste que je puisse m'asseoir en croisant les jambes sans difficulté... j'ai même fait le test quand je me suis acheté ma première robe « couture », ce qui a beaucoup amusé la vendeuse !

Réglez la durée de la session

Il est important, avant de vous asseoir sur le coussin, de décider de la longueur de votre session de méditation (10, 15, 20, 30 ou 40 minutes) et de ne pas y déroger. Astreignez-vous à ne pas vous lever du coussin avant que le temps ne soit écoulé. Vous verrez, c'est un vrai soulagement que de s'en remettre au temps ! Une fois que vous êtes assis, il est donc important d'avoir un signal de la fin de la session sans que vous ayez besoin de regarder votre montre toutes les deux minutes. Si vous possédez un smartphone, vous pouvez télécharger les applications Insight Timer ou Zen Timer, dont les sons sont vraiment réussis. Sinon un simple réveil fera l'affaire, du moment que l'alarme n'est pas stressante et vous garde dans l'esprit de la pratique que vous aurez installée.

Écoutez des instructions de méditation orale

Dès que j'ai commencé à méditer seule sur de longues périodes j'ai éprouvé le besoin d'être aidée par des instructions orales. À l'époque, il n'existait pas de CD sur ce thème et j'utilisais des enregistrements que je réalisais pendant des sessions de méditation en groupe.

Aujourd'hui, il existe de très bons CD et livres audio qui permettent d'apprendre à méditer en suivant les instructions en direct (voir « Bibliographie », p. 125). Les meilleurs proposent une série d'instructions différentes et complémentaires à écouter au rythme d'une par jour.

Encens ? Bougies ? Rien ?

Libre à chacun d'inventer un espace de méditation qui lui ressemble.

Parfois, un certain rituel peut aider : allumer une bougie ou de l'encens. Pour ma part, j'aime prendre le temps d'allumer deux bougies puis de faire brûler de l'encens japonais qui, en plus de diffuser une fragrance agréable, me rappelle instantanément la pratique. Ils ont également pour vertu de me donner un repère temporel pour les sessions longues : les bâtons d'encens japonais, disponibles en de nombreuses essences, durent 30, 45 ou 50 minutes suivant leur longueur (c'est écrit sur l'emballage) et on peut les couper en deux. Ces éléments peuvent participer à créer une atmosphère propice. Mais si vous êtes plus à l'aise avec un cadre extrêmement sobre, réduit à l'essentiel (un coussin ou une chaise), c'est parfait aussi.

Peut-on écouter de la musique en méditant ?

La méditation n'est pas une technique de relaxation, mais une manière très simple de voir son état d'esprit, de devenir un peu moins inconnu à soi-même. Il est donc important de réduire au maximum les distractions ou les incitations à rêvasser. Un morceau de musique, aussi beau soit-il, ne fera que vous éloigner de la pratique formelle. En revanche, vous aurez sans doute beaucoup de plaisir à écouter et à redécouvrir une musique après votre session de méditation.

Que faire avec les enfants ?

LE PETIT MOT DE L'AUTEUR

Ne cherchez pas à vous isoler à tout prix

Mère de trois enfants, j'ai eu l'occasion d'essayer différentes solutions pour continuer la pratique sans que mes enfants n'en soient dérangés ou négligés. Il me semble important notamment de ne pas exiger le silence parce que « maman ou papa médite » – cela va, pour moi, à l'inverse du sens de la méditation. Nous devons faire avec chaque situation telle qu'elle est et être assez malins pour trouver le juste moment pour pratiquer.

Si vos enfants sont tout petits, il est possible de vous lever avant eux, ou de profiter de leur sieste. Contrairement à ce que l'on pense, la méditation, si elle est une discipline sérieuse, n'est pas pour autant fatigante... je dirais même que c'est l'inverse ! Certes, pendant la session de méditation, on peut découvrir à quel point l'on est fatigué, mais c'est une formidable occasion de se poser et de se reposer.

Si les enfants sont scolarisés, il est peut-être possible de vous réserver un temps juste après leur départ à l'école ou encore après les avoir déposés, avant de vous rendre au bureau ou de faire les courses et le ménage.

Si la maison est trop agitée le matin, réservez-vous un temps le soir, soit après le dîner, soit quand tout le monde est couché.

Que faire quand on vit dans un environnement bruyant ?

Bien sûr, il peut être merveilleux d'habiter dans une belle maison calme, au bord d'un lac, ou en pleine nature et de pouvoir y pratiquer... Mais si, comme moi, vous habitez en pleine ville, vous pouvez aussi méditer !

En effet, quand on ne peut pas obtenir le calme, il est possible de pratiquer avec les bruits ambiants, de les inclure dans sa pratique, de prendre appui dessus.

LE PETIT MOT DE L'AUTEUR

Le bruit est-il forcément un obstacle ?

Il y a quelques années, le groupe de méditation que je rejoins une fois par semaine louait une salle sur les grands boulevards parisiens. Toutes les fenêtres de la salle donnaient sur la circulation très intense des voitures, autobus et taxis.

→

Un jour, lors d'une session de méditation en groupe, notre enseignant nous a demandé de porter attention aux différences sonores que nous pouvions déceler d'une oreille à l'autre : et effectivement, mon oreille droite était plus exposée aux bruits que mon oreille gauche. Cette découverte m'a amenée à faire plus attention aux subtilités de présence de mon corps dans cet environnement sonore ; cela m'a permis de comprendre que l'on peut aussi pratiquer avec des bruits désagréables qui sont une nouvelle occasion de nous ramener au présent.

Quand vous ne pouvez pas pratiquer chez vous

S'il n'est pas possible de pratiquer régulièrement à la maison, peut-être peut-on étudier les possibilités au travail : dans son bureau si on est seul, ou à la pause déjeuner quand les collègues sont sortis si les bureaux sont partagés.

Il sera plus aisé de pratiquer sur une chaise évidemment, en choisissant un moment où vous êtes seul et en disposant sur votre bureau un objet qui vous aide à poser le regard. Dans ce cas, il est important que votre plan de travail soit dégagé, à moins que vous puissiez pratiquer face à une fenêtre si elle donne sur un jardin ou sur le ciel, par exemple.

Si vous travaillez en usine, en atelier ou dans un environnement très bruyant, essayez de profiter de votre pause déjeuner dans la cour ou le parc extérieur. Si vous le pouvez, isolez-vous, ne serait-ce que 5 ou 10 minutes, et pratiquez assis, au calme. L'idée, toute simple, est toujours la même : goûter le réel en habitant son corps, revenir à la respiration, porter un regard curieux et bienveillant sur son état d'esprit.

RAPPELEZ-VOUS LA PRATIQUE AU FIL DE LA JOURNÉE

Pratiquez partout !

L'idée est véritablement d'installer une méditation quotidienne et régulière. La méditation est une pratique, il faut donc... la pratiquer !

Les Grecs distinguaient la *poesis*, à savoir l'action qui débouche sur un résultat, le « faire » qui a pour but de réaliser quelque chose, de la *praxis*, la pratique pour le geste de la pratique, que sont par exemple se promener, nager, regarder les arbres, lire de la poésie ou méditer. La méditation n'est pas un « faire », elle ne fabrique rien ; en revanche, elle travaille en nous de manière subtile et profonde.

Une fois que la pratique quotidienne est bien installée, on s'aperçoit que l'on peut méditer quelques minutes – et en toute discrétion – dans beaucoup d'endroits : il m'arrive de pratiquer dans la salle d'attente du médecin ou du dentiste (plutôt que de m'ennuyer ou de m'impatienter en lisant des magazines périmés), dans le train, lors de mes déplacements professionnels, pendant lesquels j'écoute des instructions audio disponibles sur CD, dans le métro quand justement je ne suis pas contente d'y être, dans un parc public, un jardin, avant de débuter mon cours de gym ou de yoga...

Pratiquer, même quelques minutes, dans ces situations nous ramène immédiatement à notre corps, nous donne envie de nous tenir droit, d'être digne, d'être présent à ce qui arrive.

Cette présence vive et tenue se déploie ainsi, peu à peu, dans de nombreuses situations de notre vie.

Revenez au corps, un secret simple

« Le travail de toute une vie est d'apprendre à s'incarner. »

Fabrice Midal, séminaire inédit, 2013.

Une fois que l'on est familier avec la méditation, on prend l'habitude de revenir dans son corps plusieurs fois dans la journée. On se sent un peu perdu, dans cet hypermarché, à ne plus avoir envie de rien (ou au contraire à vouloir tout acheter !), on peut revenir au corps ; on s'ennuie dans une soirée mondaine ou dans une réunion de copropriétaires, on peut revenir au corps ; on est pris de panique à l'idée de déménager ou de préparer ses bagages, on peut revenir au corps !

La pratique de la méditation est une ressource inespérée pour habiter pleinement son corps et temporiser le rythme de nos vies.

Dans la rue, quand vous y pensez, ralentissez légèrement le rythme de votre marche en mettant tout votre poids dans les jambes. Sentez le contact de la plante de vos pieds sur le sol.

Portez attention à votre respiration pour vous synchroniser au monde

Porter attention à sa respiration à chaque fois qu'on y pense permet de se synchroniser au monde, aux situations. L'attention à la respiration nous permet également de voir dans quel état nous sommes : anxieux, nerveux, apathique, joyeux, speed... la respiration est un portrait de notre état d'esprit, faire attention à elle nous renseigne merveilleusement sur nous.

Le rapport à l'ennui

« Il ne faut pas avoir peur d'apparemment perdre son temps. En réalité, on perd beaucoup plus son temps en faisant semblant de s'activer qu'en faisant attention à ce que l'on fait. »

François Fédier*, *L'Humanisme en question*, *Éditions du Cerf*, *2012.

« Alors qu'on réalise que rien ne se passe, étrangement on commence à réaliser que quelque chose de digne est en train de se produire. Il n'y a plus de place pour la frivolité ou la précipitation. Simplement on respire et on est là. Il y a quelque chose de très satisfaisant et de très salubre. »

Chögyam Trungpa*, *Le Mythe de la liberté*, *Éditions du Seuil*, *1979.

Sans que nous nous en rendions compte, il est devenu normal de remplir, d'organiser, de planifier tous les moments de la vie, au travail, en famille, en vacances, afin que chaque instant soit, d'une manière ou d'une autre, rentable... Avoir nombre d'activités, un emploi du temps surchargé et mener plusieurs chantiers de front sont devenus monnaie courante.

L'ennui, parce qu'il n'est pas « glamour », n'a plus aucune place. S'ennuyer n'est pas considéré comme sérieux, et peut-être pourrions-nous dire que notre société actuelle a une grande peur de l'ennui...

LE PETIT MOT DE L'AUTEUR

Le cantou de mon enfance

Quand j'étais jeune enfant, dans le Périgord noir, nous allions de temps en temps dîner chez nos voisins paysans, Louise, Henri et Albin. À la fin de la soirée, tous trois allaient s'installer dans le « cantou », cette large place aménagée dans la grande cheminée, qui permettait de s'asseoir de part et d'autre du feu de bois. Et là ils se taisaient, après une longue journée de travail, assis sur leurs petites chaises paillées, ils se taisaient, regardaient leur chien, riaient intérieurement au souvenir d'un moment particulier. Et moi je restais à côté d'eux, en silence, à goûter leur douce et paisible présence, bercée par la chaleur des flammes.

Nous n'aurions jamais pensé leur reprocher ce moment de répit qu'ils s'accordaient chaque soir, ce moment de retrouvailles avec eux-mêmes.

En occitan le terme *cantóu* désigne « le coin du feu » (*contóu del fioc*) mais aussi le « **cœur de la famille** » et le « **chez-soi** ».

Pratiquer la méditation, c'est parfois pour moi retrouver ce « cantou », ce cœur, et, de nouveau, ne plus avoir peur de l'ennui.

Chapitre 4

Surmonter les principaux obstacles

Nous rencontrons tous de nombreuses difficultés en pratiquant. En voici quelques-unes, qui reviennent fréquemment.

QUAND JE PRATIQUE, J'AI ENVIE DE DORMIR, JE SOMNOLE

Certains sont énervés, impatients et ont des milliers de choses à faire lorsqu'ils méditent, d'autres ont instantanément envie de dormir.

La méditation est une technique simple mais qui demande du courage et de la constance. Et notre esprit, qui ne se laisse pas dompter facilement, invente beaucoup de manières de nous éloigner du coussin...

Si vous avez envie de dormir, soit vous êtes très fatigué, en ce cas ne luttez pas, restez sur votre coussin et... dormez ! Cela durera quelques secondes, quelques minutes, et en vous réveillant vous serez prêt à continuer votre session.

Si vous ne vous sentez pas fatigué mais juste plongé dans une torpeur, un brouillard sans saveur, vous pouvez relever le regard à l'horizontale, respirer plus amplement, en sentant l'air frais dans vos narines, vos poumons, puis revenir doucement à la posture d'origine, regard posé au sol. Si possible, faites cela en toute conscience, sans automatisme, vous restez ainsi entièrement dans l'esprit de la pratique.

JE SUIS TROP TENDU

Il est très courant d'être tendu, surtout lorsqu'on découvre la pratique et qu'on le fait de tout son cœur, en forçant un peu. Il est possible alors d'apporter un peu de détente à la posture – il s'agit davantage d'un mouvement intérieur que d'un changement de posture : détendre son abdomen, relâcher ses épaules, relâcher sa mâchoire inférieure, remettre du poids dans les jambes et les pieds.

J'AI MAL AU DOS

La toute première question que j'ai posée en découvrant la pratique était : « Le mal au dos est-il une pensée ? » et, de fait, j'étais surprise d'avoir si mal pendant la méditation et plus du tout une fois la session terminée...

Se poser sans rien faire fait remonter des fatigues, des inconforts corporels de manière tangible... il n'est pas nécessaire de s'en inquiéter outre mesure. Regarder le mal au dos comme on examine une pensée tenace ou une émotion peut aider, cela nous ramène au corps et nous permet d'entrer en relation avec cet inconfort.

Si le mal au dos persiste, c'est que votre posture n'est pas encore tout à fait vôtre ; rehausser votre coussin, assouplir le bas du dos en jouant sur la cambrure ou encore régler la position des mains sur les cuisses peut aider à trouver sa juste posture.

J'AI TROP DE PENSÉES

On a les pensées qu'on a, jamais trop, jamais assez, peu importe. Il suffit de s'en tenir à la consigne : regardez vos pensées, puis lâchez-les sans y accorder plus d'importance que cela, revenez au corps, à la posture, autant de fois que nécessaire, sans vous en vouloir, sans vous énerver. Voir que l'on a trop de pensées, c'est déjà pratiquer !

J'AI ENVIE DE ME LEVER, D'ARRÊTER SUR-LE-CHAMP

Eh bien non, vous ne vous levez pas, vous travaillez avec cet agacement qui peut vous renseigner de manière précieuse sur votre état d'esprit ou sur vos comportements habituels ! Il est important de tenir le cadre temporel que vous vous êtes fixé, c'est lui qui, rapidement, vous permettra de vous détendre dans la pratique : vous n'avez plus à choisir entre différentes options alléchantes pendant la session de méditation ; vous pratiquez, un point c'est tout !

JE N'ARRIVE PAS À ME CONCENTRER

Méditer ne consiste pas à se concentrer. Dans la méditation, nous développons une forme d'attention vivante à tout ce qui survient (pensées, bruits, différences de température, douleurs corporelles, etc.) qui n'est pas une concentration focalisée sur un point ou un objet. Nos vies actuelles demandent énormément de concentration, notamment lorsque nous travaillons sur ordinateur ; dans la méditation, il s'agit au contraire d'ouvrir notre attention le plus largement possible.

QUATRE SUPPORTS POUR L'ATTENTION

Le maître tibétain Chögyam Trungpa divise en quatre quarts l'attention pendant la pratique :

- 25 % de l'attention sur le souffle ;
- 25 % de l'attention à la détente ;
- 25 % de l'attention pour entrer en amitié avec soi-même ;
- et 25 % de l'attention sur une qualité d'attente, d'accueil de ce qui vient.

Ce dernier quart, l'attente, pointe cette attitude tout à fait alerte qui caractérise la pratique.

JE N'ARRIVE PAS À ME VIDER LA TÊTE

Méditer ne consiste absolument pas à se vider la tête (voir « Quelques idées reçues sur la méditation », p. 29), nous sommes des êtres pensants et la méditation peut au contraire développer une intelligence naturelle et pleine de sagesse. Nous ne cherchons pas à faire le vide ou à nous anesthésier, mais à être plus vifs, plus présents à nos pensées et à repérer les moments où elles nous embarquent loin du présent.

JE N'AI AUCUNE ENVIE D'ALLER PRATIQUER

« Utilisez la résistance comme point de départ de votre pratique... Vous méditez déjà. Vous avez conscience de prendre du retard, vous avez déjà le vent de la méditation en vous. »

***Chögyam Trungpa*, *Le chemin est le but*,**
***Éditions du Seuil*, 2007.**

À mon avis, c'est le plus grand des obstacles et je pense que personne n'y échappe, même les pratiquants les plus émérites ! Deux solutions : se forcer, cela peut avoir du sens, et se rappeler sa motivation.

Se forcer sans trop se poser de questions peut faire partie de la discipline, tout comme on se force à se lever chaque matin. On fait confiance au fait que c'est bon de pratiquer, que c'est un cadeau que l'on a la chance de pouvoir s'offrir, sans bourse délier et sans grande affaire.

Se rappeler sa motivation est excellent aussi : quand je vois mon coussin, c'est comme si la pratique m'appelait... mais parfois la paresse est forte ; je pense alors aux sessions de méditation qui m'ont aidée, à ce qu'elles ont changé dans ma vie ; je me rappelle le premier mouvement qui m'a fait m'asseoir la première fois : donner du sens à mon existence, être plus juste, retrouver mon axe...

3

LA MÉDITATION DANS LA VIE DE TOUS LES JOURS

Chapitre 1

Entrer en amitié avec soi-même

S'ACCORDER DU TEMPS POUR MOINS SE PRENDRE LA TÊTE

Contrairement aux idées reçues, s'accorder du temps n'est en rien égoïste ; pratiquer quelques dizaines de minutes par jour pour mieux se connaître, pour démasquer ses comportements et ses schémas de pensée permet de mieux vivre avec les autres. Méditer, c'est s'accorder du temps, ou plutôt c'est offrir du temps au temps ; un temps gratuit, un temps pur de toute action, où il s'agit juste de se poser et de cesser pendant un moment d'inonder le monde de nos pensées toutes faites et de nos réactions conditionnées. En voyant comment notre esprit court partout, comme un jeune chien, on apprend à moins se prendre la tête, à moins prendre au sérieux toutes nos idées sur les choses, à relativiser nos jugements sur le monde.

Méditez 10 minutes, puis écoutez un morceau de musique que vous aimez particulièrement, à faire quelques jours d'affilée. Vous serez peut-être étonné de la précision que vous développerez dans l'écoute, de toutes les subtilités que vous allez découvrir.

ARRÊTER INTERNET QUELQUES DIZAINES DE MINUTES PAR JOUR !

Je suis la première à utiliser tous les avantages d'Internet, dans ma vie professionnelle comme dans la sphère privée, et à me féliciter du gain de temps et d'efficacité que ces messages, rapides comme l'éclair, nous apportent. Mais à vivre entièrement au rythme des e-mails et des messageries instantanées, nous perdons en discernement et gagnons en affolement !

Il est essentiel d'apprendre à ralentir, de trouver quotidiennement un lieu qui ne soit pas régi par l'urgence généralisée.

Ce lieu est notre coussin de méditation.

VOIR QU'ON N'EST PAS RESPONSABLE DE TOUT

Il existe une forme d'égocentrisme subtile, celle de se croire responsable de tout. Celle de penser que l'on peut tout maîtriser, tout sécuriser ou, en tout cas, que cela peut être un objectif dans la vie… Or, à y regarder de plus près, cette forme de pensée, extrêmement répandue (j'ai moi-même raisonné ainsi pendant des dizaines d'années !) est assez barbare. Comment l'homme en est-il arrivé à croire qu'il pouvait tout gérer, tout contrôler ?

La méditation, en nous mettant face à nous-mêmes et aux situations telles qu'elles sont, nous apprend à ne plus nous sentir responsables de tout. Il y a des choses que nous pouvons changer et d'autres… pas ! Il y a des moments où nous pouvons agir et d'autres… pas !

La pratique de la méditation nous conduit à distinguer les événements mentaux, qui nous conditionnent et nous aveuglent, de la réalité, que nous pouvons accueillir telle quelle, afin d'apprendre à danser avec les situations sans chercher à les maîtriser.

SE FAIRE CONFIANCE…

« Je suis plus vaste et meilleur que je ne le pensais.
Je ne savais pas que je contenais autant de qualités. »

***Walt Whitman*, Feuilles d'herbe, *José Corti*, 2008.**

Il s'agit de faire confiance à l'expérience que nous traversons en l'examinant attentivement ; comme le dit le maître tibétain Chögyam Trungpa, cette expérience est « personnelle, de première main », elle est donc fiable si l'on veut bien y porter attention avec honnêteté et sérieux. Méditer au quotidien permet notamment de nous familiariser avec nous-mêmes, de reconnaître nos petites manies, nos réflexes, nos habitudes névrotiques autant que notre bonne santé, nos élans de générosité et nos aspirations.

Ainsi, au fur et à mesure que nous nous connaissons mieux, nous entrons en amitié avec nous-mêmes et développons une confiance très profonde, basée sur un regard sain sur soi ; nous découvrons par exemple que nos défauts et nos qualités sont souvent liés et participent tous de notre singularité, de notre beauté. La méditation nous apprend à ne pas rejeter les premiers pour ne garder que les secondes, mais à travailler honnêtement avec tous les aspects de notre esprit : je suis jalouse et capable d'une grande générosité, je suis traversée par la colère et l'enthousiasme, la paresse m'assaille régulièrement et j'ai une grande qualité d'écoute envers les autres…

DEVENIR QUI NOUS SOMMES

« Un jour, un jour, je m'attendais moi-même »

***Guillaume Apollinaire*, *«Cortège»*,**
Alcools, *Gallimard*, 1920.

Cette nouvelle confiance en nous, offerte jour après jour par la méditation, nous autorise à devenir pleinement qui nous sommes, pas quelqu'un d'autre, de meilleur, de plus beau, de plus charismatique, de plus riche, de plus célèbre, de plus humble, de plus discret, de plus gentil, mais nous-mêmes, exactement tels que nous sommes.

En m'intéressant à la méditation, j'ai découvert, avec une grande surprise d'ailleurs, que ce qui caractérise les grands maîtres, les grands sages, ce n'est pas une forme d'impassibilité, d'imperturbabilité face aux événements, mais la manière singulière qu'ils ont de s'assumer tels qu'ils sont ! Ainsi, aucun maître ne ressemble à un autre, aucun grand pratiquant ne ressemble à un autre, mais au contraire chacun a son propre « style » et semble en paix avec ce qu'il est.

Devenir qui nous sommes est le plus grand des soulagements : plus besoin de faire semblant, plus besoin de jouer la comédie, tels que nous sommes c'est OK !

Méditez 10 minutes, puis lisez un poème qui vous plaît, à voix haute, pour vous. Pensez cet exercice comme un cadeau que l'on vous fait.

Chapitre 2

Prendre soin de soi

« Il est très important de se rappeler de prendre soin de notre propre existence. Nous devons cuisiner pour nous-mêmes avant de pouvoir vraiment inviter des convives à se joindre à nous pour dîner… Un cuisinier malade ne préparera pas un bon repas, et un cuisinier affamé n'attendra pas que le repas soit servi. Si nous ne commençons pas par faire preuve de bienveillance envers nous-mêmes, notre repas n'aura pas goût… »

***Bernie Glassman*, Comment accommoder sa vie à la manière zen, *Albin Michel*, 2002.**

MIEUX S'HABILLER ET CESSER DE SE LAISSER ALLER AU MOINDRE PROBLÈME

À force de se tenir droit sur le coussin (ou sur la chaise), une dignité naturelle se dégage de votre être qui infuse tous les aspects de votre vie ; ainsi, vous aurez probablement envie de faire attention à votre manière de vous habiller, qui est également une manière de se tenir dans le monde, de trouver sa place, de proclamer sa bonne santé. Il m'est arrivé bien souvent, dans des moments de découragement, de choisir délibérément de m'habiller avec élégance et ainsi de changer la tonalité de la situation et de mon état d'esprit ; quand vous êtes élégant, le regard des autres vous porte, l'habit vous porte. L'élégance est un très bon antidote à la déprime.

BIEN MANGER, SE PRÉPARER DE BONS REPAS

La méditation nous apprend à ne négliger aucun détail de la vie quotidienne. Quels que soient votre appétit ou vos goûts culinaires, vous pouvez faire de chaque repas un moment de pure présence, de célébration du présent. Tout d'abord, prenez le temps de préparer le repas, pour vous, pour les vôtres, pour vos invités. Chez les pratiquants zen par exemple, préparer un repas est une des plus belles pratiques de l'attention ; puis préparez la table – ou apprenez à vos enfants à la mettre – avec délicatesse : la vaisselle qui vous plaît, une fleur, une bougie, une corbeille à pain, une belle carafe, des serviettes colorées peuvent tout changer.

Cela peut en effet être très simple ; l'important, c'est d'y apporter du soin, de l'attention. Tout le monde aura envie d'être un peu plus présent et mangera probablement mieux !

LE PETIT MOT DE L'AUTEUR

Chaque dîner peut devenir une fête

À la maison, si je veux que la table soit invitante, je demande à ma plus jeune fille de le faire, elle a un goût sûr pour cela, elle est créative et sait donner un air de fête à la table la plus simple !

SE RÉGALER À UNE EXPOSITION

« Ne pensez pas, regardez ! »

Ludwig Wittgenstein,
Les Investigations philosophiques, 1953.

Vous aimez les arts, la peinture, la musique, le théâtre ? Avec la méditation, vous risquez de les aimer davantage. La méditation ouvre un rapport plus naturel, moins intellectuel aux arts et nous évite de les consommer comme une marchandise culturelle.

Grâce à la qualité de présence que vous développerez en méditant, vous pourrez, sans complexe aucun, faire confiance à votre expérience, à la manière dont vous voyez un tableau ou comprenez un texte, même si vous ne savez rien de son histoire.

LE PETIT MOT DE L'AUTEUR

Se laisser surprendre par une œuvre d'art

Alors que je rentrais d'un séminaire de méditation, j'ai eu envie, avant de regagner la maison, de m'arrêter au musée d'Orsay pour voir des tableaux de Cézanne dont Fabrice Midal nous avait parlé durant le stage qu'il dirigeait. Arrivée dans la salle du musée où sont exposés les Cézanne, je commence à les regarder avec sérieux et attention, mais bizarrement, avec une certaine distance, sans bien les voir. Puis mes pas me conduisent jusqu'à la salle suivante dans laquelle je découvre au loin trois tableaux « qui m'appellent » ! Il s'agit de trois *Cathédrale de Rouen* par Monet. Je m'approche et je suis littéralement bouleversée par la force de ces peintures. Je ne comprends pas du tout comment elles ont pu être réalisées et cela me bouleverse encore plus, jusqu'à me mettre les larmes aux yeux. Quand je suis tout près du tableau, la touche de peinture est incompréhensible, il n'y a aucun dessin, presque

→

aucune couleur, et quand je m'en éloigne tout prend forme et vie, la cathédrale apparaît. C'est une expérience très forte, très physique, totalement non intellectuelle. Le plus drôle, c'est que j'avais déjà vu une de ces cathédrales, quelques années auparavant, à Nancy, et que je ne l'avais en fait pas vue du tout ! Ainsi, la méditation m'avait mise dans une disposition d'ouverture où mon projet de voir tel peintre ne tenait plus mais où je pouvais me laisser surprendre par d'autres œuvres. Depuis, à chaque fois que je vais voir une exposition, je sais que je peux laisser place à une dimension de surprise, qui naît de l'ouverture, de la disponibilité que nous travaillons dans la pratique.

Méditer avant de vous rendre à une exposition ou un spectacle décuplera votre réceptivité – à savoir cette forme d'accueil tendre et non intellectuel – et transformera un simple plaisir en belle aventure.

DÉGUSTER LES MOMENTS DE SOLITUDE, DE CALME

« La solitude est ce rassemblement sur ce que chacun a de plus unique. Grâce à lui, je peux aller vers une vraie rencontre avec autrui. Sans ce rassemblement, on est dans un rapport où personne n'est soi – où personne n'est jamais personne. »

***Hadrien France-Lanord*, *S'ouvrir en l'amitié*, *Éditions du Grand Est*, 2010.**

Avant de connaître la méditation, je détestais être seule sans rien faire... Comme si je ne me plaisais pas en ma compagnie... À présent, ces moments sont des brèches bienvenues dans une vie trépidante.

Les moments de solitude sont l'occasion de goûter très concrètement la qualité d'espace autour de nous, la qualité de silence, la température qu'il fait, la lumière du soleil ou la clarté de la lune. Nombre de personnes ont naturellement ce rapport au monde, mais si, comme moi, vous avez un peu de mal à vous poser, la pratique de la méditation vous permettra d'apprécier ces instants de solitude où tout est offert dans sa grande simplicité.

Choisissez un endroit calme, à la maison ou dans la nature, et prenez le temps d'écouter le silence ; examinez-le dans ses moindres détails : est-il complet, partiel, musical, coloré, ouvert, léger, plein ? Vous découvrirez peu à peu que tout bruit, toute parole, contient un espace de silence et que ce silence, loin d'être inquiétant, peut devenir une ressource à chaque moment.

MÉDITER QUAND ON A DES INSOMNIES

Si vous avez du mal à vous endormir, terminer la journée par une session de méditation peut être salvateur. Réglez pour vous la durée qui vous permettra de lâcher peu à peu les tensions de la journée, les soucis, les ressassements et essayez de voir à quel moment vous réintégrez réellement votre corps, à quel moment vous vous sentez de nouveau pleinement présent.

Méditer lors de réveils nocturnes

Quand je traverse des périodes d'anxiété (professionnelle notamment), je suis sujette aux réveils nocturnes. Avant de connaître la méditation, cela me désespérait et m'angoissait encore plus. Je tournais en rond dans la maison, cherchant à résoudre des problèmes en pleine nuit, écrivant des courriers de doléances que je n'enverrais jamais, ressassant les journées précédentes dans ma tête, sans aucune issue. Aujourd'hui, si je sens que je n'arriverai pas à me rendormir, j'essaie d'aller m'asseoir sur le coussin : la posture me permet de m'établir fermement, de retrouver ma place, et généralement, au bout de quelques minutes, quand la pression des pensées commence à s'amenuiser, je n'ai plus qu'une envie, celle de regagner mon lit...

Ainsi, il me semble que la méditation pourrait aider nombre de personnes à rompre le cercle infernal des insomnies. En méditant, la tension nerveuse se transforme en fatigue corporelle, et nous permet de retrouver un rapport plus juste, moins dramatique à notre état d'esprit.

Chapitre 3 Élever ses enfants

S'il est bien un lieu où les réactions émotionnelles sont fortes, c'est au sein de la famille.

Accueillir son premier enfant, puis les suivants, les élever, trouver en soi les ressources pour les accompagner dans les différentes étapes de leur vie est loin d'être naturel pour la plupart des parents ; aucune école n'apprend à devenir parents… Or, la confiance que nous développons dans la méditation pourrait bien être l'aide tant attendue pour mieux vivre sa parentalité.

DEVENIR ADULTE

« Tout le monde sait comment on fait des bébés mais personne ne sait comment on fait des papas… »

Stromae, «Papaoutai», chanteur, 2013.

Par la méditation, nous apprenons à ne pas réagir immédiatement, à nous ouvrir aux situations plutôt qu'à fermer les portes. Bien entendu, si un enfant se met en danger, nous réagissons sur-le-champ et cela est juste. Mais est-ce tout aussi juste de répondre du tac au tac aux caprices d'un bambin ou aux provocations d'un adolescent ?…

La méditation, en nous rendant plus adultes, nous aide à trouver notre place de parents, à voir au-delà des cris ou de l'insolence ce que demande notre enfant ; et si nous ne comprenons pas, nous pouvons au moins ne pas alimenter une situation conflictuelle.

NE PLUS ÊTRE VICTIME DE NOS RÉACTIONS ÉMOTIONNELLES

Mes trois enfants sont aujourd'hui adolescents et s'il m'arrive d'être submergée par leurs demandes ou trop irritée, je n'hésite pas à aller m'asseoir quelques minutes sur mon coussin, dans ma chambre, et à regarder avec honnêteté mon état d'esprit, à écouter mon rythme cardiaque, à voir comme mes mâchoires sont serrées, à quel point mes idées manquent de clarté, prises dans un tourbillon émotionnel.

Au bout de quelques minutes généralement, l'énervement s'estompe et je vois mieux ce qui m'a vexée ou blessée : si c'est sans importance, je peux passer à autre chose ; si je trouve cela anormal ou injuste, j'en parle calmement avec les enfants.

DÉCOUVRIR ET APPRÉCIER LA PERSONNALITÉ DE CHAQUE ENFANT

« Cela exige un haut degré de maturité que de laisser ceux qu'on aime être des personnes uniques et distinctes, avec leurs propres besoins, leurs perspectives et leurs sentiments. »

John Welwood, Parfait amour, imparfait bonheur, La Table Ronde, 2006.

Nous sommes la plupart du temps esclaves d'une foule d'idées préconçues, pré-inventées, toutes faites, par soi ou par d'autres, que nous prenons pour la réalité.

Grâce à la pratique régulière de la méditation, nous accueillons la vie de manière beaucoup plus simple, beaucoup moins conceptuelle ; ainsi pouvons-nous découvrir la personnalité de chacun de nos enfants, et sortir de nos projections ou de l'idée qu'ils seraient un prolongement de nous-mêmes.

Il est beaucoup plus intéressant de voir à quel point un enfant peut être singulier et l'aimer pour ses particularités, plutôt que de s'irriter quand il ne fait pas comme nous ou comme ses frères et sœurs. Apprécier son enfant, c'est lui faire confiance, lui laisser sa place, sans pour autant en faire un enfant roi, ce qui est une autre conséquence malheureuse du manque de présence ; le laisser tout faire pour « avoir la paix » ne fonctionne jamais.

Nous avons le droit – et le devoir – d'exercer une juste autorité pour aider notre enfant à devenir un adulte responsable. Et la pratique de la méditation nous permet de mieux distinguer les moments où nous sommes justes de ceux où nous sommes enfermés dans nos émotions ou nos habitudes.

DÉGAGER LES PRIORITÉS

En développant notre capacité de discernement, la méditation nous aide à dégager ce qui est important de ce qui l'est moins. Est-ce vraiment nécessaire de se mettre en colère parce qu'un enfant ne termine pas son assiette ou ne veut pas dormir seul ? Doit-on prendre à la légère sa crainte d'aller à l'école ou au collège ?

Par la méditation, nous apprenons à regarder plus finement ce qui est en train de se passer. Parfois ma fille me dit qu'elle est triste alors que tout son corps, tout son être a l'air heureux ;

ou qu'elle s'ennuie alors qu'elle semble parfaitement bien posée dans l'instant. À l'inverse, pour mon fils, « tout va toujours bien », même quand je le sens désemparé ou démuni. Cette vision plus fine que nous développons par la pratique nous permet à la fois d'avoir une vue globale et d'examiner tous les détails avant de réagir ou de prendre des décisions.

La méditation est un exercice de patience : il m'arrive souvent, depuis que je médite, d'avoir envie de dire quelque chose à mon enfant, en réponse à sa demande, et de réaliser que me taire, laisser du temps au temps, est plus juste.

Devenir adulte demande du temps...

ÊTRE PRÉSENT LORSQUE... L'ON EST PRÉSENT !

Nous avons perdu le rapport à la présence véritable.

La pratique de la méditation est un entraînement à reconnaître les moments où nous sommes présents de ceux où notre esprit nous a embarqués ailleurs.

Être à côté de son enfant mais absorbé par son smartphone ou son portable n'est pas être avec son enfant...

Le pire, c'est que lorsque l'on fait ainsi (et j'en parle en connaissance de cause...), l'enfant le sent très bien, ses demandes se font plus pressantes, plus pénibles, jusqu'à ce que son père ou sa mère le réprimande... Et cela recommence sans fin, comme un cercle vicieux...

Si vous n'avez pas envie d'être avec vos enfants à un moment donné, trouvez des solutions ou prévenez-les.

Mais si vous souhaitez être avec eux, laissez tomber pour un moment vos activités et profitez-en pour les redécouvrir à neuf : regardez-les, leurs gestes, leur humeur du moment, leurs rires ou leurs chagrins, entrez réellement en rapport avec eux.

Soyez curieux envers ce qu'ils sont. Nous pouvons arrêter de penser que nous connaissons nos enfants « comme si nous les avions faits ! ». Mal comprise, cette expression populaire peut restreindre énormément l'écoute parentale.

NE PAS AVOIR PEUR QUE NOS ENFANTS S'ENNUIENT

LE PETIT MOT DE L'AUTEUR

Un petit rituel quotidien

Quand ma plus jeune fille était à la maternelle, sa maîtresse commençait chaque journée par quelques minutes de silence. Les enfants s'asseyaient en cercle, au milieu de la classe, et étaient invités à se taire pendant 2-3 minutes.

Ce moment était véritablement magique et aucun des 33 enfants n'était récalcitrant. Ils semblaient même heureux de ce rassemblement particulier, où chamailleries et copinages n'avaient plus lieu.

En instaurant un nouveau rapport au « rien faire », à « l'ennui », la méditation nous apprend non seulement à ne plus en avoir peur mais à en découvrir les bénéfices physiques et mentaux. L'ennui nous dispose à accueillir de nouveaux événements, de la même manière qu'une tasse vide est disposée à recevoir du thé. L'ennui nous permet de faire de la place dans notre vie pour accueillir la réalité.

Laisser nos enfants s'ennuyer avant la rentrée scolaire, avant de partir en voyage ou avant de faire leurs devoirs n'est peut-être pas une mauvaise idée.

“ « Il faut fouler la terre parce que la force rentre par les pieds. »
Jacques Dupin, Miró, Flammarion, 1961. ”

Les aider à se préparer aux examens, à une épreuve…

La méditation est un chemin personnel, qu'on ne doit imposer à quiconque. Mon premier enfant médite très régulièrement, le deuxième occasionnellement et le troisième est réfractaire ! Et c'est très bien ainsi.

Néanmoins, sans leur demander de méditer, on peut les aider à faire face à des situations anxiogènes comme la présentation d'un exposé ou le passage des oraux du bac.

Leur conseiller de sentir le poids de leur corps sur le sol, de revenir à leur souffle, d'avoir conscience de l'air et de l'espace autour d'eux peut être très utile. Pour cela, le fait de pratiquer soi-même est un soutien, car il installe une manière d'être ostensiblement présent que les enfants perçoivent très bien.

PRATIQUER AVEC SES ENFANTS?

Si vous vous sentez à l'aise avec la pratique, vous pouvez tout à fait inviter de temps à autre vos enfants à se joindre à vous ; tout dépend bien entendu de leur âge et de leur envie, ne transformez jamais cela en une contrainte de plus pour eux, ce serait dommage. S'ils sont tout petits, cela peut être un jeu : le jeu de rester immobile quelques minutes, pas plus, et de sentir par exemple si l'air qui entre et sort du nez ou de la bouche est chaud, froid, s'il chatouille, si le souffle est grand ou petit… ou d'observer, toujours sans bouger, s'il fait beau, s'il fait jour ou si la nuit arrive, s'il fait froid, chaud, etc.

Quand ils sont plus grands, préadolescents ou adolescents, cela peut vraiment les aider de pratiquer à vos côtés pour le simple plaisir de revenir à l'instant présent et de prendre un peu de distance, pendant une dizaine de minutes, d'avec leurs tracas, leurs devoirs, leurs écrans… dans ce cas, vous pouvez très simplement les guider à voix haute avec une instruction de base simplifiée, et bien sûr la suivre de votre côté au fur et à mesure que vous l'énoncez : « Nous nous posons sur le coussin, nous sentons le poids de notre corps descendre peu à peu sur le coussin, sur le sol, nous retrouvons contact avec la terre ; notre corps est détendu, nos jambes naturellement croisées devant nous, nos mains sur les cuisses de manière à laisser reposer les épaules, le dos est droit sans forcer, les yeux sont mi-clos, le regard posé sur le sol devant nous. Nous essayons de sentir ce qui nous entoure, l'air, la lumière, la présence d'autres personnes, les sons… Et à chaque fois que nous nous apercevons que nos pensées nous ont embarqués ailleurs, nous revenons à l'instant présent avec précision et pouvons nous dire à nous-mêmes "bonjour", comme pour saluer notre retour à la réalité directe. »

Chapitre 4

La relation de couple

« Lorsque vous devenez intime avec une personne, vous ne la voyez plus "avec vos yeux", mais à partir d'un point bien plus profond et, paradoxalement, bien plus immédiat. »

Alexis Lavis, L'Espace de la pensée chinoise, Oxus, 2010.

La relation de couple offre un champ d'expérience et de travail inépuisable. Mais pour cela, il faut y mettre du sien, avoir du cœur à l'ouvrage, et ne pas abandonner au premier problème. Espérer une harmonie constante au sein du couple n'est qu'imagination et engendre frustration, déception et rancœur.

On croit souvent à tort que l'on n'aime plus – ou que l'on n'est plus aimé – parce que la passion des premiers temps s'est estompée, ou parce qu'on n'est pas d'accord sur telle ou telle chose.

Et si le lien qui unit deux compagnons allait au-delà des désaccords occasionnels, du désir charnel ou de l'ennui passager ? Si le sel de la vie consistait à travailler honnêtement avec les obstacles plutôt qu'à se perdre dans une recherche vaine du bonheur ?

« Lorsque vous devenez vous, le monde entier tombe amoureux. »

Eshin, dans L'Essentiel de la sagesse zen, Fabrice Midal, Presses du Châtelet, 2006.

Dans la méditation, on apprend à entrer en amitié avec soi-même, à accueillir ses côtés sympathiques comme ceux moins plaisants qui font intégralement partie de nous, et cette ouverture de fond s'applique très vite aux autres, et en premier lieu à ceux qui nous sont chers.

L'ÉCOUTE MUTUELLE, CLEF DE VOÛTE DE LA RELATION

Au début d'une histoire d'amour, il est magnifique de voir la qualité d'écoute dont nous pouvons faire preuve : nous ne sommes plus qu'écoute de l'être aimé, entièrement tourné vers lui, à l'unisson de son être. Puis cette écoute peut s'étioler, victime des années, de l'habitude, de la lassitude.

Or, faire l'effort de se mettre à l'écoute de la voix de l'aimé permet de ne pas appliquer trop vite son jugement sur lui. La méditation est très aidante en ce sens, puisqu'elle nous rappelle de rester à l'écoute des autres et du monde.

Il est souvent plus intéressant d'écouter le rythme, la tonalité de la voix de son compagnon que de s'attacher au sens des mots prononcés sous le coup de l'émotion : est-ce la peur que j'entends ? La jalousie ? La fatigue ? La frustration ? Comment cela résonne-t-il dans la pièce ? Comment répondre ? Comment apaiser les émotions ?

C'est souvent par manque de présence que l'on répond à côté de la plaque ; on ne répond qu'aux mots, pas à la demande de l'autre, ni à la nôtre.

L'attention à la présence que nous développons dans la méditation nous aide à aborder avec une certaine bienveillance les situations conflictuelles. En premier lieu parce que nous ne sommes plus si attachés à l'idée d'avoir toujours raison. Cette bienveillance peut être douce mais elle peut être tranchante également, elle n'a rien de mièvre, elle nous aide à nous relier à la vérité de la situation. Au lieu d'être sans cesse dans le « pourquoi » et de chercher des explications psychologiques, on regarde les choses telles qu'elles sont et on agit en conséquence. Un démineur ne se demande pas pourquoi la bombe est là, il l'examine avec la plus grande attention qui soit pour pouvoir la désamorcer.

TOUCHER SON CŒUR POUR SENTIR LE LIEN

« Il advient que notre cœur soit comme chassé de notre corps. Et notre corps est comme mort. »

René Char, Recherche de la base et du sommet, Gallimard, 1955.

Pour être présent à son conjoint, on peut se rappeler la vulnérabilité de son propre cœur, s'approcher du point tendre qui nous fait l'aimer et le chérir. En sentant son cœur, on réanime le lien qui s'est endormi un instant. Souvent, on manque de bonté parce qu'on manque de présence. Découvrir à quel point nous sommes capables d'amour est toujours bénéfique, pour nous, pour les autres, pour le monde.

Dans la méditation, il existe des pratiques spécifiques qui permettent d'éveiller un sentiment d'amour bienveillant, de développer de la tendresse : après une dizaine de minutes de pratique de l'attention, on peut fermer les yeux, se remémorer une situation où l'on s'est senti entièrement aimé. On diffuse ensuite cette plénitude du cœur vers les autres, vers le monde (voir instruction complète ci-dessous et aussi dans la bibliographie, *Méditations sur l'amour bienveillant*, de Fabrice Midal).

Loin d'être artificielles, ces pratiques nous permettent de renouer avec une souplesse du cœur, une souplesse du sentiment que « la culture du résultat » nous fait souvent oublier.

Le couple n'est pas un lieu de réussite ou de résultat mais une occasion unique de découvrir son humanité.

« Si l'on ne se soucie que de ses proches en ignorant le reste de l'humanité et ces visages familiers que l'on croise tous les jours sans les voir, on peut faire l'expérience de s'ouvrir, d'être attentif, intéressé et de créer un lien ; si l'on n'écoute pas vraiment son interlocuteur dans la conversation, on peut décider de s'y efforcer la fois suivante ; et si l'on a l'habitude de ranger les gens dans des cases ou de les écarter d'emblée en fonction de nos a priori à leur sujet, on peut tenter de les regarder d'un œil neuf. »

Sharon Salzberg, Apprentissage de la méditation, Belfond, 2013.

INSTRUCTION DE MÉDITATION POUR DÉVELOPPER LA BIENVEILLANCE AIMANTE

Cette pratique est à faire après avoir médité une dizaine de minutes suivant l'instruction de base donnée page 47.

Vous êtes donc assis, sur votre coussin ou sur une chaise, depuis plusieurs minutes, en rapport avec le moment présent. Vous pouvez à présent fermer les yeux et invoquer le souvenir, ancien ou plus proche, d'une situation où vous vous êtes senti complètement aimé, accepté tel que vous êtes. Cela peut être une situation très simple, un sourire, un « merci », quelqu'un qui vous a pris la main... un accueil sincère, direct, entier. Essayez de vous rappeler tous les détails de la situation : l'endroit, le moment de la journée, la lumière, la température qu'il faisait... vous pouvez être extrêmement précis dans cette évocation mentale. Sentez ensuite comment vous étiez à ce moment-là, la détente, la chaleur, le soulagement qui vous ont envahi... Goûtez bien ces sensations, essayez de les éprouver de nouveau, très concrètement, de revivre à quel point vous vous êtes senti aimé : « *comme j'ai été heureux à ce moment-là, combien je me suis senti légitime, comme cela était doux et bon...* » Puis, gentiment, commencez à faire rayonner cette sensation autour de vous ; pensez à quelqu'un qui vous est cher et que vous voulez baigner dans cette tendresse bienveillante. Souhaitez-lui de connaître cette qualité d'amour inconditionnel et sans histoire. Puis vous pouvez penser à quelqu'un qui vous est indifférent, un commerçant, une personne croisée dans la rue, une voisine... et souhaitez-lui de connaître tout cet amour également, pleinement, entièrement. Sentez comme la chaleur intérieure peut se diffuser vers l'extérieur, très naturellement. Enfin, progressivement, pensez à quelqu'un que vous n'aimez pas, qui peut-être vous a blessé ou heurté, voyez sa fragilité, voyez à quel point lui aussi n'aspire qu'à l'amour, et baignez-le à son tour dans l'amour tendre et chaleureux qui irradie de votre être.

Cette pratique peut être très touchante. Des larmes peuvent venir. Elle peut être difficile aussi, soit que vous n'arrivez pas à trouver un souvenir en particulier, soit que vous êtes débordé par les émotions. Essayez en ce cas d'éprouver de la bienveillance pour votre difficulté, pour votre impuissance, soyez doux envers cela et continuez la pratique à partir de ce point tendre.

À la fin de la pratique, revenez tout simplement à votre posture, ouvrez les yeux doucement, et continuez par quelques minutes de pratique de base, le temps de revenir à votre corps, à votre environnement direct.

Comme toute méditation, cette pratique est un entraînement de l'esprit. « Aimer est un très long travail », écrit Rainer Maria Rilke dans ses *Lettres à un jeune poète*. Cette pratique peut sembler parfois un peu mécanique ou fabriquée, mais en réalité elle permet réellement d'entrer en contact avec son cœur, avec le plus tendre de notre être, ce qui est une merveilleuse manière d'être en rapport au présent et à la vérité d'une situation. Voir les êtres et le monde qui nous entourent à partir de cette ouverture du cœur nous rend moins agressifs, moins réactionnels, plus justes, plus humains. Vous pouvez introduire cette pratique dans votre méditation quotidienne. Vous pouvez, une fois que vous l'avez trouvé, invoquer toujours le même souvenir, cela simplifie la pratique.

Peu à peu, vous vous familiariserez avec cette sensation d'amour bienveillant et, par habituation, elle imprégnera votre être et votre quotidien pour (re)devenir tout à fait naturelle.

Le soir, dans votre lit, rappelez-vous 3 moments de la journée où la vie a été bonne pour vous ; faites monter un sentiment de gratitude.

DÉCODER L'HUMEUR DE SON CONJOINT

« Le véritable obstacle à l'amour c'est d'être flottant, c'est de rêver, c'est de ne pas être là... »

Fabrice Midal, séminaire inédit, 2013.

Être pleinement présent permet de comprendre bien au-delà de l'intelligence ordinaire ou des explications psychologiques.

Après une séance de méditation, nos sens sont comme plus ouverts, plus réceptifs aux petits signes qui nous renseignent sur l'humeur de notre compagnon, à la qualité de l'atmosphère, à la vulnérabilité de la situation, aux petits changements d'ordinaire imperceptibles. Décoder l'humeur de son conjoint nous permet de nous synchroniser, de répondre plus justement.

RETROUVER LE SENS DE L'HUMOUR...

« Le sens de l'humour, dans sa véritable nature, permet de voir les choses clairement y compris leur fausseté, sans œillères ni barrières. On pourrait dire que le sens de l'humour est un moyen général de s'ouvrir ou de voir avec une vision panoramique, et non de se libérer de la tension ou de la pression. »

***Chögyam Trungpa*, Bardo,**
***Éditions du Seuil*, 2005.**

La méditation, parce qu'elle nous familiarise avec les brillantes acrobaties de l'esprit humain, nous rend le sens de l'humour. Voir nos gesticulations intellectuelles et celles des autres devient plus drôle qu'irritant. C'est cela, entrer en amitié avec soi-même, les autres et le monde, c'est pouvoir sourire à la finitude de notre humanité au lieu de s'énerver de ses limites.

On regarde alors avec tendresse les petits travers de son amoureux, comprenant qu'ils le constituent autant que ses qualités.

GARDER UNE PLACE POUR L'INCONNU

Considérer qu'on connaît déjà l'autre sous prétexte que l'on vit depuis cinq, dix ou trente ans avec lui est une erreur de taille. Il est toujours possible de laisser place à l'étonnement, à la découverte. Aucun être humain n'est figé une fois pour toutes ; un proverbe zen dit que si nous n'avons pas vu une personne depuis plus de deux minutes, elle ne sera plus la même quand nous la retrouverons. La vie nous transforme subtilement au quotidien. Cela peut être très poignant de se laisser surprendre par son compagnon, en gardant une place pour la part de mystère qui lui est propre.

Lors des sessions de méditation, nous nous disposons à l'attente, nous parions pour l'accueil de ce qui arrive, nous acceptons de nous laisser surprendre par ce qui se présente, par l'inconnu.

Cet entraînement de l'esprit nous prépare à ne plus avoir peur de l'inconnu dans notre vie et, en premier lieu, dans notre relation de couple.

Chapitre 5

Être plus juste au travail

Parmi les motivations à pratiquer la méditation, celle de vouloir devenir un chef d'entreprise ou un collaborateur plus juste, plus humain, moins réactionnel est très saine. Le travail occupe la place centrale de nos sociétés actuelles, il est donc tout à fait responsable que de vouloir être plus présent à ce qui se passe dans l'entreprise et dans les relations professionnelles.

LE GOÛT DES AUTRES

« Séparer ce que nous aimons et ce que nous n'aimons pas est la maladie de l'esprit. »

Eshin, dans L'Essentiel de la sagesse zen, Fabrice Midal, Presses du Châtelet, 2006.

« L'attention est une présence d'esprit. Une présence d'esprit respectueuse qui ne juge pas. La plupart du temps, malheureusement, ce n'est pas notre façon d'être. Au lieu de cela, nous réagissons continuellement, selon que nous estimons aimer, ne pas aimer ou pouvoir ignorer ce qui se passe. Nous évaluons les autres et nous-mêmes avec un flot permanent d'attentes, de commentaires et de critiques. »

Jack Kornfield, Bouddha mode d'emploi, Belfond, 2011.

Si on y regarde à deux fois, au fond de nous, nous aspirons tous à aimer – ou au moins à apprécier – les gens qui nous entourent. Mais bien souvent, nous n'avons pas les clés pour le faire : nous réagissons sur le mode « j'aime/je n'aime pas », « il me plaît/il ne me plaît pas » avec un tel automatisme que nous ne nous en rendons même plus compte.

La méditation pourfend cette attitude primaire en nous invitant à prendre du recul et à voir les situations de manière plus large, à cesser un instant d'avoir « le nez dans le guidon » !

C'est réellement un plaisir, et un exercice passionnant, que de s'entraîner à voir les bons côtés de chacune, chacun, à voir, derrière le rôle professionnel, l'être humain sensible qui se débat lui aussi. Cela devrait être du reste le souci premier de tout manager !

- « Cette collaboratrice manque d'organisation, mais elle est toujours là quand on a besoin d'elle. »
- « Celle-ci est fragile comme la Princesse au petit pois, absente au moindre bobo, mais c'est une foudre de guerre au travail. »
- « Ce collaborateur est trop autoritaire, mais on peut faire appel à lui dès que nous avons un problème avec un fournisseur. »
- « Ce patron est peu disponible, mais il nous laisse une grande autonomie. »
- Etc.

APPRENDRE À RALENTIR

« ... quand on a le sentiment de faire quelque chose qui a du poids, il est absolument clair que ce n'est pas de l'ordre de l'agitation, mais plutôt de l'immobilité. »

François Fédier, L'Humanisme en question, Éditions du Cerf, 2012.

Ralentir consiste à mieux habiter son corps donc à mieux habiter les situations, à mieux habiter l'espace dans lequel nous intervenons. On peut donc être extrêmement rapide et efficace en ralentissant ! C'est le paradoxe qui est très bien montré dans le film *Matrix* : le héros Néo découvre qu'il est prisonnier d'une réalité virtuelle, entièrement construite par son esprit, et qu'en s'entraînant à porter plus attention aux situations, il peut réellement agir sur elles jusqu'à éviter les balles de revolver... en ralentissant !

La méditation, en apprenant à habiter pleinement son corps et à devenir familier avec son esprit, permet de « ralentir efficacement » au travail, d'acquérir une vision plus ordonnée des événements, des priorités, de distinguer les vrais problèmes des fausses urgences, l'agitation de l'action véritable.

Dans les périodes professionnelles intenses ou difficiles, mettez en place de courtes séances de méditation tout au long de la journée, par exemple toutes les 2 heures. Asseyez-vous sur une chaise, dans votre posture de méditation, et portez une attention alerte à la situation : 25 % de votre attention est sur le souffle, 25 % sur l'environnement direct (l'air, la lumière, les sons de la rue ou du bureau, la température), 25 % sur les pensées, sur votre état d'esprit, et les derniers 25 % sur l'inconnu, le nouveau, l'imprévisible qui arrive à chaque seconde.

APPRENDRE À ACCÉLÉRER

À l'inverse, la méditation apprend également à accélérer ! J'ai connu des personnes lentes, plutôt enclines à rêver, plutôt paresseuses qui, grâce à la méditation, ont appris à mobiliser une énergie et une vitesse d'action très belles à voir.

En nous apprenant mieux quelles sont nos ressources, nos aspirations réelles, et en nous permettant de trouver notre place juste, la méditation nous incite naturellement à déployer plus d'allant et à être plus rapides quand les situations le demandent.

Par le discernement qu'elle nous entraîne à développer, la méditation nous permet également de voir plus rapidement ce qui est important de ce qui l'est moins et nous évite de tout confondre, de tout ramener au premier plan ; nous savons alors mieux comment agir vite et bien.

NI MÉCHANCETÉ, NI DÉMAGOGIE

Il ne sert jamais à rien d'être méchant ou blessant. Avant de parler à un collaborateur, avant de lui dire quelque chose d'important mais pas forcément d'agréable, il est toujours bon de prendre quelques minutes pour sentir ce que l'on apprécie chez lui, un aspect bon de sa personne. Cette manière de se relier à lui évite aussi la démagogie et la manipulation.

La méditation nous apprend à cesser de polluer le monde avec tout ce que l'on pense sur tout et sur tout le monde. Et ceci est directement applicable aux relations professionnelles. Elle permet aussi de reconnaître le germe de notre motivation : si c'est pour améliorer les choses que nous voulons parler à ce collaborateur, nous trouverons un moyen juste de le faire.

INTENSIFIER LA VIGILANCE, LA PRÉSENCE DANS CERTAINES SITUATIONS

J'ai installé un coussin dans mon bureau ; quand je sens que mon esprit est très confus, que je ne vois pas assez clair, j'aime m'asseoir jusqu'à ce que la sonnerie du téléphone résonne ou que quelqu'un frappe à ma porte. Cela m'aide beaucoup à faire retomber cette brume qui voile ma vision des choses.

Avant une négociation ou une réunion importante, il est tout à fait possible de méditer quelques minutes afin d'accroître sa vigilance et d'être préparé à entendre toutes les subtilités de l'échange à venir. Vous pouvez par exemple méditer debout, dans le hall d'attente, avant que la réunion ne commence : le regard posé, les pieds bien campés dans le sol, les jambes et le buste droits, vous mettez vos bras derrière le dos, mains jointes, et vous commencez à porter doucement attention à votre respiration. Vous sentez l'air autour de vous, vous sentez l'espace qui vous entoure. Personne ne verra que vous êtes en train de méditer, et vous, vous sentirez immédiatement que vous réintégrez votre corps, que vous vous rassemblez.

ÉCOUTER, MÊME QUAND CE N'EST PAS AGRÉABLE

La méditation nous apprend à accueillir les pensées agréables comme celles qui le sont moins, sans y attacher une importance particulière. Cet entraînement de l'esprit nous aide à mieux accepter que tout ne soit pas plaisant dans notre vie professionnelle, et surtout à ne pas nous mettre en colère à la moindre contrariété.

Écouter avec curiosité ce que l'on vous dit, de visu ou au téléphone, peut être intéressant, même s'il ne s'agit pas de compliments : soit ce qu'on vous dit est juste et cela vous aidera à progresser, soit cela ne vous semble pas juste et cela vous renseignera très utilement sur votre interlocuteur... Méditer, c'est aussi devenir plus malin !

FAIRE FACE À LA PANIQUE

LE PETIT MOT DE L'AUTEUR

Lorsque tout s'effondre

Il y a quelques années, un lundi matin, je suis arrivée au bureau pour me rendre compte que l'ensemble de nos 400 mètres carrés avait été entièrement inondé par une rupture de canalisation au dernier étage. L'odeur des murs et des sols gorgés d'humidité était impressionnante. Plus rien ne fonctionnait, ni téléphone, ni électricité.

Face au choc et à la panique, j'ai pensé tout de suite à revenir au corps, et j'ai vu ce que nous pouvions faire : rediriger nos lignes professionnelles sur nos téléphones portables et demander d'urgence un raccordement forain pour avoir de l'électricité. Cette situation provisoire a duré plus d'une semaine, et la réparation des locaux a pris six mois, mais aucun de nos clients ne s'est aperçu de quoi que ce soit et nous n'avons subi aucune perte d'exploitation.

Sans les ressources de la méditation, je ne sais pas si j'aurais pu faire preuve de cette présence d'esprit.

SE PRÉPARER À UN ENTRETIEN, À PASSER À LA RADIO, À RÉPONDRE À UNE INTERVIEW…

Méditer avant un entretien ou une interview est très bénéfique. Nous oublions trop souvent l'intelligence du corps : si nous sommes présents à notre corps, à notre souffle, nous sommes plus intelligents en quelque sorte, car davantage en rapport à ce qui se passe, à ce qui nous est demandé.

Méditer peut permettre également de mieux préparer, à l'écrit, une intervention publique, une conférence, de mieux savoir ce que nous souhaitons réellement dire et faire comprendre.

SE FIER DAVANTAGE AUX FAITS ET GESTES QU'AUX PROMESSES

« On ne regarde pas, on ne fait pas attention à ce que les gens font, à ce qu'ils sont, ni même à ce qu'ils disent. On fait attention à ce qu'ils disent qu'ils font, à ce qu'ils disent qu'ils sont, à ce qu'ils disent qu'ils disent. »

Charles Péguy, L'Argent,
cité dans Une éthique sans compromis,
Pocket, 2011.

J'ai réalisé il y a quelques mois qu'avant de connaître et de pratiquer la méditation, j'accordais d'avantage de crédit à ce que disaient les gens qu'à ce qu'ils faisaient… et il n'est pas impossible que nous fassions cela très souvent, nous laisser charmer par de beaux discours (certaines personnes parlent tellement bien, ont l'air tellement intelligentes…) plutôt que regarder l'ensemble de la situation : cette personne qui me donne des conseils sur ma manière de travailler, comment fait-elle de son côté ? Celle qui me dit comment manager mon entreprise, quelle expérience a-t-elle ?

J'aime faire confiance aux gens – je trouve cela toujours plus intéressant d'avoir un a priori favorable – mais à présent j'examine mieux la cohérence entre propos et manière de vivre de mon interlocuteur ; cela est un indicateur précieux pour savoir qui écouter… il est en effet important que comportement et parole s'accordent.

NI ARROGANCE, NI FAUSSE HUMILITÉ

La méditation est une discipline de vie, une forme de belle conduite qui colore peu à peu l'ensemble de notre vie ; elle nous permet d'entrer en amitié avec qui nous sommes, d'être en accord avec nous-mêmes pleinement, sans nous cacher ou vouloir tromper le monde sur ce que nous sommes. C'est un soulagement : nous connaissons nos qualités, nos limites, et nous pouvons travailler pleinement avec, en assumant les tâches qui nous incombent.

Chapitre 6

Méditer dans les moments difficiles

« La fragilité est écrasée presque mécaniquement, automatiquement même, tant l'homme ne veut pas la soutenir. »

Fabrice Midal, Au service du sacré, Éditions du Grand Est, 2007.

SE PRÉPARER À UNE HOSPITALISATION

Comment faire face à une hospitalisation, qui est toujours un moment aigu de l'existence ? Si elle se fait d'urgence, attraper un livre sur la méditation avant de partir est une bonne idée. Si l'on a un peu plus de temps, on peut pratiquer avant de quitter son logis. Examiner dans quel état d'esprit on se trouve : inquiet, paniqué, terrorisé ou juste très fatigué. On peut prendre soin de préparer sa valise en essayant d'imaginer ce qui nous aidera sur place : photos, objets, textes, livres, carnets de dessin, l'oreiller que nous aimons... Une fois là-bas, il est important de se recentrer, de sentir son corps autant que possible, même douloureux, même affecté, même amoindri, afin de ne pas se laisser envahir par l'ambiance parfois étrange des hôpitaux et des cliniques où l'on devient davantage une maladie, un symptôme, qu'un être humain.

LA SOLITUDE DE L'HOSPITALISÉ À LA TOMBÉE DE LA NUIT...

Lorsque j'étais enceinte de mon deuxième enfant, j'ai dû être hospitalisée et strictement alitée au cours du sixième mois, la poche des eaux s'étant fissurée. Je subissais quotidiennement une batterie de tests et de contrôles, mes bras étaient couverts d'ecchymoses à force de piqûres diverses. Mon mari venait me voir tous les jours, mais il devait aussi s'occuper de notre premier enfant et je me retrouvais seule chaque soir et chaque nuit. La solitude prenait ses droits, je me retrouvais entièrement seule, dans un univers jamais tout à fait silencieux, qui n'est pas sans rapport à celui des prisons, où obscurité et silence n'existent plus. J'étais prisonnière de mon hospitalisation, confrontée à une forme d'isolement.

Je crois que j'ai rarement autant pratiqué, parfois même sans le savoir ; je revenais au corps ; j'essayais de sentir la vie de mon bébé dans mon ventre, de le rassurer, je lui conseillais de rester encore un peu au chaud, de ne pas sortir trop vite... la lecture de *Quand tout s'effondre* de la nonne bouddhiste Pema Chödrön m'a bien accompagnée à ce moment-là.

Il y avait un pigeon très mal en point qui siégeait sur le rebord de la fenêtre et à chaque fois que je le regardais, je me disais que j'avais beaucoup de chance d'être à ma place et non à la sienne...

Être strictement alité signifie que vous n'avez pas le droit de poser un pied à terre. C'était donc les aides-soignantes qui s'occupaient entièrement de moi, me faisaient la toilette, me lavaient les cheveux dans mon lit ; tout se passait en silence, et je les remerciais intérieurement de leur dévouement, des soins qu'elles m'apportaient comme si j'étais leur enfant. C'était incroyable pour moi de me sentir aussi fragile, aussi vulnérable et en même temps aussi... digne d'amour et de soin !

Mon petit garçon est finalement né à 7 mois, en parfaite santé ; le protocole exigeait de le placer en soins intensifs et je ne l'ai pas quitté pendant ces trois semaines d'hôpital, l'allaitant et le maternant du mieux que je pouvais.

En y repensant, cette expérience est un bon souvenir, et quand je l'évoque, je sens la gratitude monter en moi. J'ai d'ailleurs, des années durant, fait d'importants dons d'argent à cet institut de puériculture qui a malheureusement fermé ses portes depuis pour des raisons budgétaires...

J'ai connu d'autres hospitalisations et, à chaque fois, rester présente aux circonstances, faire confiance aux médecins mais en gardant conscience de ce qui se passait, m'a beaucoup aidée... et les a aidés aussi je crois !

PRATIQUER ALLONGÉ QUAND ON NE PEUT PAS FAIRE AUTREMENT...

Pratiquer lorsque l'on est malade ou hospitalisé, c'est possible. Même si la position assise facilite le lien entre terre et ciel, on peut pratiquer allongé et avoir rapport à son corps blessé, meurtri ou paralysé. Il s'agit toujours de sentir le poids de son corps, cette fois sur le sol ou dans le lit. On peut avoir les yeux grands ouverts plutôt que semi-clos dans ce cas. Poser son regard sur le plafond, sentir l'ensemble de son corps, le visualiser allongé si certaines parties sont devenues insensibles, et porter doucement attention à sa respiration. Inspirer/expirer, en accompagnant un peu plus l'expiration. Sentir tous les pores de son épiderme qui entrent en contact avec l'air extérieur, sentir l'échange entre sa peau et l'air ambiant aide grandement.

PRATIQUER AVEC UN HANDICAP PHYSIQUE

Lors de séminaires de méditation, j'ai vu des personnes paraplégiques, amputées ou aveugles qui pratiquaient avec autant de cœur et de possibilités que les autres. Nous pratiquons tels que nous sommes, avec le corps que nous avons.

LE PETIT MOT DE L'AUTEUR

Voir avec son cœur

À l'automne dernier, j'ai participé à un séminaire de méditation à Lausanne où nous avions la chance, entre deux sessions de pratique, de pouvoir accéder à l'exposition du peintre Joan Miró à la fondation de l'Hermitage. Il y avait parmi nous Sonia, une non-voyante qui non seulement a suivi tout le séminaire, est venue voir l'exposition, mais a même ensuite fait part de son expérience devant les peintures ! Elle parlait des toiles dont elle avait senti, grâce à la présence développée lors de la méditation, le rythme, la lumière, la profondeur. Rien de mystique, mais un témoignage à la fois étonnant et très simple.

EN GUISE DE CONCLUSION : COMMENT ALLER PLUS LOIN ?

CHOISIR UN COURS DE MÉDITATION

Si un livre peut aider à découvrir la méditation et nous initier, rien ne remplacera un enseignement oral. C'est ainsi que se transmet la méditation depuis des millénaires. Entendre la parole d'un aîné qui pratique depuis longtemps, a traversé les difficultés et surmonté les obstacles avant vous, pouvoir lui poser directement ses questions et avoir des réponses est très profitable, et très complémentaire du travail que vous pouvez mener seul.

Il existe de nombreux cours de méditation, toutefois prenez bien le temps de choisir et faites preuve de prudence face à quelqu'un qui prétendrait avoir inventé sa propre méthode pour méditer... Rappelez-vous qu'il s'agit d'une pratique ancestrale qui n'appartient à personne et est offerte à tous. Mon enseignant me dit souvent que l'on sait quand on a rencontré le bon instructeur pour soi : c'est quand « ça parle », quand vous comprenez sans effort ce qu'il dit, que cela fait immédiatement sens pour vous.

MÉDITER EN GROUPE

En complément d'une pratique quotidienne à la maison ou au bureau, retrouver régulièrement un groupe vous aidera à revivifier votre méditation. Il peut être plus facile de méditer en groupe, ne serait-ce que parce qu'on n'osera pas se lever devant tout le monde en plein milieu d'une session. Sentir la pratique du groupe est porteur, voir que d'autres y arrivent, ont ce courage, est très motivant.

> « Nous voulons avoir des résultats tout de suite, victimes de la course à la performance et d'une approche consumériste et impatiente qui sont si prégnantes aujourd'hui. Or la méditation est avant tout une discipline de vie comme il n'en existe plus vraiment en Occident. Elle demande patience et courage. »
>
> ***Fabrice Midal*, Comment être bouddhiste, *Pocket*, 2014.**

PRATIQUER SUR LE LONG COURS

Parce qu'elle peut nous mettre en rapport à nos problèmes, à nos souffrances et souvent aussi à l'ennui, la méditation est difficile.

Au début, nous sommes plein d'allant, très ouverts, attentifs à la découverte – c'est ce que Shunryu Suzuki appelle « l'esprit du débutant ». Puis notre enthousiasme peut s'émousser, l'affairement quotidien reprend le dessus et il se peut que nous n'ayons plus du tout envie de nous asseoir... Cela arrive à tous, sans exception aucune ! Et cela fait partie de la pratique de la méditation sur le long cours : il y a des périodes où cela ne pose aucun problème d'aller pratiquer et d'autres où cela nous demande un effort extrême. Il faut faire avec, et trouver des manières de ressourcer sa pratique quand elle devient un peu sèche ou quand elle a perdu tout son sens à nos yeux – « ressourcer » signifie revenir à la source, à la motivation première qui nous a fait commencer. C'est toujours bon de s'en rappeler. Puis il s'agit de revenir à sa posture et de redécouvrir toutes les subtilités de la respiration et des sensations corporelles. Ressourcer, cela peut enfin passer par la lecture de textes, la vie et l'expérience d'autres pratiquants qui l'ont fait avant nous, et qui peuvent être un soutien précieux (voir « Bibliographie », p. 125). La méditation est non seulement une hygiène de vie, qui nous met en rapport avec notre santé de base, mais au-delà, elle est un chemin de vie. Elle travaille en nous sur le long terme et chaque session de méditation, absolument chacune d'entre elles, nous fait avancer un peu plus en direction d'un monde plus vivant et plus humain dans lequel nous avons toute notre place, exactement tels que nous sommes.

SUIVRE UN STAGE

Participer à un stage de méditation sur plusieurs jours, notamment en résidentiel, permet véritablement de s'immerger dans la pratique de manière unique. Dégagé des contingences habituelles, on peut découvrir en profondeur toutes les nuances de la méditation, grâce aux enseignements et aux séances de pratique en groupe. C'est également un lieu de partage unique, où l'on peut parler de son expérience, de ses difficultés et trouver des réponses. Vivre en groupe pendant quelques jours permet aussi de mettre sa pratique à l'épreuve, de la mettre en application, de voir de quelle manière on vit, on agit et réagit avec les autres.

Des stages sont organisés partout en France, et vous pouvez les choisir en fonction de la qualité de l'enseignement (ce qui me semble le plus important), du thème abordé durant le séminaire, de la taille du groupe, du confort recherché (qui varie grandement d'un lieu à l'autre), etc.

L'approche de l'École occidentale de méditation, association au sein de laquelle je pratique et organise des stages, me convient car la méditation y est présentée de manière simple et rigoureuse, sans verbiage ni ésotérisme ou exotisme ; en même temps, le sérieux des enseignements qui y sont donnés révèle la véritable ampleur de la méditation, et évite le travers de la transformer en un banal outil de développement personnel. Par exemple en offrant des enseignements qui mettent en parallèle la philosophie, la poésie ou la peinture et la méditation, les séminaires nous permettent de nous réapproprier notre histoire d'Occidentaux et de mieux comprendre le monde dans lequel nous vivons. Je suis sensible au fait que m'engager dans la méditation, loin de me détourner de mes racines et de mon histoire, m'aide au contraire à mieux les comprendre.

Mais surtout, ce parallèle entre méditation et art et philosophie m'a permis de renouer avec une dimension plus vaste du monde, de ne plus le réduire à mon seul « vécu ». C'est pour moi une profonde source de joie. Il me semble que c'est lorsque nous sommes coupés de cette dimension que nous devenons les proies de la dépression.

MÉDITER À L'ÉTRANGER, EN VOYAGE

Lors de vos déplacements et de vos voyages, il est tout à fait possible de continuer à méditer. Si vous ne pouvez pas emporter votre coussin, vous pourrez peut-être pratiquer sur une chaise. Je connais quelqu'un qui aime pratiquer sur un rocher ou sur une grosse pierre quand il est en vacances ! Aussi bien dans le gîte que vous louerez que dans une chambre d'hôtel, il est facile d'installer un endroit où pratiquer. Tout comme chez vous, avoir une photo qui vous inspire, un porte-encens et quelques bâtons vous permettra de vous relier sans délai à l'esprit de la pratique.

LE PETIT MOT DE L'AUTEUR

La possibilité d'un jardin secret

Un été que nous partions en vacances avec deux autres familles en Ardèche, nous nous sommes retrouvés avec huit jeunes enfants à devoir surveiller, occuper et nourrir matin, midi et soir… pas vraiment des vacances de tout repos ! Mon mari avait eu la bonne idée d'apporter nos deux coussins de méditation, qu'il a installés dans une petite pièce de la maison que nous avions louée. Nous y retrouver une fois par jour, quand nous avions un moment, nous a beaucoup amusés ; c'est comme si nous faisions l'école buissonnière pendant une demi-heure, protégés du tumulte ambiant ; ce petit endroit est devenu notre jardin secret.

CHOISIR QUELQUES LIVRES DE BASE POUR NOURRIR LA PRATIQUE ET LUI DONNER DE LA PROFONDEUR, DE LA PERSPECTIVE

Il existe tout un corpus de textes fondateurs, anciens et plus modernes, écrits par de grands maîtres de méditation ou des pratiquants engagés, qui sont une grande source d'inspiration pour celui qui choisit de suivre la voie de la méditation. Ces lectures permettent de mettre des mots sur les expériences que nous traversons durant la pratique et d'aller plus loin dans l'exploration de l'esprit humain. Elles nous encouragent à développer notre intelligence et notre compréhension de la pratique, et nous aident ainsi à avancer sur le chemin. Par la méditation, j'ai redécouvert également le plaisir de lire de la poésie : il est impressionnant de voir à quel point les poètes ont un rapport à l'ouverture première et savent la nommer pour mieux nous la montrer. C'est pourquoi vous trouverez un choix de recueils de poètes dans la bibliographie.

S'AIDER DE MÉDITATIONS GUIDÉES SUR CD

Lorsque l'on pratique seul, chez soi ou en petits groupes sans enseignant, il est excellent de se laisser guider par des instructions de méditation enregistrées sur CD. Elles nous permettent de ne plus avoir à réfléchir sur ce que l'on doit faire, mais juste de suivre la voix, qui nous décrit la posture et le sens de la pratique. Il existe des CD de méditation enregistrés par des acteurs, mais ils ne m'aident pas beaucoup : je suis en effet gênée de reconnaître la voix et la diction qui prennent plus d'importance que ce qui est dit. Je recommanderais plutôt le travail de l'éditeur Audiolib, qui a déjà sorti plusieurs CD proposant des méditations entre 8 et 14 minutes ; elles sont très accessibles, et organisées de manière à pouvoir les écouter au rythme d'une par jour, par exemple (voir « Bibliographie », p. 125).

LA MÉDITATION EST UN CHEMIN DE VIE

En lisant ce livre, on peut avoir l'impression que la méditation est la solution miracle à tous les problèmes et que dès que quelque chose ne tourne pas rond, il suffit d'aller pratiquer pour que cela s'arrange… C'est vrai et… ce n'est pas vrai à la fois !

Si l'on veut qu'elle prenne sens et porte ses fruits dans notre vie, la méditation doit être comprise comme un chemin. La méditation est un chemin de vie, car elle nous amène à porter un regard tout à fait différent sur les événements et sur le monde ; nous devenons des explorateurs de nouveaux paysages, nous découvrons et apprenons à faire confiance aux ressources qui existent en chacun de nous mais que nous avions oubliées ou ignorées. La méditation nous apprend que tout est travaillable, que les obstacles – loin d'être des accidents de la vie à éviter ou à oublier – peuvent concrètement nous aider à avancer, que la maladie, la vieillesse et la mort ne sont pas des échecs mais le propre de la vie humaine... À partir de là, tout change : travailler, être malade, aimer... Cela renverse complètement la perspective habituelle que nous avons sur la vie, cette idée un peu folle qui voudrait que tout soit parfait, que les aléas devraient être éliminés pour atteindre le bonheur. La méditation nous fait retrouver une joie de vivre bien plus profonde et qui accueille tout, les défauts comme les qualités, la confusion comme les éclairs de sagesse, les écueils comme les moments où tout s'ouvre avec grâce.

« Un des problèmes qui se posent, surtout chez les Occidentaux, est que les gens se font un drame de tout... Toute situation a un côté enjoué, y compris la mort. Ne l'oubliez pas, faites-en un slogan... Quoi qu'il advienne n'en faites pas une catastrophe ultime, ce n'est qu'une flambée passagère qui s'en ira comme elle est venue. »

Chögyam Trungpa, L'Entraînement de l'esprit, Éditions du Seuil, 1998.

COORDONNER UN SÉMINAIRE

Après avoir suivi mon premier stage de méditation, j'étais tellement enthousiaste de cette découverte que j'ai très vite eu l'envie d'aider à faire connaître cette pratique et l'approche qu'en proposait Fabrice Midal. J'en suis venue à coordonner les séminaires en résidentiel, de manière bénévole, pendant mes congés. Cela m'a permis de lier tout ce que j'aime faire (organiser les choses, prendre des décisions, négocier les aspects financiers, concevoir la communication et les documents d'information...) à la pratique de la méditation. Coordonner m'a également amenée à porter un regard beaucoup plus large sur la méditation, celui de la méditation en action : on ne fait plus les choses seulement pour obtenir des résultats ou de la rentabilité, mais pour que les situations se débloquent, que les enseignements et la pratique de la méditation puissent se déployer.

LE PETIT MOT DE L'AUTEUR

Une patate pour le réveillon

Je me souviens d'un séminaire que nous organisions pour le Nouvel An. Le lieu qui nous recevait avait compris, je ne sais pourquoi, que nous étions végétariens, que nous ne mangions ni viande ni poisson... J'ai réalisé à 18 h 00 que notre menu de réveillon se résumait à un bol de soupe et une pomme de terre au four ! Bonjour la fête ! Je suis vite montée dans ma voiture pour gagner le village le plus proche et dévaliser les trois pâtissiers. Nous avons beaucoup ri devant notre « patate chaude » et devant la joyeuse farandole de gâteaux. Au final, c'est un des plus beaux réveillons que nous ayons fêtés !

Ainsi, chaque séminaire est l'occasion de pratiquer bien sûr, mais aussi de s'amuser, de goûter le plaisir d'être ensemble, de rebondir et d'inventer de nouvelles manières d'aborder chaque situation. L'intensité de la pratique sur les séminaires, loin d'être insurmontable, rend au contraire la méditation plus facile, plus directement impliquée dans notre quotidien.

ANNEXES

LA MÉDITATION DANS LA JOURNÉE D'UNE FEMME ACTIVE, OU LA DÉCOUVERTE DE LA MÉDITATION EN ACTION

Je suis aujourd'hui à la tête d'une agence qui a accompagné plus de 300 entreprises françaises dans leurs relations avec la presse. Je suis soutien de famille, mère de trois adolescents. J'organise des séminaires de méditation au sein de l'École occidentale de méditation pendant mes congés. J'aime écrire et dessiner... Je ne renonce ni à ma responsabilité de chef d'entreprise, ni à celle de mère de famille nombreuse, ni à celle de prendre soin de centaines de personnes pendant les stages... et, il y a dix ans, je n'aurais jamais imaginé être aussi joyeuse.

Commencer la journée en prenant le petit déjeuner avec mes enfants me met de bonne humeur, même si la plupart du temps je trouve qu'il est bien trop tôt.

Quand c'est possible, je médite une fois qu'ils sont partis au collège ou au lycée.

Je fais très attention à la manière de m'habiller, chaque jour, car ma tenue me porte ensuite pour la journée. C'est aussi pour moi une forme de politesse vis-à-vis des autres.

Le bus que je prends pour rejoindre mes bureaux me donne à voir Paris et la Seine tous les matins, ce qui m'ouvre au monde et me met en joie.

Nos bureaux sont décorés de manière personnelle, presque comme une maison : papiers peints et peintures de couleur mettent en valeur quelques objets, des bouquets de fleurs ou des tirages photo. Nous faisons refaire les peintures tous les deux, trois ans afin de travailler dans un cadre frais et propre. L'attention au détail est importante et même nos toilettes sont soignées, avec de jolis miroirs et des bougies parfumées.

Saluer mes collaboratrices – avec qui je travaille depuis de nombreuses années – donne le top départ de ma journée de travail sous le signe du sourire et du « bonjour » !

Pendant que mon ordinateur se met en route, je prépare du café pour la matinée et je regarde autour de moi : les dossiers sur mon bureau, les plantes, les photos et dessins sur le mur, j'écoute les bruits de la rue...

Une fois que mon ordinateur est prêt, commence une période d'intense concentration où la lecture des e-mails permet d'organiser la journée, d'établir la « to do list » (que j'appelle « *tout doux liste* »).

Quand je sens que je suis trop tendue, je prends le temps de m'arrêter quelques minutes, de m'éloigner de l'écran, de revenir à mon corps : par exemple, si je suis mal assise, je rectifie ma posture, le secret étant toujours de remettre du poids dans mes jambes. Si je suis un peu engourdie ou crispée, je me lève et vais me promener dans les bureaux, voir mes collaboratrices, boire un verre d'eau... Si je suis vraiment trop contrariée, il m'arrive de sortir dans la rue, faire le tour du pâté d'immeubles, en marchant lentement, en essayant de sentir le contact de mes pieds sur le sol.

Quelles que soient mes activités, professionnelles ou bénévoles, je n'utilise qu'une seule adresse e-mail, ce qui me permet de traiter toutes les demandes au fil de l'eau.

Il m'arrive plusieurs fois par jour de revenir délibérément au corps ; par exemple, quand j'écris à la main, je regarde comment ma main tient le stylo, j'essaie d'écrire plus lentement et plus lisiblement.

Quand je parle au téléphone, je suis attentive à la manière dont je tiens le combiné, je décroise les jambes ; si je m'aperçois que je pianote sur le clavier en même temps que j'écoute, je redouble alors de vigilance, tous ces petits gestes me rappellent à la présence, sans en faire une grande histoire. L'idée n'est pas de s'en vouloir si l'on est distrait ou inattentif, c'est de s'en rendre compte et de revenir au moment présent.

Quand je suis en réunion (interne ou externe), j'essaie de vraiment porter attention à l'ensemble de la situation : la salle où nous nous trouvons, la manière dont sont disposées les personnes présentes, la manière dont elles se tiennent, dont elles s'expriment. Étant d'un naturel bavard et autoritaire, j'ai appris à doser mes interventions pour laisser de la place à mes interlocuteurs, même quand je suis très énervée ou en désaccord avec eux. Chercher à imposer son point de vue de force ne fonctionne jamais. Vouloir avoir raison à tout prix, c'est ne pas laisser place à la vérité.

Il y a quelques mois, j'ai accepté d'enseigner mon métier (les relations presse) ponctuellement dans une école supérieure ; j'étais plutôt heureuse de cette occasion de transmettre mon expérience et pas le moins du monde inquiète. Cela me semblait aller de soi et bien moins difficile qu'un rendez-vous de prospection, par exemple.

Mais quand je suis arrivée devant cette classe de 44 jeunes adultes bruyants et fatigués, certains dormant au fond, les autres ayant peu envie de m'écouter, ce fut un choc. J'ai senti que je décollais du sol, je paniquais à l'idée de ne pas arriver à les intéresser... Et j'avais trois heures de cours à tenir...

Par surprise, la pratique s'est rappelée à moi. J'ai alors choisi délibérément de revenir au corps, à la droiture, de porter attention à ma respiration pendant un instant, ce qui m'a permis de chasser l'affolement et de commencer le cours, en parlant lentement et en observant les étudiants.

J'assure le commercial de mon entreprise et les rendez-vous clients. Dans les moments de mise au point, de conflits ou de négociation tendue, j'essaie de revenir à la pratique, c'est-à-dire au moment présent et à la qualité de l'espace autour de moi.

Je suis d'une nature assez jalouse et j'ai longtemps été très vexée quand je ne remportais pas une compétition. Aujourd'hui, c'est bien différent. Quand un confrère ou une consœur remporte l'appel d'offres sur lequel nous étions, je pense à la pertinence de la proposition qu'il a dû faire et à la joie qu'il doit éprouver, et cela m'apaise.

La plupart du temps je ne déjeune pas, je préfère faire une promenade, sans but, ou lire de beaux magazines de décoration. Je sens que cela me nourrit réellement, que cela augmente ma capacité à voir les choses.

En revanche, même si je ne le fais pas toujours, j'adore prendre le thé avec mes collaboratrices ; l'agence est souvent calme à ce moment-là. Nous sommes toutes passées à la semaine de 35 heures quand la loi française l'a exigé et cela ne pose pas de problème d'organisation. Certaines arrivent à 9 heures et repartent à 17 heures, les autres font 10 h 00-18 h 00.

Ce *tea time* nous permet d'évoquer posément la journée, les satisfactions et les problèmes, les points d'amélioration, ce qui a bien fonctionné et ce qui mérite un redoublement d'attention. Nous parlons de la manière de travailler de tel client ou de tel journaliste, de la relation que nous arrivons à établir avec lui, chaque cas demandant vraiment une approche « sur mesure ».

J'arrive presque toujours à faire plus de choses que je n'avais prévu dans la journée… et je ne quitte jamais le bureau très tard.

Quand je rentre pour retrouver mon mari et mes enfants, je prends un temps pour voir comment ils vont. S'il le demande, j'aide un de mes enfants pour ses devoirs. C'est l'occasion d'évoquer sa journée de cours, ses relations, ses professeurs, mais sans trop insister ; j'ai appris à leur laisser de la place et à ne plus faire d'ingérence. Écouter le son de leur voix me renseigne déjà beaucoup sur leur moral.

Puis nous préparons le dîner que nous partageons en discutant ; nous ne regardons jamais la télévision qui, à mon avis, est un poison pour la vie familiale.

Le soir, je suis assez fatiguée et j'aime me coucher tôt, mais si les enfants insistent vraiment, j'accepte de jouer à un jeu de société avec eux ou encore nous regardons un DVD ensemble.

Je ne m'endors jamais sans avoir lu quelques pages de textes sur la méditation, cela m'aide à me rappeler le sens de ce que je fais.

OÙ ACHETER UN BON COUSSIN DE MÉDITATION ?

La pratique telle qu'elle est présentée dans cet ouvrage se fait sur un coussin un peu haut ou une chaise. Les coussins que je recommande sont très différents de ceux que l'on peut trouver dans les dojos zen ou dans les magasins tibétains. Ils sont plus hauts, adaptés à notre morphologie.

Anne-Valérie Rocourt, à Paris, a dessiné des coussins pour l'École occidentale de méditation, qu'elle commercialise depuis. Elle les réalise à partir de très beaux tissus d'ameublement (Toiles de Mayenne), ce qui permet au coussin de devenir un élément de décoration du salon ou de la chambre. Les proportions et la forme du coussin sont particulièrement adaptées à la morphologie occidentale : rectangulaires, assez hauts, ils permettent de pratiquer en évitant les douleurs dans les jambes, et ce même si l'on n'est pas particulièrement souple. Ils s'assortissent d'un tapis très confortable et d'un rehausseur si besoin est. Ce que j'apprécie dans ces coussins, c'est qu'ils ne font ni « baba cool » ni orientaux, et participent vraiment à une appropriation de la méditation par l'Occident sans folklore aucun. Son site : www.spiritopus.com.

BIBLIOGRAPHIE

La méditation

COLLECTIF, *L'Essentiel de la sagesse zen*, Presses du Châtelet, 2006.

GLASSMAN Bernie, *Comment accommoder sa vie à la manière zen*, Albin Michel, 2002.

KORNFIELD Jack, *Bouddha mode d'emploi*, Belfond, 2011.

MIDAL Fabrice, *Chögyam Trungpa, une révolution bouddhiste*, Éditions du Grand Est, 2007.

MIDAL Fabrice, *Comment être bouddhiste*, Pocket, 2014.

MIDAL Fabrice, *Pratique de la méditation*, Le Livre de Poche, 2012.

SALZBERG Sharon, *Apprentissage de la méditation*, Belfond, 2013.

SUZUKI Shunryu, *Esprit zen esprit neuf*, Éditions du Seuil, 1977.

TRUNGPA Chögyam, *Méditation et action*, Fayard, 1972.

TRUNGPA Chögyam, *Le Mythe de la liberté*, Éditions du Seuil, 1979.

TRUNGPA Chögyam, *Bardo*, Éditions du Seuil, 2005.

TRUNGPA Chögyam, *Le chemin est le but*, Éditions du Seuil, 2007.

WELWOOD John, *Parfait amour, imparfait bonheur*, La Table Ronde, 2006.

La philosophie

FÉDIER François, *L'Humanisme en question*, Éditions du Cerf, 2012.

FRANCE-LANORD Hadrien, *S'ouvrir en l'amitié*, Éditions du Grand Est, 2010.

LAVIS Alexis, *L'Espace de la pensée chinoise*, Oxus, 2010.

MIDAL Fabrice, *Au service du sacré*, Éditions du Grand Est, 2007.

MIDAL Fabrice, *La Voie du Chevalier*, Éditions Payot, 2009.

PÉGUY Charles, *Une éthique sans compromis*, Pocket, 2011.

La poésie

BRAQUE Georges, *Le Jour et la Nuit*, Gallimard, 1952.

CHAR René, *Recherche de la base et du sommet*, Gallimard, 1955.

RILKE Rainer Maria, *Lettres à une amie vénitienne*, Arcades, 1985.

RILKE Rainer Maria, *Sonnets à Orphée*, Flammarion, 1992.

RILKE Rainer Maria, *Lettres à un jeune poète*, Gallimard, 1993.

WHITMAN WALT, *Feuilles d'herbe*, José Corti, 2008.

Les CD de méditation

MIDAL Fabrice, *12 méditations guidées*, Audiolib, 2012.

MIDAL Fabrice, *Méditations sur l'amour bienveillant*, Audiolib, 2013.

JEAN-MICHEL JAKOBOWICZ

L'AUTOHYPNOSE, C'EST MALIN

L'AUTOHYPNOSE

Inclus : une séquence audio inédite ! Rendez-vous à la page suivante !

UNE SÉQUENCE AUDIO INÉDITE !

Vous avez aimé les conseils et les séquences d'autohypnose de ce livre ? Recevez **une séquence audio inédite**, accompagnée de sa transcription, spécialement conçue pour le dimanche soir : on se déstresse pour bien dormir et on évacue les angoisses avant la reprise (de l'école, du travail...).

Rendez-vous vite sur la page :
http://quotidienmalin.com/autohypnose

ou scannez ce code

Jean-Michel Jakobowicz est hypnothérapeute et exerce à Genève. Il a déjà écrit de nombreux livres de culture générale à succès et souhaite aujourd'hui permettre au plus grand nombre de se soigner par l'autohypnose.

Son blog dédié à l'autohypnose : www.desimaginaires.com.

INTRODUCTION

NOUS PRATIQUONS TOUS L'AUTOHYPNOSE SANS LE SAVOIR

« Je suis certaine que demain, à mon entretien d'embauche, je vais me planter ! Je ne suis pas prête ! Ils vont me poser des questions auxquelles je ne saurai pas répondre ! D'ailleurs, je vais avoir mal au ventre et perdre tous mes moyens ! Et puis, je suis tellement stressée que je ne vais même pas réussir à m'endormir et moi, si je n'ai pas mes huit heures de sommeil, le lendemain je suis morte !... »

Triste veillée chez Julie V., une jeune femme de 24 ans qui doit passer un entretien d'embauche qu'elle espère depuis longtemps. Elle se voit déjà, les mains moites, le ventre noué par le trac, bégayante devant trois examinateurs haineux, qui ne lui veulent que du mal.

Et effectivement, avec une telle préparation psychologique, l'entretien de demain risque d'être difficile pour Julie car, sans s'en rendre compte, elle est en train de se faire une séance d'autohypnose en règle. Le seul problème, c'est que cette séance d'autohypnose est plutôt négative et destructive. Si, avant cette soirée, sa confiance en elle était déjà faible, elle ne risque pas d'avoir, au petit matin, une estime de soi grandie, bien au contraire.

« Si c'est ça l'autohypnose, alors je la pratique quotidiennement depuis toujours ! »

Oui, c'est ça l'autohypnose... enfin presque ! Les principaux éléments d'une séance d'autohypnose sont réunis : Julie est au lit dans un état de quasi-somnolence, elle se voit en situation et elle essaie de se convaincre que tout va mal se passer. Et avec un peu de (mal)chance, elle parviendra à réaliser ce qu'elle prévoit.

Imaginez un seul instant qu'au lieu d'utiliser toutes ses ressources psychiques pour se persuader qu'elle va échouer, Julie avait des pensées positives telles que :

« Tout va bien se passer ! J'ai travaillé de nombreuses heures pour préparer cet entretien, je me sens fin prête ! D'ailleurs ce poste est fait pour moi et je l'aurai parce que je suis douée ! »

Tout d'abord elle se sentirait mieux et un sommeil réparateur viendrait lui accorder ce repos dont elle a tant besoin. En plus, le lendemain, il y a de fortes chances pour qu'elle soit plus sûre d'elle et de ses capacités. Qu'elle se rende compte que ces trois examinateurs qui, *a priori* ne lui en veulent pas personnellement, ne sont pas là pour la sacquer, mais pour trouver LA personne dont ils ont besoin : pourquoi pas elle !

« Plus facile à dire qu'à faire », me direz-vous !

Et vous aurez en partie raison ! Quand on est stressé comme Julie, la méthode Coué (du nom d'un des pères fondateurs de l'autohypnose qui vivait entre 1857-1926), qui consiste à répéter « je vais réussir, je vais réussir », ne sert pas à grand-chose, surtout si on n'est pas convaincu de ce que l'on dit.

C'est là que ce livre va vous être utile. Il va vous apprendre à trouver votre propre voie, celle qui, pas après pas, va vous permettre d'utiliser l'autohypnose pour changer ce que vous souhaitez. Car nous sommes tout aussi capables de changer pour le « pire » – ce qu'il nous arrive souvent de faire – que pour le meilleur.

Jusqu'à présent, tout comme le bourgeois gentilhomme de Molière qui faisait de la prose sans le savoir, vous avez fait de l'autohypnose sans vous en rendre compte. Après avoir lu ce livre et appris les quelques « trucs » simples et faciles d'emploi qu'il contient, vous serez à même d'utiliser vos ressources intérieures pour développer vos potentiels, non seulement mentaux mais également physiques, pour lutter contre la douleur physique, contre les maladies, leurs symptômes et contre certaines des mauvaises habitudes dont vous voulez vous débarrasser.

COMMENT SE PRÉSENTE CE LIVRE ?

Dans un premier temps, vous allez trouver quelques conseils et précautions à prendre avant de vous lancer dans cette aventure intérieure qu'est l'autohypnose. Ils vous permettront d'apprécier au mieux vos séances d'autohypnose.

La deuxième étape va consister à préciser le but que vous désirez atteindre. Ce but peut *a priori* vous sembler évident : « Je veux dormir le soir ! » « J'aimerais perdre quelques kilos ! » « J'aimerais que la douleur que j'ai au bras gauche et que mon médecin n'explique pas disparaisse ! » « J'aimerais voir l'avenir avec plus d'optimisme ! » Mais derrière ces demandes évidentes se cache toute une série d'éléments qu'il vous faudra mettre en évidence pour mieux les voir disparaître. Il ne s'agit pas de savoir si tels maux dont vous souffrez sont dus à votre maman ou à un traumatisme de votre petite enfance, ce type de recherche se fait avec un thérapeute lors d'une psychanalyse et peut demander beaucoup de temps. En hypnose, tout comme en autohypnose, il ne s'agit pas de retrouver les causes qui génèrent le malaise, mais d'améliorer la situation à partir de l'état dans lequel vous êtes aujourd'hui.

Une fois ce (ou ces) but(s) identifié(s), ce livre va vous aider à trouver un lieu de confort, un refuge rien qu'à vous où vous vous sentirez « bien » et en sécurité. Cet endroit vous servira non seulement lors de vos exercices d'autohypnose, mais aussi dans la vie quotidienne lorsque vous sentirez le besoin de vous ressourcer psychologiquement.

Viendra alors le moment tant attendu d'apprendre à faire une transe. Je sais, ce mot peut faire peur, pourtant il recouvre une réalité agréable que vous connaissez bien et que vous vivez quotidiennement lorsque le matin, à demi éveillé, vous savourez un moment de détente, ou lorsque, dans un train, vous regardez défiler le paysage. La transe ce n'est « que » ça et c'est très agréable.

La dernière partie, de loin la plus importante, vous expliquera par le détail et exemples à l'appui, les diverses façons de vaincre vos maux, votre mal-être, vos mauvaises habitudes, en abordant un par un les thèmes qui vous ont poussé à avoir recours à l'autohypnose pour améliorer votre vie quotidienne. Ces thèmes sont : le manque de confiance et d'estime de soi, les angoisses, les peurs et les phobies, les problèmes de sommeil, les addictions, les problèmes alimentaires et la douleur.

LE PETIT + MALIN

Pour chaque transe proposée, nous vous proposons d'écouter gratuitement une version audio plus détaillée pour mieux vous guider. N'hésitez pas à les utiliser, au moins dans un premier temps, pour vous aider dans votre travail d'autohypnose. Mais attention, n'utilisez jamais ces enregistrements lorsque vous conduisez ou lorsque vous pratiquez une activité qui nécessite toute votre attention.
Flashez ce code ou rendez-vous sur :
http://quotidienmalin.com/autohypnose-transes

QUELQUES RECOMMANDATIONS AVANT DE COMMENCER

L'autohypnose ne présente absolument aucun risque. En revanche, il est bon de prendre un certain nombre de dispositions afin que chacune des séances qui vous sont proposées se déroule dans les meilleures conditions d'efficacité et de bien-être.

Où pratiquer l'autohypnose ?

L'autohypnose peut se pratiquer n'importe où. Pour votre confort, il vaut mieux effectuer vos séances dans un endroit calme et surtout bien vous installer. Vous pouvez être assis dans un fauteuil, sur un canapé ou sur une simple chaise, l'essentiel est que vous vous sentiez au mieux. Si vous le désirez, vous pouvez aussi effectuer vos exercices au lit. Le seul risque que vous courez alors, c'est de vous endormir. Ce qui, en soi, n'est pas un mal, mais qui n'est pas forcément le but recherché. Au bout d'un certain nombre de séances, vous serez à même de faire vos « séances » dans des lieux publics, comme les transports en commun ou lors de réunions particulièrement ennuyeuses qui ne nécessitent pas votre « présence » mentale, mais seulement votre présence physique. S'il vaut mieux, lors des premières séances, être dans un endroit calme, par la suite cela n'aura plus d'importance. En revanche, il est indispensable d'éteindre votre portable et de débrancher votre téléphone, il est très désagréable d'être tiré brutalement d'une transe par une sonnerie stridente.

LE PETIT + MALIN

Avant de pratiquer votre transe, pensez à coller un Post-it « Ne me déranger sous aucun prétexte ! » sur votre porte.

Quand pratiquer l'autohypnose ?

Le moment de la journée n'est pas important. Mais bien sûr, si vous faites vos exercices le soir, il y a de fortes chances pour que vous passiez du sommeil hypnotique au sommeil naturel sans vous en rendre compte. En revanche, n'oubliez pas d'aller au petit coin avant de commencer, une vessie pleine ne facilite pas la tranquillité d'esprit. Attention, ne pratiquez jamais l'autohypnose en conduisant ou lorsque vous pratiquez une activité qui réclame toute votre attention, vous risqueriez un accident. De même si vous devez conduire après une transe, assurez-vous que vous vous sentez totalement éveillé.

“ **« Ma séance en chaussettes »** : « Ce qu'il me faut avant tout pour faire une séance d'autohypnose, c'est le calme. J'attends que les enfants soient couchés et je me mets sur le canapé avec des coussins dans le dos. En hiver, je m'emmitoufle dans ma grosse veste en laine noire et j'enfile des grosses chaussettes. J'ai besoin de me sentir bien au chaud et bien protégée. Une ou deux fois, j'étais tellement fatiguée que je me suis endormie. Je me suis réveillée sur le canapé vers 3 heures du matin, je me suis couchée et n'ai eu aucun mal à me rendormir. Il m'arrive de faire des séances pendant la journée, quand j'ai un moment de libre pendant le week-end, mais j'aime moins parce que j'ai toujours peur d'être dérangée par les uns ou les autres. »

Marissa, 37 ans ”

Combien de temps faut-il prévoir ?

Il n'y a pas de séance type qui nécessite un temps déterminé. Lors des premières séances d'autohypnose, la mise en place de la transe peut prendre un peu de temps, donc une séance pourra durer une demi-heure, mais si elle ne dure que 5 minutes ce n'est absolument pas un problème. Par la suite, vous verrez que des microséances de quelques minutes peuvent faire un bien énorme.

« **« Des séances dans le bus »** : « Il m'arrive de faire mes séances dans le bus. J'ai la chance d'habiter en début de ligne, ce qui fait que j'ai toujours une place assise le matin en partant. Je ferme les yeux et… c'est parti. Parfois je me dis que les gens doivent penser que je dors et que j'ai l'air un peu ridicule. Mais je dois dire que c'est une façon très agréable de commencer ma journée. D'ailleurs, dans ces moments-là, j'ai l'impression d'être seule, je ne vois plus personne et je n'entends même plus le bruit du bus ou des bavardages. Je suis vraiment dans mon univers ! »

Noémie, 26 ans »

En revanche, comme vous pouvez vous en rendre compte à chaque instant, le temps est une mesure très relative. Une heure passée dans un cours de maths peut paraître durer un siècle alors qu'une heure à discuter avec un copain ou une copine peut sembler ne durer que quelques minutes. Si vous avez un rendez-vous important et que vous désirez faire une séance d'autohypnose juste avant, mettez une alarme (douce si possible) pour vous rappeler que le temps dont vous disposiez est écoulé. La transe est quelque chose de tellement agréable que vous risquez de ne pas voir passer le temps. En revanche, il n'y a absolument aucun risque que vous ne vous réveilliez plus. L'état de transe est limité dans le temps. Au bout de quelques minutes, vous reviendrez à votre état normal, sauf si bien sûr vous êtes fatigué et que vous vous endormez, auquel cas la séance sera un peu plus longue.

« **« Mon autohypnose au bureau »** : « J'ai la chance d'avoir un bureau pour moi toute seule et chaque jour, à 11 heures 30 et à 16 heures 45, ma secrétaire sait qu'il ne faut pas m'imposer de rendez-vous ni me passer d'appels téléphoniques. Je m'installe dans le fauteuil des visiteurs et je mets le minuteur de mon iPhone en marche. Mes séances durent exactement 15 minutes. Ce sont mes 15 minutes, les 15 minutes sans lesquelles je ne pourrais pas fonctionner. C'est à la fois très contraignant et indispensable. Je sais que si je ne fais pas mes séances d'autohypnose régulièrement, je vais toujours trouver une bonne raison pour ne pas les faire. J'oubliais, j'enlève toujours mes chaussures pour faire mes séances. Je ne sais pas pourquoi, mais le contact avec le sol a quelque chose de « stabilisant » pour moi ! »

Charlotte, 36 ans ❞

Faites en sorte que votre transe soit positive

Comme le but de l'autohypnose est d'améliorer votre bien-être, il vaut mieux que le thème que vous choisissez soit positif afin de ne pas vous enfoncer un peu plus dans votre morosité. (Voir le chapitre « Que voulez-vous changer ? », p. 147.)

Consultez votre médecin avant de vous lancer

Avant de commencer à vous soigner avec l'autohypnose, il est très important de consulter un médecin, ne serait-ce que pour confirmer votre propre diagnostic. Vous allez très vite vous apercevoir que les choses vont s'améliorer et que certains symptômes vont s'atténuer. Votre première envie sera peut-être de supprimer certains des médicaments que vous a prescrits votre médecin. Attention ! Il est essentiel de le consulter avant de réduire ou d'arrêter les médicaments qu'il vous a demandé de prendre. De même, si vous souffrez de troubles psychiques importants tels que la schizophrénie ou la bipolarité, il est recommandé de consulter un médecin avant de vous lancer seul dans l'aventure de l'autohypnose.

L'autohypnose n'a rien de magique

N'oubliez jamais que l'autohypnose, de même que l'hypnose, n'a rien de magique. Ne croyez jamais les charlatans qui vous disent que l'autohypnose peut tout guérir et « qu'il suffit de... », le meilleur hypnothérapeute est en vous. Ce sont vos ressources intérieures qui vont vous permettre de changer, de guérir, et non pas des formules cabalistiques. Vous avez, en vous, tout pour guérir.

1

L'AUTOHYPNOSE, COMMENT ÇA MARCHE ?

Chapitre 1

De l'inconscient conscient au conscient inconscient

Si vous n'êtes pas intéressé par la théorie, même extrêmement simplifiée, vous pouvez passer rapidement sur cette partie et aller directement au chapitre suivant intitulé « Que voulez-vous changer ? » (p. 147).

En quelques mots et très très schématiquement : nos pensées, notre corps, nos faits et nos gestes sont gérés par deux entités, notre conscient et notre inconscient.

Notre conscient, nous le connaissons tous bien. C'est à lui que nous avons affaire durant notre période de veille, c'est lui qui nous aide à résoudre les problèmes de maths et à faire une tarte Tatin. Et c'est grâce à lui que nous décidons de mettre un chemisier blanc avec notre jupe bleue ou qui nous fait refuser de sortir avec Lucas parce qu'« il est vraiment trop collant ». En revanche, les raisons de ces décisions reposent souvent sur des critères qui nous échappent et qui se cachent dans notre **inconscient**.

QU'EST-CE QUE L'INCONSCIENT ?

De nombreux scientifiques ont essayé de définir ce qu'est l'inconscient, la meilleure définition à laquelle ils ont abouti est la suivante : « **L'inconscient est tout ce qui n'est pas conscient.** » Cette définition en forme de boutade peut paraître simpliste, mais c'est ce qui, à mon sens et à ce jour, a été trouvé de mieux.

L'inconscient est un récepteur d'émotions et de sensations

Notre inconscient, tel **un enregistreur ultrasensible**, capte tout ce qui se passe dans son environnement : les bruits, les images, les odeurs, les sensations, les paroles… Tout est enregistré dans notre inconscient sans même que nous nous en rendions compte. Puis ce flux d'informations est filtré de façon à ce que notre conscient n'ait pas à traiter une multitude d'informations qui ne lui sont pas indispensables. Cela ne veut pas dire que ces informations n'existent pas, elles ne sont tout simplement pas accessibles aisément. Ce qui en d'autres termes signifie que nous pouvons très bien enregistrer un événement sans nous en rendre compte et pourtant il reste profondément ancré en nous.

L'inconscient agit

Non seulement l'inconscient enregistre ces informations, mais il réagit à ces informations sans que nous ayons à intervenir consciemment. Si, par exemple, la peau lui transmet des sensations de chaleur, il va activer toute une série de cellules qui permettent de refroidir notre corps grâce à la transpiration. En cas de danger extérieur, **notre inconscient va déclencher des réactions en chaîne** dont nous ne sommes par les maîtres et qui nous permettent de survivre.

L'inconscient guérit

Lorsque nous sommes victimes d'une attaque virale, notre inconscient va mettre en marche toute une série de parades, comme l'élévation de la température ou le déploiement de certaines cellules pour chasser l'importun. De même lorsque nous nous blessons, l'inconscient va mettre en œuvre un processus pour soigner nos blessures, refermer une plaie, souder un os.

L'inconscient nous protège

Le but de notre inconscient est de nous protéger. Il va tout faire pour nous éviter le pire et veiller à notre bien-être. Même des sensations ou des émotions que nous considérons comme désagréables, comme la peur ou la douleur, sont là dans la plupart des cas pour nous protéger, nous signaler qu'un danger nous menace. Lorsque, avec la main, nous touchons quelque chose de très chaud, la brûlure provoque une intense douleur qui nous fait immédiatement retirer notre main. Si, comme c'est le cas chez certaines personnes, il n'y avait pas cette sensation de douleur, la main pourrait très bien être gravement atteinte sans que nous nous en apercevions.

L'inconscient peut aussi surprotéger

Parfois, croyant bien faire, notre inconscient nous protège de maux illusoires ou obsolètes. Lorsqu'un bébé pleure, il est souvent difficile d'en déterminer la cause, ce peut être qu'il a mal au ventre ou, plus simplement, qu'il a besoin d'être rassuré. Lorsque sa maman le prend dans ses bras et lui donne à manger, dans la plupart des cas, il se calme. Ce lien entre nourriture, sécurité et apaisement est profondément ancré dans notre inconscient. C'est pourquoi bien souvent, chez certaines personnes, l'angoisse débouche sur une consommation immodérée de nourriture.

Cette surprotection peut aussi se manifester par des réactions enregistrées dans notre inconscient, dans la nuit des temps. Ainsi la peur d'un chien, ou du vide, qui peut provoquer une paralysie totale et temporaire, n'est pas sans rappeler la réaction de certains animaux qui « font le mort » pour échapper au danger.

Que vont faire l'hypnose et l'autohypnose ?

Elles vont modifier les automatismes de l'inconscient en changeant sa logique. Pour ce faire, nous allons nous « adresser » directement à notre inconscient et, schématiquement, lui « dire » que ce qu'il fait n'est pas approprié.

« Plus facile à dire qu'à faire, me direz-vous à nouveau ! Et d'ailleurs, **comment fait-on pour "parler" à son inconscient** ? »

Le principe est simple, la réalité l'est un peu moins. Lorsque nous avons des discussions intérieures tout se passe au niveau du conscient, c'est-à-dire que nous échangeons avec nous-mêmes des arguments logiques « irréfutables » et la machine à penser se met en route comme un moteur plus ou moins bien huilé. Parfois même, le moteur s'emballe et le résultat est assez perturbant, jusqu'à parfois devenir obsessionnel. L'autohypnose va consister à passer outre cet esprit logique en l'« endormant » ou en l'occupant ailleurs, et à glisser des suggestions ou des images directement à notre inconscient, ceci grâce à la transe. Cet état dont nous parlerons plus en détail plus loin est propice à ce court-circuitage. **Ce sont ces messages qui vont vous permettre de redresser la situation et de « changer ».**

Chapitre 2

Que voulez-vous changer ?

L'une des premières étapes à franchir en autohypnose est de savoir ce que l'on veut obtenir, ce que l'on veut changer. Cette question peut sembler tout à fait superflue puisque lorsque l'on commence un tel travail, c'est que quelque chose ne va pas et que l'on a l'impression d'en être tout à fait conscient. Et pourtant la réponse à cette question n'est pas toujours évidente.

DÉFINISSEZ VOTRE OBJECTIF

Essayez dans un premier temps de résumer en quelques mots ce que vous voulez obtenir. N'hésitez pas à être très précis dans votre demande. Ainsi, évitez de dire **« je veux perdre du poids »** mais, tout en restant réaliste, précisez plutôt **« je veux perdre** x **kilos dans les** x **mois à venir »**. Une fois ce but posé, « jouez » avec lui en vous demandant si c'est vraiment *x* kilos que vous voulez perdre, peut-être plus ou peut-être moins, et dans quel laps de temps. N'hésitez pas non plus, sans trop vous attarder tout de même, à vous poser aussi des questions plus fondamentales par rapport à une petite phrase du genre « **est-ce que j'ai vraiment**

envie de perdre du poids ? Pourquoi ai-je envie de perdre x kilos ? D'ailleurs pourquoi ai-je envie de perdre du poids ? Qu'est-ce que cela va me rapporter ?... »

La règle des 3 P pour un objectif bien choisi

Pour mettre toutes les chances de votre côté, il y a 3 règles à respecter lorsque vous définissez votre objectif. Tout d'abord, votre objectif doit être personnel, il doit être du domaine du possible et être formulé d'une manière positive.

- **Votre objectif doit être *personnel***

Il doit être bien clair dans votre esprit que l'autohypnose ne peut que vous changer et non changer les autres. Donc, dans la définition de votre objectif, il vous faut « rester chez vous ! », c'est-à-dire éviter d'espérer que les autres vont changer et que c'est leur changement qui va améliorer la situation. Ainsi se fixer comme objectif « **j'aimerais que mon chef de bureau devienne plus respectueux** » est un objectif sans lendemain, car il ne dépend pas de vous, mais de votre « chef de bureau ». En revanche, vous pouvez envisager des alternatives du genre : « **J'aimerais que les réflexions de mon chef de bureau me laissent indifférent** » ou bien encore « **j'aimerais me donner les moyens de quitter cet emploi et chercher quelque chose d'autre** ».

- **Votre objectif doit être *possible***

Évitez tout objectif démesuré, tout objectif dont vous avez conscience que vous ne pourrez pas l'atteindre. Ainsi, si votre objectif est de perdre 18 kg en une semaine, vous courez à l'échec avec à la clé une frustration énorme qui ne peut que faire empirer la situation. **Prenez le temps d'ajuster votre objectif avec ce que vous sentez être possible,** aussi bien en termes de temps pour y arriver qu'en termes de niveau à atteindre. N'hésitez pas à pratiquer la politique des petits pas qui consiste à vous fixer de petits objectifs, quitte à les renouveler aussi souvent que nécessaire. Cela peut paraître frustrant mais, à long terme, c'est ce qui sera le plus payant. Définissez aussi, si vous le sentez ainsi, les étapes qui vont vous permettre de parvenir à votre objectif.

- **Votre objectif doit être formulé de façon *positive***

Lorsque vous vous fixez un objectif, évitez les énoncés négatifs, ainsi au lieu de dire **« je veux arrêter d'avoir des insomnies »**, il vaut mieux se fixer comme objectif **« j'aimerais m'endormir plus facilement »**. Cette nuance peut vous sembler absurde, mais elle est en fait très importante pour être comprise par votre inconscient. Ce dernier fonctionne avec des formules simples. Dans le premier exemple, il ne va retenir que le mot « insomnie » sans s'attacher au reste de la phrase, alors que dans le second exemple il va retenir « endormir » !

MESUREZ CE BUT

Dans l'exemple du poids, c'est quelque chose de facile, vous pouvez vous fixer un but quantifiable : **« Je veux perdre** x **kilos. »** Dans d'autres cas, c'est moins évident. Si par exemple vous voulez réduire votre niveau de stress, demandez-vous, sur une échelle de 0 à 10 (0 étant l'absence totale de stress et 10 le stress que vous jugez maximum), à quel niveau votre stress se situe et à quel niveau vous voudriez le faire redescendre.

QUE FAIRE LORSQUE VOUS ÊTES BLOQUÉ ?

Il arrive parfois que l'on se trouve bloqué dans une situation que l'on juge inextricable. Quel que soit le bout par lequel on prend les choses, tout débouche sur un cul-de-sac. Et les idées tournent comme un manège infernal, ne faisant qu'aggraver la situation. Une possibilité qui s'offre alors est d'utiliser une baguette magique. Rassurez-vous, il ne s'agit pas de faire appel à un sorcier ou à un magicien, mais simplement d'imaginer que, grâce à une baguette magique, le lendemain à votre réveil le problème qui vous tourmente, quel qu'il soit, est résolu.

Fermez les yeux quelques instants et imaginez comment vous allez vous sentir. Quelles vont être vos pensées, vos sensations, votre humeur et peut-être vos inquiétudes… Laissez-vous aller à sentir. Observez aussi comment réagit votre entourage à votre nouvel état : qu'en disent vos amis, ceux qui ne le sont pas ? Entrez dans la peau de ce « nouveau vous » et appréciez cette nouvelle situation comme vous pourriez apprécier une douceur, un bon plat, une gourmandise. Vous aurez ainsi un état, un but à atteindre. **Cette image**, vous pouvez la conserver précieusement dans un coin de votre cerveau, elle **vous réconfortera quand vous en aurez besoin**.

Utilisez les voix intérieures

Nous avons tous ces discussions intérieures qui sont souvent agréables, car elles se font entre deux personnes qui sont du même avis, mais qui parfois peuvent tourner au vinaigre. Combien de fois n'entendons-nous pas cette petite voix intérieure qui nous suggère des horreurs comme « **tu es nulle d'avoir laissé filer cet homme qui était parfait pour toi !** » ou bien encore celle qui vous susurre « **avec ton gros ventre pas étonnant que tu n'inspires pas l'amour…** ». Cette petite voix, on aimerait bien lui tordre le cou, mais voilà, elle fait partie de nous et, le pire, elle finit par nous convaincre qu'elle a raison ! Nous finissons par nous dire : « **C'est vrai que je suis incapable d'attirer un homme** » ou bien encore « **je suis grosse comme…** ». Cette voix peut devenir très rapidement obsessionnelle. Plus moyen de se débarrasser d'elle !

Une technique simple pour améliorer la situation et reprendre les choses en main consiste à... **engager le dialogue avec elle, c'est-à-dire avec vous-même.** Commencez tout d'abord par classer les plaintes de la petite voix. Comme dans un ordinateur ou un bureau, ouvrez un dossier ou un classeur pour y ranger les plaintes par genre : « Je suis nulle », « je suis grosse », « je suis moche »... Puis, dans chacun de ces classeurs, ouvrez un sous-dossier par plainte spécifique : ainsi, par exemple, dans le classeur « je suis nulle », vous pouvez ouvrir un dossier « je ne sais pas faire la cuisine », un autre « je ne sais pas gérer mon argent ». Vous placez ensuite, dans chacun des sous-dossiers, les exemples flagrants de ce qui a pu se passer comme : « quand maman est venue me rendre visite, j'ai laissé brûler le repas »... À première vue, cela peut sembler puéril et un tantinet inutile, mais vous verrez cela permet de mettre un peu d'ordre dans votre tête et surtout d'arrêter le ronronnement bien huilé des récriminations qui vous pourrissent la vie. Précisons deux choses avant d'aller plus loin, il ne s'agit pas de prendre un morceau de papier et de faire des listes à n'en plus finir, mais plutôt de profiter d'un voyage en bus ou d'un moment de calme pour jouer à ce petit jeu. Seconde précision, inutile d'essayer d'être exhaustif, quelques exemples suffisent.

Une fois ce classement même succinct effectué, demandez des conseils à votre petite voix du genre : « C'est vrai, j'ai laissé brûler le repas, comment aurais-je pu faire pour que cela n'arrive pas ? » Bien sûr, si votre voix intérieure est très en colère, elle vous enverra peut-être sur les roses, mais il y a de fortes chances pour qu'elle se laisse amadouer, joue le jeu et vous dise, par exemple, « tu aurais dû mettre un minuteur » ou « tu aurais mieux fait d'emmener ta mère manger au restaurant ». Peu importe la réponse, l'essentiel c'est que s'amorce un vrai dialogue intérieur, un dialogue qui ne soit pas un monologue destructif, mais plutôt un dialogue constructif et positif !

Mais surtout, et là j'insiste, si ce processus vous semble trop lourd, trop compliqué et ennuyeux, aménagez-le à votre « sauce ». La seule chose importante est votre bien-être. Laissez-vous aller autant que faire se peut et tout viendra naturellement. N'hésitez pas à le prendre comme un jeu et non comme un devoir. Coooooool !

Chapitre 3
Trouvez votre lieu refuge

Avant de commencer votre séance d'autohypnose, il est bon de vous choisir ce que, en anglais, on nomme une *safe place* (endroit où l'on se sent en **sécurité**), un lieu de sécurité, un **lieu refuge**. C'est à partir de ce lieu refuge que vous pourrez vous lancer dans un voyage intérieur agréable et aussi y revenir chaque fois que le besoin s'en fera sentir.

QU'EST-CE QU'UN LIEU DE SÉCURITÉ ?

Un **lieu de sécurité** c'est avant tout... ce que vous voulez que ce soit. Ce peut être un petit nid douillet que vous connaissez depuis votre plus tendre enfance, une cabane dans les bois que vous avez construite, un lieu que vous vous souvenez avoir vu dans un film ou bien tout simplement un lieu que vous allez imaginer. Ce peut être aussi un endroit dans votre corps qui vous semble agréable et où vous vous sentez en toute sécurité ; une bulle protectrice dans laquelle vous pouvez entrer ou sortir à votre gré, mais où personne ne peut entrer sans votre autorisation. Les principes qui doivent régir le choix de votre lieu refuge sont **la sécurité, le**

plaisir, la douceur, le bien-être... à partir de là, les seules limites que vous pourriez rencontrer dans votre choix sont celles de votre imagination. **Évitez les lieux trop « chargés » d'histoires qui pourraient vous rappeler de mauvais souvenirs !**

COMMENT CHOISIR CE LIEU ?

Vous pouvez simplement fermer les yeux et vous demander quel lieu correspond le mieux aux critères mentionnés ci-dessus. Vous pouvez aussi faire appel à vos souvenirs, à un livre que vous avez lu, un film que vous avez vu ou simplement un lieu dont vous a parlé une amie et qui vous a fait rêver. Avant de vous embarquer pour ce lieu, ne visualisez surtout pas que vous faites votre valise ou que vous vous rendez à l'aéroport, cela générerait un stress inutile. Non, « téléportez-vous », imaginez que vous y êtes, c'est beaucoup plus simple et plus agréable. Une fois « sur place », prenez quelques minutes pour visiter votre refuge et l'accommoder à votre goût, faites-en le tour avec le plus grand nombre possible de vos cinq sens : le goût, l'odorat, l'audition, la vision ou le toucher. Prenez votre temps et surtout... prenez du plaisir, un plaisir sans limite : si par exemple votre lieu refuge est une grande villa au centre d'un parc gigantesque, ne vous souciez à aucun moment des ressources financières que nécessiterait la possession d'une telle demeure. Grâce à votre imaginaire, vous possédez une richesse sans limite. Vivez ce moment présent et magique en toute sérénité et pour votre plus grand plaisir. Et n'hésitez pas, si l'envie vous en prend, à changer de lieu refuge lors d'un prochain voyage.

“ **« Mon chalet dans la montagne »** : « Un chalet dans la montagne, une grande pièce, des murs en bois, un feu de cheminée, la chaleur du feu, la couleur des flammes qui dansent dans l'âtre, une lumière tamisée, l'odeur du bois qui brûle, une fenêtre qui donne sur des montagnes enneigées, un fauteuil confortable dans lequel je peux me sentir à l'aise, sur le sol un tapis épais, pas de bruit, une musique douce, une boisson fraîche pour compenser la chaleur du feu. Une sensation d'engourdissement agréable. Un livre que je ne lis pas... la tranquillité et la sécurité. »

Jean, 33 ans ”

UN AUTRE LIEU

Si aucune image, ni aucun lieu ne vous viennent à l'esprit, un petit truc peut vous aider. Imaginez un instant un événement heureux qui a pu se passer dans votre enfance ou plus récemment. Quelque chose qui vous a procuré une sensation de bien-être : un matin de Noël où vous avez découvert des cadeaux au pied du sapin, une promenade en forêt avec une amie, un câlin de l'un de vos parents, un bon repas, le goût de la glace à la vanille si vous l'aimez ou celui d'un éclair au chocolat. Peu importe le souvenir pourvu qu'il vous apporte un rayon de soleil et une sensation de bien-être. Ce souvenir vous rappellera sans doute un lieu agréable qui pourra vous servir de lieu refuge.

“ **« Mon retour en enfance »** : « Quand j'étais petite, je faisais parfois des cauchemars. J'avais alors le droit d'aller me glisser dans le lit de mes parents. Je me souviens de la douce chaleur qui y régnait, du parfum des cheveux de ma mère, la douceur des draps et la lumière qui entrait dans la chambre par la fenêtre aux rideaux sombres. J'entendais la respiration régulière de mon père et parfois le tic-tac de son réveil. Et je me rendormais tout de suite avec un sentiment de bien-être et de sécurité. »

Geneviève, 53 ans ”

Surtout, **ne vous inquiétez pas si vous ne parvenez toujours pas à trouver ce lieu refuge**, cela n'a absolument aucune importance. C'est un confort supplémentaire, mais ce n'est pas indispensable. Si aucun lieu ne se présente, ne vous crispez pas, laissez-vous aller, ce lieu se présentera sûrement lors d'une autre séance.

COMMENT UTILISER VOTRE *SAFE PLACE*?

Votre *safe place* va avoir différents usages. Tout d'abord, lorsque vous allez commencer votre séance d'autohypnose, rendez-lui visite. Si vous vous imaginez dans cet endroit sécurisant, votre transe n'en sera que plus facile et plus agréable. Une fois la transe commencée, si vous sentez la nécessité de vous ressourcer, allez vous réfugier dans cet endroit pour retrouver la sérénité. Mais là où cette *safe place* prendra toute son importance, c'est lorsque, dans la vie quotidienne, vous vous trouverez face à une situation difficile à gérer, à un événement désagréable. Cette *safe place* vous sera alors d'un grand réconfort.

Chapitre 4

B.A.-ba sur la transse

VOCABULAIRE DE BASE

L'induction hypnotique : expression sophistiquée désignant le passage de l'état de veille à l'état hypnotique. Pour des raisons de simplicité et de commodité, nous appellerons cette induction hypnotique « entrer en transe ».

État de conscience modifiée : nom scientifique donné à l'état de transe.

LA TRANSE HYPNOTIQUE, UN ÉTAT TOTALEMENT NATUREL

Rien à voir avec les transes des sorciers de cinéma, qui se roulent par terre la bave aux lèvres ou celles des hypnotiseurs de spectacle que l'on voit à la télévision. La transe, en hypnose thérapeutique et en autohypnose, est un **état relaxant, agréable et très peu spectaculaire** pour une personne extérieure. D'ailleurs, la transe est un état que vous connaissez bien.

Vous êtes dans un train, vous regardez par la fenêtre défiler un paysage de campagne monotone, au bout d'un certain temps vous avez l'impression de « décrocher », votre esprit vagabonde, vous vous sentez sur le point de lâcher prise. En fait, vous êtes en train de faire une transe hypnotique.

Vous êtes dans une réunion, un collègue fait une présentation particulièrement ennuyeuse. Vous regardez fixement devant vous, vous entendez sa voix monotone, sans vraiment comprendre ce qu'il dit. Vos paupières deviennent de plus en plus lourdes. Vous avez l'impression que vous allez vous endormir. Vous êtes en train de faire une transe hypnotique.

Vous êtes bien au chaud sous la couette un dimanche matin. La maison est calme, vous avez l'impression de flotter entre le sommeil et le réveil. Vous vous sentez bien dans cette chaleur douillette. Votre esprit vagabonde. Vous êtes également en train de faire une transe hypnotique.

En fait, comme vous dormez sans dormir, vous flottez dans un état agréable et surtout, votre esprit est libre d'aller où bon lui semble. **Le défi sera de reproduire à volonté, dans un environnement plus ou moins agréable, un tel état.**

« **« La transe au volant : quelle frayeur ! » :** « Il m'arrive souvent, lors de longs trajets en particulier sur l'autoroute, de ne pas voir passer le temps et les distances au point que parfois il m'est arrivé tout bonnement de rater une sortie. De toute évidence, je ne suis pas totalement réveillé. Dans la plupart des cas, cela n'a aucune incidence sur ma conduite. Je conduis depuis 35 ans et j'ai acquis des automatismes qui me permettent de gérer la situation. Récemment, alors que je doublais, une voiture a déboîté. Je crois que j'ai fait ce qu'il fallait pour l'éviter, mais au ralenti. J'ai finalement heurté la glissière centrale et l'afflux d'adrénaline m'a complètement réveillé. »

Max, 58 ans »

L'une des différences entre le sommeil dont vous avez l'habitude et cet état de transse, c'est que dans le cas du sommeil, votre inconscient prend le dessus. Il a la liberté, par l'intermédiaire des rêves, de vous emmener où bon lui semble. Il va « s'exprimer » à l'aide de ces rêves que lui seul dirige et sur lesquels vous n'avez que peu ou pas de contrôle.

Dans le cas de la transe hypnotique, **votre conscient et votre inconscient vont se côtoyer.** Lorsque vous faites une transe avec un hypnothérapeute, c'est lui qui, avec votre aide, va « orienter » ces rêves éveillés qui vont « parler » à votre inconscient. Lorsque vous faites de l'autohypnose, c'est vous qui allez décider du chemin à suivre en construisant de toutes pièces, à l'aide de votre imaginaire, un « rêve ». Ce rêve éveillé va vous permettre d'avoir accès à votre inconscient.

En bref et de manière très caricaturale, lorsque vous dormez, votre inconscient vous fait passer des messages grâce aux rêves, et lors d'une transe hypnotique vous vous mettez dans un « sommeil éveillé » pour, à votre tour, faire passer des messages à votre inconscient.

LE PETIT + MALIN

La première étape va consister à vous placer dans cet état de conscience modifiée pour rêver. La seconde étape sera d'élaborer des rêves suffisamment évocateurs pour que votre inconscient en comprenne le message.

PROFONDEUR ET QUALITÉ DE LA TRANSE

À nouveau, c'est quelque chose de très personnel. **La profondeur de la transe pourrait être définie comme le niveau de conscience de la réalité ambiante.** Si, par exemple, vous entendez clairement ce que dit votre voisine ou le bruit des poubelles à l'extérieur, vous pouvez penser que la transe n'est pas profonde. Mais si vous n'entendez plus les hurlements du bébé des voisins ou le son de la télévision dans le salon, vous pouvez être certain que vous êtes en transe profonde.

En revanche, la qualité de la transe, c'est-à-dire son « efficacité », n'a rien à voir avec sa profondeur. Vous pouvez très bien avoir l'impression d'être totalement présent, d'entendre les bruits de la circulation et malgré tout vous détendre et évoluer dans vos suggestions. Milton Erickson, le père de l'hypnose moderne, ne se souciait pas vraiment de « mettre » ses patients en transe. Sa voix seule et ses discussions avec ses patients suffisaient amplement pour les mettre dans un état de conscience modifiée.

En résumé, lorsque vous faites une transe, souciez-vous uniquement de votre bien-être, n'essayez pas d'évaluer la qualité de ce qui se passe. **Juste appréciez...**

COMMENT S'INSTALLER POUR UNE TRANSE ?

À cette question, une seule réponse : **le plus confortablement possible**. Lors de vos premiers essais, trouvez un endroit calme, un fauteuil confortable. Par la suite, vous verrez que vous pouvez faire vos séances n'importe où. Une fois dans le fauteuil que vous aimez particulièrement, à la température que vous appréciez (au besoin couvrez-vous avec une couverture), placez vos deux pieds bien à plat sur le sol et vos deux mains sur vos cuisses, et fermez les yeux. Ne vous inquiétez pas si, lors de la transe, de nombreuses pensées traversent votre esprit conscient, c'est normal. N'essayez surtout pas d'en arrêter le flux. L'effort que vous devriez faire ne pourrait être que contre-productif. Laissez-les circuler, elles finiront par s'arrêter. Et si elles ne s'arrêtent pas, cela n'a aucune importance car pendant que votre conscient se demande si, par exemple, vous avez acheté du lait pour le petit-déjeuner ou se remémore la conversation avec votre amie Amélie, votre inconscient peut très bien accueillir vos suggestions. Autre chose, si vous avez besoin de vous gratter le nez ou de tousser, n'hésitez pas, ces envies intempestives sont naturelles et ne nuisent en aucun cas à la qualité de la transse.

Vous êtes maintenant prêt pour votre première transe.

COMMENT « ENTRER » EN TRANSE ?

Il existe des méthodes nombreuses et simples pour parvenir à la transe. Vous devez avant tout savoir qu'il n'existe pas une forme unique de transe, qu'il n'y a pas de transe réussie ou ratée. **Chaque forme de transe est très personnelle.** Certaines personnes vont avoir l'impression de s'endormir, d'autres d'être parfaitement éveillées. Inutile d'essayer de comparer votre transe à celle décrite dans un livre ou même à celle de votre voisin, c'est à la fois impossible et inutile. C'est essayer de comparer une sensation qui vous est très personnelle à celle d'un autre individu ! L'essentiel est que, après votre transe, vous vous sentiez mieux qu'avant de l'avoir commencée.

Il est possible que lors de vos premiers essais, vous ayez l'impression que « ça n'a pas marché ! ». Inutile de vous formaliser, comme vous n'avez pas l'habitude de cet état, vous avez du mal à en apprécier la qualité. **Ce n'est qu'avec l'habitude que vous allez vous rendre compte de la profondeur et de la qualité de votre transe.**

Quelle technique ?

Dans les pages qui suivent, vous allez trouver plusieurs techniques pour entrer en transe. Il en existe bien d'autres, mais j'ai sélectionné pour vous celles qui me paraissent les plus simples. En fin de compte, c'est à vous et à vous uniquement, de choisir celle qui vous convient le mieux. D'ailleurs, dans un second temps, vous pourrez mettre au point votre propre technique qui pourra différer de celles données en exemple ci-après ou en combiner plusieurs.

La transe par la respiration

Respirez tranquillement par le nez, à votre rythme. Puis inspirez profondément et retenez votre souffle deux ou trois secondes en ayant soin qu'à aucun moment cette rétention ne soit inconfortable. Puis expirez lentement, en répétant intérieurement trois fois le mot « Dors ! ». Laissez votre corps se détendre autant que possible. Répétez cette procédure cinq ou six fois ! Vous allez très vite constater que vos paupières vont devenir de plus en plus lourdes, pour finir par se fermer. Une fois arrivé à ce stade, vous pourrez commencer le travail qui consiste à faire le voyage dont nous parlerons plus tard.

La transe par la fixation

Une autre méthode consiste à fixer un point situé si possible au-dessus de votre ligne d'horizon. Ce peut être une tache sur le papier peint, un objet haut placé, un point lumineux. Regardez-le avec attention, sans pour autant essayer de l'analyser, c'est-à-dire d'étudier sa forme, sa raison d'être ou sa couleur. Au bout de quelques instants, vous sentirez que vos paupières ont tendance à devenir lourdes et que vos yeux auront envie de se fermer. Résistez juste quelques secondes à cette envie, puis laissez-vous aller : fermez les yeux et laissez aller votre tête, et soulagez du même coup la légère tension qui a pu apparaître dans votre cou.

La transe par la goutte d'eau

Commencez par fermer les yeux, puis respirez au rythme qui vous convient. Toujours les yeux fermés, imaginez une fleur et sur cette fleur une goutte d'eau. Vous voyez devant vos yeux cette goutte d'eau dans laquelle brille le soleil. Regardez attentivement les couleurs qui se reflètent dans la goutte d'eau. Plus vous observerez cette goutte d'eau et plus vous sentirez une détente qui s'installe et envahit peu à peu votre corps.

La transe par les sens

Installez-vous confortablement, puis sentez vos mains posées sur vos cuisses. Écoutez les différents bruits qui vous entourent et sentez le parfum que dégage une fleur, le pain dans une boulangerie (peu importe l'objet et son parfum). Imaginez un bonbon ou un morceau de chocolat qui fond dans votre bouche, sentez-en le goût, la texture. Évoquez un paysage que vous aimez. Passez ainsi plusieurs fois d'un sens à un autre et la transe viendra d'elle-même.

La transe par les points d'appuis

Installez-vous confortablement et sentez tous les points de votre corps qui sont en contact avec le sol ou/et le siège sur lequel vous êtes assis : votre pied droit sur la moquette, puis votre pied gauche, votre cuisse droite sur le canapé, puis votre cuisse gauche, vos fesses, votre dos, votre tête contre un coussin… Focalisez votre attention sur ces différents points à chaque évocation. Répétez ce « tour » trois ou quatre fois.

La transe par le souvenir presque hypnotique

Pour entrer en transe lors d'une séance d'autohypnose, il vous suffit bien souvent d'évoquer des moments durant lesquels vous avez pu être en transe par le passé. Ces transes pouvaient être totalement involontaires, comme un cours où vous vous ennuyiez, ou volontaires si vous avez déjà eu l'occasion d'avoir une séance avec un hypnothérapeute. Vous vous remettez en situation et vous verrez que cet état passé revient facilement, surtout si vous évoquez l'environnement, les images, le son de la voix et votre état général à l'époque des faits.

La transe par la *safe place*

Si, comme il vous est suggéré dans les pages précédentes, vous êtes parvenu à vous créer une *safe place*, un lieu refuge, une façon agréable d'entrer en transe est de vous rendre dans cet endroit. De vous imaginer dans ce chalet que vous avez construit dans votre esprit, ou au bord de la plage de vos rêves. De retrouver dans cet endroit qui est à vous, et uniquement à vous, des sensations comme l'odeur du feu de bois, la chaleur du soleil sur votre peau, les odeurs d'un jour de fête, le soleil qui se couche... Cette évocation à elle seule vous permettra de vous décontracter, de vous mettre en transe.

« **Le bonheur de somnoler jusqu'à midi !** » : « Je me souviens très bien, lorsque j'étais adolescente, le dimanche matin je pouvais dormir jusqu'à midi. Bien souvent je me réveillais malgré tout à 7 heures comme tous les jours de la semaine, mais je restais enfouie sous ma couette, bien au chaud, à somnoler, à rêvasser pendant des heures. Alternant les plages de sommeil et celles de semi-veille. C'était tellement bon ! Encore aujourd'hui, il suffit que je ferme les yeux et que je me remémore ces moments délicieux pour sombrer à nouveau dans cet état et que j'en retrouve sa douceur, son confort, son bonheur. »

Catherine, 26 ans ❞

La transe par la dissociation

Parfois, lors d'un rêve, il vous est peut-être arrivé d'avoir la sensation de « quitter » votre corps et de vous voir, comme si vous étiez une personne extérieure à vous-même. Souvent l'image n'est pas nette, mais tout de même vous parvenez à vous rêver dans diverses situations. La méthode de transe par dissociation va utiliser ce même procédé. Vous allez vous installer confortablement et regarder ce qui vous entoure. Puis vous fermez les yeux et vous essayez de vous « voir » dans cet environnement. Une fois que vous vous êtes parvenu à vous « voir », « revenez » dans votre corps. Recommencez plusieurs fois ce va-et-vient en ajoutant une dimension : celle de vous voir en train de vous endormir. Au bout d'un moment, vous serez effectivement en transe.

LE PETIT + MALIN

Si cette méthode est très efficace, elle peut malgré tout être difficile à mettre en place. Mais avec un peu d'entraînement, vous y arriverez parfaitement !

La transe par la descente dans le sommeil

Fermez les yeux et imaginez devant vous un escalier couvert de velours rouge, par exemple. Vous allez descendre cet escalier en toute sécurité en tenant la rampe. Cet escalier comporte dix marches. Vous allez les descendre lentement, en les comptant au fur et à mesure et, à chaque marche, vous allez imaginer que vos paupières sont de plus en plus lourdes et que votre corps, lui aussi, s'alourdit. À la dixième marche, vous serez dans un état de conscience modifiée suffisant pour commencer votre travail.

Un exemple de transe

Alors que vous êtes confortablement installé dans votre fauteuil, je vous propose de fermer les yeux. Je vais compter jusqu'à cinq et au fur et à mesure de ce décompte, vous allez peu à peu glisser de l'état de veille à cet état très agréable qu'est le sommeil hypnotique.

Un. Vous pouvez sentir vos pieds confortablement posés sur le sol et vos mains bien à plat sur vos cuisses. Vous sentez aussi le dossier de votre siège dans votre dos et le siège lui-même sous vos cuisses.

Deux. Vous pouvez entendre les bruits qui vous entourent. Peut-être entendez-vous des voix dans la pièce à côté ou le bruit des voitures dans la rue. Vos paupières sont de plus en plus lourdes et vous sentez peut-être une certaine lourdeur s'installer dans votre corps, à moins que votre corps ne vous paraisse plus léger, léger comme une plume qu'un souffle de vent fait voler.

Trois. Vous sentez vos paupières qui deviennent encore plus lourdes et un certain engourdissement gagne votre corps. Peut-être cet engourdissement commence-t-il dans votre jambe gauche, au niveau du mollet, ou dans votre bras droit au niveau du poignet ? Même si de nombreuses pensées continuent de circuler dans votre conscient, vous avez conscience que votre inconscient peu à peu se conscientise. Et plus votre conscient voudra résister à l'inconscient, plus votre inconscient sera présent.

Quatre. Très bien, très, très bien ! Vous êtes en train d'entrer en transe avec beaucoup de facilité, même si vous avez

l'impression que vous ne vous trouvez pas dans un état de conscience modifiée, votre inconscient sait pertinemment que vous êtes en train de basculer dans la transe. Mais souvenez-vous, vous n'êtes pas obligé de dormir, de même que vous n'êtes pas obligé de vous détendre.
Cinq. Très bien, très, très bien !

LE PETIT + MALIN

Vous pouvez écouter gratuitement cette transe en version audio intégrale en flashant ce code ou en vous rendant sur la page :
http://quotidienmalin.com/autohypnose-transes

APPROFONDIR LA TRANSE

Si vous jugez nécessaire d'avoir une transe plus profonde, soit pour mieux vous détendre, soit simplement parce que cela vous est plus agréable ou qu'il vous semble que cela vous permet d'atteindre des niveaux plus profonds de votre inconscient, il existe une technique simple. Une fois que vous avez accompli l'un des exercices préliminaires ci-dessus et que vous vous sentez plus ou moins engourdi dans ce rêve éveillé, essayez de compter lentement de 29 à 21. Attention ces chiffres n'ont aucune importance, ce pourrait être de 9 à 1 ou de 99 à 91. L'important est de compter à l'envers. Peu importe que vous parveniez à citer tous les chiffres dans l'ordre. D'ailleurs, si vous ne parvenez pas aux derniers chiffres c'est encore mieux, cela veut tout simplement dire que vous vous êtes « endormi » plus profondément avant d'y arriver. Cette technique a pour avantage de bien souvent apaiser le ballet incessant des pensées qui traversent votre esprit conscient.

COMMENT SORTIR DE TRANSE ?

Vous êtes maintenant prêt à faire, en toute tranquillité, un petit voyage intérieur. Juste un dernier point. Comme il est dit plus haut, il n'y a aucun risque que vous restiez « coincé » dans une transe sans pouvoir en sortir. À partir de cette constatation, vous avez plusieurs façons de revenir à la réalité.

« Décidez » pendant la transe

Durant votre transe, vous demeurez « conscient » et vous pouvez décider de votre propre chef de vous réveiller, simplement en vous disant qu'il est temps de regagner le monde réel. Pour ce faire, il vous suffit de vous reconnecter peu à peu à la réalité ambiante, comme le sol, la température, les bruits, la lumière... Ce n'est pas toujours facile, surtout lors de vos premiers essais, car l'état de transe est particulièrement agréable.

Il y a aussi la possibilité qu'après quelques minutes, vous en « ayez assez » et que vous commenciez à vous ennuyer, vous verrez alors le réveil s'enclencher automatiquement.

Si, en revanche, vous avez des obligations ou si tout simplement vous avez d'autres choses à faire, vous avez plusieurs possibilités pour sortir de transe en temps voulu.

Faites confiance à votre horloge biologique

Vous pouvez décider avant le début de votre transe que vous avez envie de consacrer 10 ou 20 minutes à ce moment tranquille et formuler dans votre tête une phrase du type « j'aimerais que cette transe dure 15 minutes ». Faites alors confiance à votre horloge biologique qui vous « réveillera » en temps utile.

La valeur sûre : l'horloge électronique

Si cela peut vous rassurer, vous pouvez aussi utiliser la sonnerie d'un réveil. Un conseil tout de même, choisissez-la douce, tout simplement pour vous ménager.

Vous voilà maintenant fin prêt pour votre voyage intérieur.

2

VERS LE MIEUX-ÊTRE

Chapitre 1

Comment comprendre et utiliser cette partie ?

Dans cette nouvelle partie, nous allons aborder certaines des problématiques que vous risquez de rencontrer et qui vous ont amené à lire ce livre. Pour chacune de ces problématiques, l'approche sera la même :

- dans un premier temps, des patients, femmes et hommes, exposent les difficultés spécifiques qu'ils rencontrent dans la vie de tous les jours (ce que j'appelle « les épisodes de vie ») ;
- vient ensuite une brève analyse de ce que la personne a dit ;
- puis un exemple de transe ;
- et enfin un certain nombre de thèmes, de mots et d'expressions clés que vous pourrez utiliser pour faire votre propre transe.

LES ÉPISODES DE VIE, PRÉSENTATION

En quelques mots, des patients parlent de leurs difficultés. Peut-être allez-vous reconnaître, dans leurs propos, certaines émotions, certaines expériences que vous avez pu vivre vous-même. Il est évident que chaque cas est particulier. Ne vous attendez donc pas à retrouver mot pour mot, dans les lignes qui suivent, l'ensemble de vos émotions et de vos difficultés.

Les exemples donnés ne sont là que pour vous permettre, tout d'abord, de réaliser que vous n'êtes pas seul dans les difficultés que vous éprouvez, ensuite de reconnaître que ces difficultés existent car bien souvent les personnes qui ressentent des émotions douloureuses ont tendance à les minimiser ou à les dévaloriser. Ainsi une phrase typique prononcée par les patients est : « Je suis (timide), (pas sûr de moi), je sais que c'est nul et **qu'il y a des problèmes bien plus graves...** »

La souffrance n'est jamais nulle. Elle est douloureuse, elle est unique et très personnelle. Personne autour de vous, même ceux qui vous sont très proches, ne peut ressentir ce que vous ressentez. Il est important, voire indispensable, de reconnaître l'existence de cette souffrance et de lui donner le droit d'exister.

UNE BRÈVE ANALYSE

Pour chaque problématique, il vous sera donné quelques explications sur le cas présenté. Ces explications seront succinctes, pragmatiques et non exhaustives. En d'autres termes, il ne s'agit pas d'écrire un roman sur chaque personne, mais plutôt de donner quelques pistes sur ce qui, d'après ce qu'elles ont dit lors de **leur première visite**, pourrait donner des éléments pour développer une transe.

UN EXEMPLE DE TRANSE

Cette section est destinée à vous donner un exemple de ce que peut être, dans chacun des cas, une transe qui correspond aux difficultés évoquées. **Inutile d'essayer de mémoriser l'exemple**

qui vous est donné, ce serait contraignant et contre-productif. Vous avez trois attitudes possibles : la première consiste à lire une ou deux fois le texte qui vous est proposé, puis à vous en inspirer pour faire votre propre transe sans chercher – c'est important – à répéter mot pour mot ce que vous avez lu. La seconde attitude consiste à enregistrer ce texte sur un appareil électronique, en parlant d'une voix lente et douce. Lors de la transse, vous pouvez vous repasser cet enregistrement. Enfin la troisième attitude consiste à consulter le site **http://quotidienmalin.com/autohypnose-transes** et à télécharger l'enregistrement audio correspondant. Attention cet enregistrement audio ne reproduit pas le texte mot à mot, ceci afin de vous montrer qu'**il est bon d'improviser, de vous laisser aller**.

LES THÈMES, MOTS ET EXPRESSIONS CLÉS

Une autre solution – sûrement la meilleure – consiste à développer votre transe personnelle. Pour ce faire, vous trouverez, pour chacune des situations, des orientations générales que vous pourrez suivre si elles vous semblent adéquates. Il peut s'agir d'une série de mots, de phrases ou de thèmes généraux que vous pourrez employer à votre guise. Il ne s'agit absolument pas d'essayer de placer tous ces mots et toutes ces phrases dans l'histoire que vous allez vous raconter lors de la transe. Il suffit que vous preniez un ou deux mots-clés ou leurs synonymes, une phrase, ou plus simplement une idée, et que vous l'accommodiez à votre façon. **Utilisez votre inventivité et laissez-vous aller à imaginer des situations, un environnement, des actes, en utilisant certains des termes et expressions qui vous sont suggérés.**

LE PETIT + MALIN

Vous pouvez enregistrer votre transe et la réécouter tranquillement par la suite. Pour ceux qui ont l'impression de ne pas avoir « d'imagination », vous avez toujours la possibilité d'utiliser l'exemple donné.

ET APRÈS...

Quand vous aurez fini votre transe, revenez tout doucement au moment présent et surtout, n'essayez pas de comprendre ce qui vient de se passer. Laissez agir !

Répétez ces transes aussi souvent que vous en avez envie, mais au moins une fois par jour. Vous verrez, très rapidement les choses vont bouger !

Chapitre 2

Manque de confiance en soi et d'estime de soi

Le manque de confiance en soi et la mauvaise estime de soi sont deux attitudes intimement liées. En général, elles peuvent être nées dans la petite enfance et perdurer à l'âge adulte. Les personnes qui manquent de confiance en elles passent beaucoup de temps à ressasser des pensées et des jugements négatifs à propos d'elles-mêmes tout en surestimant les autres et en sous-estimant leurs propres qualités. Les exemples qui suivent illustrent des variantes concrètes de ces deux thèmes.

PARLER EN PUBLIC

« **Parler en public** : mon cauchemar » : « Je suis ingénieur-conseil dans une entreprise informatique. Mon travail me passionne, il consiste, comme son nom l'indique, à conseiller des clients sur les meilleures solutions informatiques à adopter pour leur entreprise. Mon problème, c'est que je viens d'être nommé chef de projet et que je vais être obligé de faire périodiquement des présentations en public. Jusqu'à présent, les rares fois où j'ai été obligé de faire de telles présentations, j'ai eu des insomnies pendant toute la semaine

qui a précédé la présentation. J'avais en permanence comme une boule au niveau de l'estomac et j'avais du mal à respirer. Je me jouais sans cesse des scènes similaires que j'avais vécues dans le passé.
Même si j'ai passé des nuits entières à préparer mon texte, le moment venu, c'était l'horreur. Je me suis mis à transpirer, mes mains tremblaient, le texte se brouillait devant mes yeux et les mots sortaient tellement difficilement que ma présentation était incompréhensible. Je me sentais totalement ridicule. Le plus étrange dans l'histoire, c'est qu'un de mes collègues m'a dit, sans rire : "Pas mal ta présentation !" Je suis persuadé qu'il se moquait de moi.
La pensée que ce cauchemar va se répéter assez souvent a failli me pousser à refuser cette promotion. »

Jean, 36ans ❞

Si l'on s'en tient aux explications de Jean, il présente tous les symptômes de l'angoissé peu sûr de lui. Il parle beaucoup de ses expériences passées et de ce qui risque d'arriver dans le futur. D'après lui, il ne peut qu'échouer et d'ailleurs, lorsque son collègue le félicite pour son exposé, il se refuse à le croire. Les symptômes qu'il éprouve sont ceux de la peur : la boule au niveau de l'estomac, les difficultés à respirer, les mains qui tremblent, la respiration difficile. Essayer de le convaincre qu'il est bon et qu'il va très bien s'en tirer est voué à l'échec.

Une des approches possibles va consister à faire une dissociation. C'est-à-dire lui faire vivre « de l'extérieur », en spectateur, le déroulement de la présentation, pour lui donner l'occasion de visualiser sans enjeu le fait de parler en public.

Exercice : les répétitions générales

Fermez les yeux et utilisez pour entrer en transe l'une des techniques mentionnées plus haut. Respirez tranquillement, à votre rythme.

Imaginez une salle de conférences, celle dont vous avez l'habitude ou une autre. Elle est vide pour l'instant. Placez-vous à un endroit d'où vous pouvez tout voir sans être vu, dans un angle ou dans une loggia s'il en existe une. Observez l'arrangement de la salle, la table de conférence, les fauteuils qui l'entourent, l'ordinateur qui doit servir à faire la présentation, l'écran sur lequel la présentation sera projetée. Peut-être y a-t-il même une odeur caractéristique que vous connaissez bien. Enregistrez tous les détails possibles que vous pourrez remarquer dans cette salle.

Imaginez les participants qui entrent dans la salle. Certains vous sont peut-être connus, d'autres non. Chacun d'eux s'installe dans un fauteuil et ils discutent par petits groupes. Vous ne saisissez pas le contenu de leurs conversations. Puis la personne qui doit faire la présentation fait son entrée. C'est quelqu'un que vous ne connaissez pas, il a à peu près votre âge et votre corpulence. Inutile de chercher à mieux le connaître. Il engage la conversation avec les participants d'une façon très informelle. Vous le sentez détendu.

Commence alors sa présentation. Tout le monde l'écoute avec attention et bienveillance. Il est décontracté et n'hésite pas à faire des blagues. Vous sentez une atmosphère bon enfant qui se dégage de cette scène et qui peu à peu vous enveloppe. Plus le temps passe et plus vous vous sentez léger, détendu ! Au bout d'un temps plus ou moins long, la présentation se termine. Les participants applaudissent.

À ce moment, évoquez un souvenir particulièrement agréable et qui évoque la détente comme une plage de sable fin, un panorama montagnard ou un verre pris sur une terrasse.

Répétez-vous ce film plusieurs fois en y apportant à chaque fois les changements que vous jugerez adéquats. Puis, peu à peu, au cours de ces répétitions, quittez votre poste d'observateur et « jouez » le rôle du présentateur. Inutile de vous « voir » dans ce rôle, essayez plutôt d'effleurer l'idée que ce pourrait bien être vous qui faites la présentation.

LE PETIT + MALIN

Vous pouvez écouter gratuitement cette transe en version audio intégrale en flashant ce code ou en vous rendant sur la page : http://quotidienmalin.com/autohypnose-transes

Des idées que vous pouvez utiliser

Lors de votre transe, vous pouvez jouer avec la notion de stress et de détente : le stress de prendre la parole en public et la détente d'être un simple observateur. Pour accentuer la notion de détente, il est bon de terminer votre transe par un souvenir agréable qui va venir supplanter le souvenir de toutes les impressions désagréables que vous pourriez retenir après l'évocation de cette présentation. Les mots tels que : **informel, décontracté, bienveillance, applaudissements, félicitations, amical, sécurité, tranquille, paisible, parler, orateur, présentation**, peuvent être utilisés dans votre « voyage ».

ÊTRE PLUS SÛR DE SOI

« **Apprendre à conduire** » : « Je viens de terminer une formation d'éducatrice de la petite enfance. Comme j'habite assez loin de la ville, j'ai décidé de passer mon permis de conduire. J'ai, sans trop de peine, réussi le code et depuis quelque temps je pratique la conduite accompagnée avec mon père. Mon problème, c'est que je me sens très peu sûre de moi en général et, dans ce cas particulier, encore moins que d'habitude.

Mon père, qui est une personne relativement nerveuse, ne peut pas s'empêcher de me faire des réflexions pendant que je conduis. Ce qui fait qu'au bout de quelques minutes, je ne sais absolument plus où j'en suis et que ces sessions se terminent immanquablement avec lui en colère et moi en larmes. Il m'est même arrivé de me retrouver au milieu d'un carrefour totalement paralysée après avoir calé, sans plus savoir ce que je devais faire. J'ai dû descendre et céder le volant à mon père. La honte absolue...
Je ne sais vraiment pas comment je pourrai passer mon permis dans des conditions pareilles. J'ai beau me dire qu'il y a des milliards de personnes qui conduisent un véhicule dans le monde et que cela ne doit pas être bien compliqué, le résultat est le même, je me sens totalement nulle et incapable de conduire.
Mon manque de confiance en moi ne se limite pas à la conduite. Dans la vie de tous les jours, je me sens très facilement déstabilisée. J'ai l'impression d'être comme une plume qui va où souffle le vent, de ne pas avoir un réel contrôle sur ma vie et sur ce que je veux. »

Stéphanie, 24 ans ❞

Mis à part le fait qu'il est toujours difficile d'apprendre avec quelqu'un de proche, le problème de fond de Stéphanie est que, comme elle le dit elle-même, elle souffre d'un profond manque de confiance en elle. Une image qu'elle emploie et qui peut retenir toute son attention est qu'elle se sent comme « une plume qui va où souffle le vent ». Cette image peut être interprétée comme un manque de racines, d'ancrage dans la vie. Elle a l'impression qu'elle se laisse influencer par le moindre souffle extérieur. Le travail peut consister à créer cet ancrage, à lui donner du poids.

Exercice : des racines profondes

Fermez les yeux et utilisez pour entrer en transe l'une des techniques mentionnées plus haut. Respirez tranquillement, à votre rythme.

Imaginez une grande prairie verte légèrement en pente. Peut-être est-elle parsemée de fleurs des champs, bleues, rouges, jaunes. Le ciel est bleu, un petit nuage blanc avance paisiblement. Il ne fait ni trop chaud ni trop froid, juste la température que vous aimez. Le paysage est calme et tranquille.
Au milieu de la prairie, il y a un arbre. Un chêne centenaire, imposant et rassurant. Approchez-vous de ce chêne. Observez son gros tronc, ses branches et ses racines qui s'étendent tout autour de lui. Il paraît solidement ancré dans le sol, rien ni personne ne peut l'ébranler. Seules ses feuilles vertes qui bougent légèrement dans la faible bise lui donnent de la légèreté.
Approchez-vous un peu plus et observez ses racines puissantes. Elles donnent l'impression de descendre dans les profondeurs de la terre et de s'étendre sous la prairie. Cet arbre a l'air solide et sûr de lui. Vous avez envie de vous appuyer contre lui, sur lui, car vous savez pertinemment qu'il ne bougera pas d'un pouce. Son tronc est large, énorme même. Ses branches montent très haut dans le ciel. Cette hauteur le rend encore plus solide et fort, elle fait partie de sa puissance. Vous avez beaucoup de plaisir à vous sentir contre cet arbre, comme si sa force et son enracinement vous transmettaient un sentiment de sécurité, une paix intérieure.
Respirez tranquillement et continuez à l'observer. Reculez légèrement et regardez à nouveau la prairie dans son ensemble. Vous pouvez constater que cet arbre est le centre du paysage. Que tout pourrait bouger autour de lui, mais que lui est inamovible. Il est le point fort de ce paysage, le point fixe, le point le plus solide.

LE PETIT + MALIN

Vous pouvez écouter gratuitement cette transe en version audio intégrale en flashant ce code ou en vous rendant sur la page : http://quotidienmalin.com/autohypnose-transes

Des idées que vous pouvez utiliser

L'évocation des racines d'un arbre ou encore, si vous n'êtes pas particulièrement porté sur la nature, les fondations d'une maison, peut aider. Vous pouvez aussi parsemer cette évocation de mots comme : **racines, force, poids, ancre, résister, tranquillité, solide, sûr de soi, paisible, grandir, imposant, rassurant.**

L'HYPERÉMOTIVITÉ

« La coupable » : « Je travaille dans un bureau où je suis secrétaire bilingue. Un problème me pourrit la vie quasiment au quotidien : la moindre réflexion ou le moindre commentaire me déstabilise complètement, au point que je me mets systématiquement à pleurer.
Ce trait de caractère ne date pas d'aujourd'hui. Aussi loin que je puisse me souvenir, des images reviennent ou des garçons particulièrement méchants s'amusaient à me faire des réflexions pour le plaisir de me voir fondre en larmes. Ce qui m'inquiète le plus, c'est que, actuellement, des propos totalement anodins peuvent me sembler des attaques insupportables. Je me sens comme à vif, sans peau pour me protéger. Après coup, je me sens comme une gamine totalement idiote et mon comportement m'insupporte. Mais voilà, je ne sais pas comment faire autrement. Le pire est que, bien souvent, j'arrive à me convaincre que ce que les gens ont dit ou ce que j'ai cru comprendre, est totalement justifié. Un exemple, la semaine dernière, lors du briefing du lundi

matin, notre chef de service a mentionné que la pause-café du matin ne devait pas dépasser les 15 minutes réglementaires. Immédiatement, j'ai eu l'impression que ces paroles me visaient directement. J'ai senti mon visage rougir, et des larmes perler au coin de mes yeux. Heureusement, j'ai réussi un tant soit peu à me contrôler.
De toute évidence, ce commentaire ne m'était pas spécialement destiné, car depuis que je travaille dans cette entreprise, je n'ai jamais, à une exception près, dépassé les 15 minutes réglementaires. Mais peu importe, je me sentais coupable. »

Sandrine, 42 ans ❞

Ce qui peut retenir l'attention dans l'histoire de Sandrine, c'est l'évocation à deux reprises de l'enfance : « des garçons particulièrement méchants s'amusaient à me faire des réflexions pour le plaisir de me voir fondre en larmes », « après coup, je me sens comme une gamine totalement idiote ». Un deuxième élément peut retenir l'attention, c'est l'absence de protection : « Je me sens comme à vif, sans peau pour me protéger. » Plus que sur la source de ses difficultés, il pourrait être bon de travailler sur cette notion de protection : se construire une peau, une armure, voire des murailles.

Exercice : le château

Fermez les yeux et utilisez pour entrer en transe l'une des techniques mentionnées plus haut. Respirez tranquillement, à votre rythme.

Imaginez-vous dans une grande prairie où vous êtes seule parmi les herbes et les fleurs. Vous vous sentez bien et détendue. Le ciel est bleu et de petits nuages blancs flottent dans les airs. Le soleil brille. La température ambiante est exactement comme vous l'aimez. Vous sentez les odeurs du printemps, les fleurs, l'herbe fraîchement coupée, le pin, le tilleul.

Vous vous sentez parfaitement détendue. Vous entendez peut-être le chant léger d'un oiseau perché dans un arbre. Vous êtes allongée dans l'herbe et vous fermez tout doucement les yeux. Dans votre demi-sommeil, vous pouvez voir autour de vous se construire tout doucement les murailles d'un château. Chaque pierre est posée sur une autre pierre. Tranquillement, paisiblement ! Les murailles du château, de « votre » château, montent de plus en plus haut. Vous vous sentez parfaitement protégée dans cette enceinte.

À l'extérieur de ces murailles, vous entendez peut-être des voix. Certaines sont familières, d'autres pas. Mais cela n'a aucune importance car vous êtes totalement protégée par « vos » murailles. Vous n'avez que faire de ces voix car à l'intérieur de « votre » enceinte vous êtes en sécurité.

Dans ce château, personne ne peut pénétrer sans votre autorisation, car vous en êtes la reine. C'est vous qui décidez de tout. C'est ce que vous dites, ce que vous pensez qui fait force de loi. Ce château est à vous, rien qu'à vous, et à chaque instant de la journée, où que vous soyez, vous pouvez vous y réfugier. Là, à l'abri de ses hautes murailles, rien ne peut vous atteindre. Vous êtes en parfaite sécurité.

LE PETIT + MALIN

Vous pouvez écouter gratuitement cette transe en version audio intégrale en flashant ce code ou en vous rendant sur la page : http://quotidienmalin.com/autohypnose-transes

Des idées que vous pouvez utiliser

Il est important, dans ce cas précis, de construire une protection afin que la personne puisse se mettre à l'abri. Il peut s'agir de murailles, comme dans l'exemple, mais on peut aussi penser à une bulle résistante, à d'épais verres incassables où... à la grande muraille de Chine. Les mots que l'on peut utiliser : **protection, résistance, épaisseur, armure, murs, peau, muraille, sécurité, carapace, ancré, inaltérable, force.**

VOULOIR PLAIRE À TOUT LE MONDE

« Je ne sais plus qui je suis... » : « Je suis récemment divorcée. Une histoire somme toute tragiquement banale, mariée pendant 30 ans, j'ai élevé deux enfants qui ont tous les deux quitté la maison. Et puis... il y a un peu plus d'un an, mon mari m'a dit qu'il avait rencontré l'âme sœur... de 18 ans ma cadette. Et c'est comme ça que je me suis retrouvée toute seule. Je vous passe les détails mélodramatiques de la séparation, pour en venir directement à ce que cette rupture m'a permis de découvrir.

Je me suis tout à coup aperçu que j'avais passé toute mon existence à essayer de plaire à tout le monde, à essayer de faire ce que je croyais que l'on attendait de moi.

Avec mes parents, j'ai été la petite fille, puis la jeune fille modèle qui allait au-devant de leurs désirs. J'ai épousé mon mari parce que, comme le disait ma mère, c'était « un garçon bien ». Puis j'ai essayé de faire tout ce que je croyais que mon mari attendait de moi : l'épouse parfaite, la mère parfaite. J'ai tout fait pour que mes deux garçons soient heureux. J'ai été une bonne voisine, une bonne amie, une bonne... tout.

Et puis tout à coup, à 50 ans passés, quand je me suis retrouvée seule, j'ai commencé à me demander qui j'étais vraiment. À force de me conformer aux vœux de tous ceux qui m'entouraient, j'étais incapable de savoir qui j'étais et ce que je voulais. Je réalisais que j'avais passé ma vie à être une image de moi-même, mais pas réellement moi-même. »

Catherine, 53 ans »

Ce qui ressort de ce que dit Catherine, c'est à la fois ce ton léger, presque badin, qu'elle utilise pour parler d'elle-même et le complet désarroi dans lequel elle est. Avec son divorce, elle s'aperçoit que toutes ses stratégies pour conserver l'amour de l'autre étaient vaines et que dans sa quête, elle a perdu son identité. L'approche va consister à la soutenir dans sa recherche d'elle-même, du trésor qu'elle possède au plus profond d'elle-même et qui n'a jamais réussi à « sortir », occupée qu'elle était à rechercher l'amour ou l'approbation des autres.

Exercice : l'île au trésor

Fermez les yeux et utilisez pour entrer en transe l'une des techniques mentionnées plus haut. Respirez tranquillement, à votre rythme.

Vous êtes sur une île déserte au paysage magnifique. Promenez-vous un instant dans cette île, juste pour le plaisir de la découvrir. Regardez ses cocotiers, ses fleurs multicolores, ses oiseaux aux plumes elles aussi de toutes les couleurs. Une cascade d'eau fraîche coule dans ce décor de rêve. Vous vous sentez bien, libre et détendue.

Dans cette île déserte, vous savez qu'il existe un trésor. Ce trésor est enfoui quelque part dans le sable. Vous savez que vous êtes en mesure de le découvrir. Tranquillement, paisiblement vous partez à sa recherche. Vous marchez tout d'abord le long de la plage, là où les vagues viennent tout doucement baigner le rivage. Vous longez une forêt de palmiers. Puis vous suivez un oiseau qui semble vous indiquer le chemin. Arrivée dans

une clairière au centre de l'île, vous voyez une source jaillir du sol. Vous sentez que le trésor est proche. Pas besoin de carte. Tout doucement, tranquillement, vous vous agenouillez sur le sol et vous commencez à creuser le sable léger de l'île. Pas besoin de pelle, vous savez que le trésor est là, à portée de mains, et qu'il suffit de creuser. La recherche peut durer quelque temps, mais cela n'a pas d'importance.
Pendant toute cette recherche, vous vous sentez bien, détendue, très proche de vous-même. Tout à coup, vous sentez quelque chose sous vos doigts. Vous continuez méthodiquement, paisiblement votre travail de mise à jour. Au bout d'un moment, vous voyez apparaître une pierre précieuse, magnifique autant par son brillant que par sa taille. Elle est unique, la seule de son espèce dans tout l'univers. Avec infiniment de précautions, vous la dégagez du sol. Vous la prenez tendrement dans vos mains et vous la regardez. Vous admirez sa couleur, sa forme, son éclat et vous sentez comme une douce chaleur qui émane de cette pierre et se diffuse dans tout votre corps.
À côté de vous, se trouve un écrin. Cet écrin a la forme parfaite pour y placer la pierre. Ils se correspondent exactement, comme s'ils avaient été faits l'un pour l'autre. Vous vous sentez bien, en parfaite harmonie avec vous-même.

LE PETIT + MALIN

Vous pouvez écouter gratuitement cette transe en version audio intégrale en flashant ce code ou en vous rendant sur la page :
http://quotidienmalin.com/autohypnose-transes

Des idées que vous pouvez utiliser

Dans cet exemple, il est important de mettre en valeur le côté « richesse enfouie » qui est à mettre à jour : prendre conscience d'une richesse intérieure. C'est pourquoi la notion de trésor peut être intéressante. On pourrait aussi parler de force, comme celle d'une source qui jaillit du sol ou d'un torrent qui descend de la montagne. Des mots comme : **trésor, amour, sécurité, ancrage, liberté, libération, ouverture, détente, unique, force, creuser, magnifique, recherche, brillant**, peuvent être utilisés.

Chapitre 3

Angoisses, peurs et phobies

Angoisses, peurs et phobies sont des phénomènes très proches les uns des autres. Dans le cas des peurs et des phobies, la cause est clairement identifiée. Ce peut être une araignée, un avion, un chien. En revanche, ce qui va faire la différence, c'est l'intensité de la réaction. Une réaction phobique est en général systématique, violente et incontrôlable, alors que la sensation de peur peut exister occasionnellement, sans pour autant que la personne perde le total contrôle de la situation. L'angoisse, en revanche, n'est pas nécessairement clairement identifiée. Elle peut être sourde et apparaître à un moment totalement inattendu, sans que la personne puisse en identifier la cause.

Dans les pages qui suivent, nous abordons, à titre d'exemples, quatre cas liés à ces trois réactions : l'un lié aux angoisses du matin et les autres à certains types de phobies et de peurs comme celle de voler, le vertige ou les araignées.

LES ANGOISSES DU MATIN

« Les réveils difficiles » : « Je suis retraitée de l'Éducation nationale. Depuis bien des années, je me réveille chaque matin

avec une impression d'angoisse qui me serre à la fois la gorge et la poitrine. J'ai du mal à respirer. Je me sens inquiète, d'une inquiétude diffuse, la plupart du temps sans raison apparente. La répétition de ces angoisses matinales provoque des inquiétudes avec, à la clé, la peur de faire une nouvelle dépression. Ces sensations désagréables peuvent durer une bonne partie de la matinée. Dans le meilleur des cas, elles disparaissent après le petit déjeuner. Actuellement, je n'ai aucune raison d'avoir des angoisses. Je suis en bonne santé, mon mari et moi menons une vie calme et agréable. Nous vivons à la campagne, entourés de pas mal d'amis. Nos enfants et nos petits-enfants viennent nous voir régulièrement.
Bien sûr, cela n'a pas toujours été le cas. Lorsque je travaillais comme institutrice dans une zone d'éducation prioritaire, certaines de mes journées étaient particulièrement difficiles. Au point que, huit ans avant de prendre ma retraite, j'ai fait une dépression qui m'a obligée à rester à la maison pendant plus de 18 mois, j'ai dû consulter un psy et prendre des antidépresseurs. Lorsque j'ai repris mon travail, chaque matin était pour moi source d'inquiétude. Je me demandais toujours ce que la journée me réservait.
Mais tout ceci est loin maintenant et je ne comprends pas pourquoi ces angoisses continuent. »

Françoise, 66ans ❞

Sans entrer dans l'analyse des causes profondes des angoisses de Françoise, il est possible, à partir de ces quelques phrases prononcées lors de notre première entrevue, de supposer que son inquiétude, pendant toutes ces années, d'avoir à affronter chaque matin des classes composées d'enfants difficiles, est l'une de sources de ses maux. Cet « affrontement » a d'ailleurs généré une dépression qu'elle continue à redouter. Il est possible que ces inquiétudes quotidiennes se soient imprimées profondément dans son inconscient au point de perdurer alors qu'elle est maintenant à la retraite. Le travail qu'elle va devoir entreprendre consiste à « expliquer » à son inconscient que ce phénomène du passé n'a plus aucune raison d'être et que le présent et le futur sont calmes, paisibles et agréables.

Exercice : le jardin de la tranquillité

Fermez les yeux et utilisez pour entrer en transe l'une des techniques mentionnées plus haut. Respirez tranquillement, à votre rythme.

Imaginez un jardin fleuri. Disons que c'est le printemps ou même l'été. En fait, vous pouvez choisir la saison que vous préférez, peu importe laquelle. Tout le jardin est en fleurs et c'est une multitude de couleurs que vous pouvez voir : du bleu, du rouge, du jaune, du vert, du violet...

Vous êtes assise tranquillement à une table et devant vous se trouve une boisson fraîche. Tout est paisible. Les fleurs sont épanouies et vous pouvez sentir les parfums de certaines d'entre elles. Les pensées, le lilas, les violettes, le muguet et bien d'autres parfums encore. Certains arbres sont eux aussi en fleurs. Tout est calme. Vous vous sentez en paix et reposée. Le soleil brille juste ce qu'il faut pour que la température vous soit agréable. Rien ne vient troubler la quiétude de ce jardin tranquille où vous vous sentez à l'abri de tout. En sécurité.

Observez un instant cette fleur aux pétales rouges. Sur le bord de l'un de ses pétales, une goutte d'eau brille au soleil. Observez-la : sa forme, son brillant, son calme, sa tranquillité. C'est la dernière trace de l'orage qui a éclaté hier soir. Orage dont la force et la puissance vous ont fait frissonner d'inquiétude. Cet orage est passé et avec lui son lot de pluie, d'éclairs, de tonnerre. Les fleurs et les arbres ont été malmenés. Mais aujourd'hui, tout est tranquille. Tout est paisible. Ce tableau fleuri n'inspire que détente, sérénité et paix.

Vous vous sentez bien. Très bien. Vous vous sentez tout simplement en sécurité, paisible, tranquille. Un papillon aux ailes multicolores vole d'une fleur à l'autre. Son vol est tranquille, calme. Vous pouvez vous laisser aller en toute tranquillité, en toute sécurité.

LE PETIT + MALIN

Vous pouvez écouter gratuitement cette transe en version audio intégrale en flashant ce code ou en vous rendant sur la page : http://quotidienmalin.com/autohypnose-transes

Des idées que vous pouvez utiliser

Ce qui est important dans ce cas, c'est à la fois la notion de temps et celle de calme après la tempête. Ce qui est passé ne peut être changé, mais c'est le passé, et le présent est différent. Le passé a pu être agité, mais le présent est calme et serein. Les mots qui peuvent être utilisés sont : **présent, futur, aujourd'hui, hier, passé, tranquillité, sécurité, paisible, douceur, calme, paix, sérénité**.

LE VERTIGE

« **Vertigo** » : « Je suis courtier en assurances. Depuis bien longtemps déjà, je souffre du vertige. Au point que je ne peux même pas monter sur une chaise sans avoir peur de tomber.
Mon premier souvenir remonte à l'âge de 8 ans alors que j'étais en train de gravir une colline assez escarpée, mon pied a glissé sur une pierre, je suis tombé et j'ai eu l'impression que j'allais me retrouver 100 mètres plus bas, dans un lac. Heureusement, je me suis retenu à une racine. Je revois encore très bien la pente que je risquais de dévaler. Un moniteur

de la colonie de vacances à laquelle je participais m'a remis debout. Il m'a fallu un bon moment avant de pouvoir repartir. Depuis cette époque, à chaque fois que je suis face au vide, je suis totalement paralysé. Mes jambes tremblent et je suis invariablement attiré par ce vide. À tel point qu'il m'est arrivé une fois de rester coincé au milieu d'une piste de ski sans pouvoir avancer ni reculer tellement j'avais peur. J'avais l'impression de devoir attendre le dégel pour pouvoir rentrer à la maison. Après un effort que je jugeais surhumain, je suis parvenu à enlever mes skis et à redescendre vers la station à pied. Même lorsque je descends un escalier, je suis obligé de me tenir fermement à la rampe pour ne pas avoir peur de tomber. »

Thierry, 47ans ❞

Nous avons déjà rencontré au cours de ces quelques pages les symptômes décrits par Thierry, ils sont typiques de la peur. Visiblement, le choc que Thierry a pu ressentir au moment de cette chute, dans son enfance, l'a profondément marqué. Rien ne prouve bien sûr que ce soit la cause du vertige dont il souffre, mais il y a de fortes présomptions pour qu'il y ait un lien. Dans ce cas précis, cette peur du vide pourrait s'assimiler à un syndrome de stress post-traumatique.

Au vu de la violence des symptômes que Thierry éprouve lors de ces accès de vertige, il semble difficile de l'obliger à revivre directement de tels événements traumatisants, surtout s'il doit les revivre seul, sans l'aide d'un thérapeute. C'est pourquoi il est recommandé d'utiliser, dans ce cas, un système de dissociation, c'est-à-dire voir quelqu'un d'autre ou bien se voir lui-même en train de faire quelque chose qu'il est incapable de faire à cause de son vertige. Une possibilité est de l'amener à voir quelqu'un vivre, dans un film, une situation de vertige, lui n'étant que spectateur dudit film.

Exercice : le pont sur le fleuve

Fermez les yeux et utilisez pour entrer en transe l'une des techniques mentionnées plus haut. Respirez tranquillement, à votre rythme.

Imaginez que vous entrez dans un cinéma. La salle est vaste. Le sol et les murs sont recouverts d'une moquette rouge. Vous choisissez un fauteuil qui vous semble confortable, peu importe qu'il soit situé sur le devant de la salle où à l'arrière. Profitez juste de ces quelques instants avant que le film ne commence pour vous décontracter dans ce fauteuil profond et confortable. Peut-être y a-t-il d'autres personnes dans la salle, peut-être êtes-vous seul, cela n'a aucune importance. L'essentiel est que vous vous sentiez à l'aise et en toute sécurité, bien calé au fond de votre fauteuil avec, si vous le désirez, une boisson fraîche et peut-être des pop-corn si vous les aimez, peu importe qu'ils soient sucrés ou salés, l'essentiel étant que vous soyez bien.

Peu à peu les lumières s'éteignent dans la salle où vous êtes confortablement installé, en toute sécurité, dans votre fauteuil. Sur l'écran, un film commence à se dérouler. Une personne, qui peut-être vous ressemble, se promène. Elle semble très décontractée et son pas est ferme. Elle a l'air totalement insouciante, sa démarche est légère. Elle arrive au bord d'une rivière qu'enjambe un pont. Ce pont vous semble solide. Il est en pierre et d'ailleurs cette personne, qui n'est pas vous mais vous ressemble peut-être un peu, ne marque aucune hésitation à s'y engager. Elle marche d'un pas ferme et équilibré, en toute sécurité. Elle traverse ce pont en regardant la rivière qui coule en contrebas.

Vous suivez cette personne du regard jusqu'à ce qu'elle arrive de l'autre côté du pont. Lorsqu'elle est parvenue sur l'autre rive, vous respirez profondément et vous regardez le paysage dans lequel se déplace le personnage. C'est un paysage calme avec des arbres solidement ancrés dans le sol, une prairie couleur

vert tendre, des oiseaux qui volent dans le ciel. Vous apercevez même une biche qui court, museau au vent. Le personnage continue sa promenade et arrive devant un second pont.
À la différence du premier, ce pont est en bois, les planches vous semblent disjointes. Vous êtes toujours calmement et sereinement assis, bien calé dans votre fauteuil, et vous buvez la boisson que vous avez achetée avant d'entrer. Vous vous sentez en sécurité, confortablement enfoncé dans votre fauteuil profond.
Le personnage entame sa seconde traversée. Cette fois, la rivière est plus profonde et le pont semble un peu plus frêle. Malgré tout, le personnage avance avec entrain. Visiblement, il se sent toujours en sécurité. Il traverse ce nouveau pont en regardant plusieurs fois la rivière bouillonner en contrebas. Arrivé sur l'autre rive, il s'assoit confortablement sur une pierre. Sous ses pieds, le sol est solide et rassurant. Respirez à nouveau profondément.
Le film se termine et vous vous sentez bien, en toute sécurité dans votre fauteuil. Vous avez terminé votre boisson, peut-être aussi les pop-corn. Vous pouvez maintenant sortir de la salle en toute sécurité.

LE PETIT + MALIN

Vous pouvez écouter gratuitement cette transe en version audio intégrale en flashant ce code ou en vous rendant sur la page :
http://quotidienmalin.com/autohypnose-transes

Des idées que vous pouvez utiliser

Pour les personnes sujettes au vertige, il est évident que le fait même d'imaginer de se trouver dans une telle situation peut provoquer des réactions désagréables. C'est pourquoi il est recommandé de créer un personnage extérieur. Ce n'est qu'au bout d'un certain nombre de séances que vous pourrez peu à peu le « remplacer ». La transition doit, quoi qu'il en soit, se faire progressivement, en douceur. À partir de là, tous les scénarios sont possibles, depuis la grande échelle jusqu'au gratte-ciel, en passant par le tabouret et la falaise. Les mots que l'on peut insérer dans ce cas peuvent être : **ancré, sécurité, aplomb, équilibre, tranquillité, serein, calme, enfoncé, stabilité**.

LA PEUR DE VOLER

“ **« Un mauvais voyage à Rome »** : « Je suis comptable dans une entreprise de travaux publics. Mon problème est que j'ai peur de prendre l'avion. La seule fois où je suis parvenu à monter dans un avion, j'avais 15 ans et je me rendais à Rome avec mes parents. À peine les portes de l'avion se sont-elles fermées que je me suis senti étouffer. Je ne parvenais plus à respirer et je transpirais abondamment.
Au début, je n'ai rien osé dire à mes parents de peur de paraître ridicule. Lorsque l'avion a décollé, ma respiration est devenue de plus en plus haletante. Ma mère s'est tout de suite inquiétée de ce qui se passait. J'étais, paraît-il, blanc comme un linge. J'étouffais. Immédiatement une hôtesse de l'air m'a apporté un masque à oxygène.
Ce voyage a été le plus long cauchemar que j'aie jamais vécu. Lorsque nous sommes arrivés à Rome, une ambulance m'attendait et j'ai passé le reste du séjour à l'hôpital, en observation. Inutile de vous dire que nous ne sommes pas rentrés en avion. Il nous a fallu subir plus de 20 heures de train pour regagner Paris où nous habitions à l'époque.

Depuis, je n'ai jamais osé reprendre l'avion. Ce qui n'est pas sans poser quelques problèmes lorsque nous partons en vacances. Heureusement que j'ai un travail sédentaire qui ne m'oblige pas à voyager, sinon je ne sais vraiment pas comment je pourrais faire. »

Arnaud, 38ans ”

La violence de la réaction d'Arnaud doit le pousser à être très prudent lorsqu'il fera ses séances d'autohypnose. Il lui est recommandé tout d'abord de bien définir son lieu refuge de façon à ce que, à la moindre inquiétude, il puisse y retourner. La méthode qui peut être utilisée dans ce cas-là est celle de la double dissociation. Elle consiste, comme dans le cas précédent, à assister à une projection dans laquelle le personnage se trouve face aux difficultés redoutées. Mais comme ce film risque d'être beaucoup trop brutal pour le patient, c'est son double qui va assister à la représentation alors que lui-même se trouvera dans la cabine de projection sans pouvoir voir ce qui se déroule à l'écran. Cela vous paraît compliqué ? Laissez-moi vous expliquer... Il y a **trois personnages** en fait : **un personnage de cinéma** qui ressemble au patient, mais qui n'est pas lui ; ce personnage va prendre l'avion. **Le double du patient** qui s'assoit dans la salle et regarde le film. Et **le patient lui-même**, qui se rend dans la cabine de projection à l'arrière de la salle et qui va regarder le dos de son double.

Exercice : de la cabine au vol

Fermez les yeux et utilisez pour entrer en transe l'une des techniques mentionnées plus haut. Respirez tranquillement, à votre rythme. Prenez tout d'abord contact avec votre lieu refuge quel qu'il soit, le plus important étant que vous vous sentiez en parfaite sécurité. Si cela vous va, imaginez un chalet perdu dans la montagne, douillet et confortable, ou une cabane que vous avez confectionnée lorsque vous étiez enfant... L'essentiel est que vous vous sentiez en parfaite sécurité dans cet endroit.

Vous savez qu'à n'importe quel moment vous pourrez vous rendre dans cet endroit et vous y sentir protégé.
Une fois que vous aurez reconnu ce lieu, je vous propose d'entrer dans un cinéma. Un cinéma des plus confortables. Que vous soyez seul ou accompagné, peu importe. Vous choisissez une place dans un endroit qui vous semble approprié. Vous vous installez dans un fauteuil avec, si vous le désirez, une boisson fraîche. Lorsque vous êtes bien installé dans ce fauteuil confortable et en toute sécurité, je vous propose de laisser votre double dans ce fauteuil et de vous diriger vers la cabine de projection qui se trouve à l'arrière de la salle.
Dans la cabine, vous vous installez confortablement sur la chaise de l'opérateur. Vous éteignez les lumières et vous appuyez sur le bouton qui déclenche le film. La seule chose que vous voyez à travers la lucarne de la cabine de projection, c'est votre double de dos, que vous avez laissé dans la salle. Il semble confortablement installé, en toute sécurité, dans son fauteuil. Il boit, peut-être, un peu de sa boisson fraîche.
Vous ne voyez absolument pas ce qui se passe à l'écran, mais vous savez qu'il s'agit d'un film où le héros va prendre l'avion et se trouver confronté aux angoisses et aux inquiétudes que vous avez eues la fois où vous avez effectivement pris l'avion et où cette panique s'est installée. Vous regardez toujours le dos de votre double assis dans la salle. Il est très calme et semble affronter la situation en toute sérénité. Vous ne savez pas ce qu'il voit à l'écran, mais vous pouvez sentir combien il est calme et détendu. Vous-même respirez profondément, tranquillement, au rythme qui vous convient. Visiblement votre double supporte très bien la projection du film qui se déroule à l'écran. Et ceci même s'il s'agit d'événements qui, en d'autres circonstances, pourraient vous inquiéter ou vous angoisser.
Lorsque le film se termine, le héros du film est arrivé à destination. Même s'il a eu la peur de sa vie, il ressort de cette

expérience avec beaucoup de calme. Vous, en tant qu'opérateur, vous rallumez les lumières. Vous voyez votre double qui, tranquillement, continue à boire sa boisson fraîche. Ce qui s'est déroulé à l'écran ne semble pas l'avoir affecté. Il a, lui aussi, surmonté l'épreuve. Vous allez maintenant quitter la cabine de projection et vous diriger vers votre double qui est resté dans la salle. En vous approchant de lui, vous sentez cette sérénité qui est la sienne et cette impression de sécurité qu'il dégage. Et vous vous sentez fier de lui, fier de vous !
Lors d'une transe prochaine, peut-être pourrez-vous vous repasser ce film, mais cette fois en regardant directement ce qui se passe à l'écran. Plus tard, peut-être oserez-vous revivre un vol en avion en étant vous-même le héros du film.

LE PETIT + MALIN

Vous pouvez écouter gratuitement cette transe en version audio intégrale en flashant ce code ou en vous rendant sur la page :
http://quotidienmalin.com/autohypnose-transes

Des idées que vous pouvez utiliser

Même si la peur de voler peut provoquer des réactions impressionnantes, comme des accès de panique ou des étouffements, il est indispensable, à un moment ou à un autre, de vous lancer dans l'aventure et de vous imaginer en situation. C'est un mauvais moment à passer, mais il est important de le faire. Un « truc » qui est aussi parfois utilisé, c'est de vous imaginer être un objet : un journal, un coussin, une mallette... et de suivre en pensée cet objet qui est emporté par un avion. Comme un objet n'est pas censé éprouver des émotions, vous pourrez, en vous identifiant à lui, diminuer l'intensité des vôtres. Les mots que vous pouvez employer sont, par exemple : **confiance, paisible, calme, respirer, protégé, sécurité, installé confortablement, tranquillité, héros, fier.**

LA PEUR DES ARAIGNÉES

« **« Une araignée dans la douche »** : « Je travaille comme caissière dans un supermarché. Depuis aussi loin que je peux me souvenir, j'ai toujours eu peur des araignées, au point où il y a certains endroits où je ne me rends jamais, comme à la cave.
L'autre jour il y avait une petite araignée dans la douche. Je me suis mise à hurler si fort que mon ami est arrivé en courant, croyant que je m'étais fait mal. Lorsqu'il a vu le sujet de mon affolement, il s'est moqué de moi !
J'ai beau me dire que dans nos régions, ces petites bêtes ne sont absolument pas dangereuses, cela ne sert à rien. Il suffit que j'en voie une pour qu'une peur panique s'empare de moi. Je me mets à trembler, je suis totalement paralysée. Même mortes, les araignées me font cet effet.
Je me sens totalement ridicule, mais c'est plus fort que moi ! »

Martine, 39ans »

Martine n'est pas la seule à craindre ainsi, d'une façon souvent totalement irraisonnée, des insectes. Mais de se sentir « ridicule » n'avance à rien. Sa peur des araignées est une peur bien réelle qui mérite d'être respectée. Il existe plusieurs façons de vaincre ce type de phobie, l'une d'entre elles est de se confronter au « danger » lors d'une transe.

Cette confrontation doit se faire d'une façon lente et mesurée. Il est indispensable d'avoir présent à l'esprit un lieu refuge qui pourra vous accueillir au cas où la confrontation soit trop dure pour vous. Le but, dans ce cas, est d'apprivoiser cette phobie en se confrontant progressivement, et d'une façon abstraite, à son objet. Il est aussi très important, dans un premier temps, d'instaurer un climat de confiance, de sécurité, de tranquillité qui permettra cette confrontation dans les meilleures conditions.

Exercice : le livre des araignées

Fermez les yeux et utilisez pour entrer en transe l'une des techniques mentionnées plus haut. Respirez tranquillement, à votre rythme. Imaginez tout d'abord votre lieu refuge, comme la chambre de votre enfance ou tout autre lieu à votre convenance qui vous inspire un sentiment de sécurité et de bien-être.

S'il s'agit de votre chambre d'enfant, retrouvez-en l'atmosphère, les meubles, le sol couvert de moquette ou de parquet. L'armoire dans laquelle votre maman rangeait vos vêtements. Votre lit avec vos draps préférés. Redécouvrez la tranquillité de cette pièce, son atmosphère de sécurité. Vous vous sentez bien en évoquant cet endroit et vous pouvez vous sentir détendu, paisible et en sécurité. Peut-être pouvez-vous prendre dans vos bras une peluche ou tout autre objet qui vous fasse ressentir un peu plus la sécurité du lieu. Puis allongez-vous sur votre lit, ou par terre si vous préférez, dans la position qui vous convient le mieux.

À l'autre bout de la chambre, vous distinguez un livre. Vous êtes bien en sécurité, dans votre lit par exemple, et vous pouvez lire le titre de ce livre : La gentille petite araignée. Votre premier mouvement est de détourner les yeux bien sûr puisque vous n'aimez pas les araignées, c'est normal, même un livre sur le sujet vous rebute.

Au bout de quelques secondes, votre regard revient sur cette couverture et vous distinguez l'image qu'il y a dessus. C'est une petite boule noire avec de grands yeux bleus et une bouche souriante. Vous vous sentez soulagé car l'image est apaisante, amicale, tendre et paisible. De plus, vous êtes dans votre chambre, en sécurité.

Toujours allongé sur votre lit en toute sécurité, vous regardez maintenant la couverture de ce livre avec beaucoup plus de confiance. Elle a l'air tellement sympathique, cette petite boule souriante. Elle ressemble même peut-être à quelqu'un de rassurant que vous connaissez. Regardez-la attentivement ! Regardez comme elle semble vous sourire ! Votre peur est peut-être toujours présente, mais c'est une petite peur, avec un rien d'humour et de tendresse. Si, dans votre enfance, vous aviez connu une aussi mignonne petite araignée, jamais vous n'en auriez eu peur !

Pendant que toutes ces pensées se télescopent dans votre esprit, le livre se rapproche. Vous êtes toujours confortablement installé dans votre lit, en toute sécurité. Maintenant, vous distinguez très bien cette caricature d'araignée et vous avez envie de sourire.

Lorsque vous avez bien apprivoisé cette image, glissez ce livre sous une pile d'autres livres. Puis restez-en là, avec ces sentiments qui prédominent : la sécurité, la tranquillité, la paix et pourquoi pas, un brin d'humour.

Dans une prochaine étape, vous pourrez ouvrir ce livre et suivre les aventures de cette gentille petite araignée qui, peu à peu, va devenir votre amie, paisiblement et en toute sécurité.

LE PETIT + MALIN

Vous pouvez écouter gratuitement cette transe en version audio intégrale en flashant ce code ou en vous rendant sur la page : http://quotidienmalin.com/autohypnose-transes

Des idées que vous pouvez utiliser

Dans ce cas précis, le lieu dans lequel se déroule la scène évoquée est important. Il doit être rassurant sans pour autant comporter de charge émotionnelle trop importante qui pourrait faire dévier votre intention première. Je m'explique : si vous évoquez votre chambre d'enfant et que l'image de votre mère y est trop forte, votre inconscient risque de se focaliser sur cette émotion et de l'associer à la problématique des araignées. Dans ce cas, un lieu imaginaire que vous créerez uniquement dans le but de consulter ce livre sera plus approprié. Les mots que vous pouvez utiliser sont par exemple : **sécurité, tranquillité, paisible, amicale, tendre, sympathique, paix, humour, distance**.

Chapitre 4

Les problèmes de sommeil

Les problèmes de sommeil peuvent prendre différentes formes, de même que leurs causes peuvent être tout aussi variées. Dans cette partie, nous allons aborder trois types d'insomnie : la première concerne l'impossibilité de s'endormir le soir, la seconde les réveils prématurés systématiques et la dernière l'incapacité, une fois réveillé au milieu de la nuit, de se rendormir. Mais avant de commencer, une mise au point s'impose : il n'y a pas de nombre « normal » d'heures de sommeil, la quantité de sommeil nécessaire varie d'un individu à l'autre. Si, durant la journée, vous ressentez une intense fatigue, il est évident que vous ne dormez pas assez. En revanche, si malgré le peu d'heures que vous avez dormi, vous êtes en pleine forme, peut-être votre corps ne réclame-t-il pas autant de temps de sommeil que ce qui est écrit dans les livres ou que vous avez pu constater chez les autres !

Vous pouvez, pendant quelque temps, tenir un carnet de bord de votre sommeil, même si c'est un peu contraignant. Notez dans ce carnet le nombre d'heures durant lequel vous pensez avoir dormi et, dans la mesure du possible, votre niveau de fatigue durant la journée. Ce niveau de fatigue, mesuré de 0 à 10 (0 étant le manque total d'énergie et 10 la pleine forme), est une mesure totalement subjective, mais ce sera un indicateur précieux pour contrôler vos progrès. Une fois ces renseignements collectés pendant une semaine ou deux, vous allez vous rendre compte de l'ampleur de votre problème, mais peut-être aurez-vous la surprise de constater que niveau de fatigue et heures de sommeil ne sont pas liés l'un à l'autre, ou que, en revanche, votre manque de sommeil chronique a une incidence directe et importante sur votre qualité de vie.

L'IMPOSSIBILITÉ DE S'ENDORMIR

“ **« Dormir à n'importe quel prix ! »** : « Je suis assistante de direction. Depuis mon divorce il y a 5 ans, je vis seule.
Chaque soir, au moment de me coucher, c'est l'angoisse : j'ai la certitude que je ne vais pas pouvoir dormir. Et bien sûr ça ne rate pas. Je passe des heures à cogiter. J'ai dix mille pensées qui me traversent l'esprit. Bien souvent totalement stupides et sans importance. Mais plus j'essaie de les chasser, plus elles sont présentes et moins je dors. C'est comme si, plus je cherche le sommeil, moins je le trouve.
J'ai tout essayé : compter les moutons, supprimer le café et tous les autres produits excitants, y compris les fruits qui contiennent de la vitamine C. J'ai aussi essayé de faire quelque chose durant ces périodes de veille : regarder la télévision, lire un livre. J'ai même tenté de faire du tricot, mais cela ne change rien à mes insomnies.
Il m'arrive parfois de m'endormir vers 2 ou 3 heures du matin. Mais, certaines nuits, j'ai l'impression de ne pas avoir fermé l'œil. Le lendemain, je suis totalement épuisée et sur les nerfs.
Sur les conseils de mon médecin, j'ai fini par prendre un très léger somnifère. Cela me permet parfois de m'endormir, mais le lendemain au réveil, je me sens mal dans ma peau, un peu comme si j'avais une "gueule de bois". »

Emmanuelle, 41ans ”

Dans ce que raconte Emmanuelle, il y a plusieurs points qu'il est bon de relever. Tout d'abord cette « angoisse » de ne pas pouvoir dormir, présente chaque soir. Rien que cette pensée est garante de sa future insomnie. Elle est persuadée qu'elle ne va pas dormir, cette forme d'autohypnose négative marche, dans son cas, à la perfection. Second point, les pensées qui s'emballent dans son esprit. Il serait vain de vouloir les arrêter, car il y a de fortes chances pour qu'elles soient le reflet des journées de travail très actives qu'Emmanuelle a au quotidien. Enfin, cette volonté de dormir qui vire à l'obsession ne fait qu'alimenter la stimulation intellectuelle d'Emmanuelle. Dans son cas, l'approche peut consister à lui amener du calme, de la sécurité, de la sérénité et à évoquer des souvenirs de moments où le sommeil était présent et agréable.

Exercice : le marchand de sable !

Fermez les yeux et utilisez pour entrer en transe l'une des techniques mentionnées plus haut. Respirez tranquillement, à votre rythme.

Tout en laissant les pensées qui se présentent et que vous n'arrivez pas à arrêter traverser votre esprit, peut-être parviendrez-vous à penser à un événement agréable de votre enfance ou de votre passé plus proche. S'il s'agit de votre enfance, peut-être vous souvenez-vous de votre chambre. Peu importe que le souvenir soit précis ou diffus, ce qui compte, ce sont les sensations qui y sont rattachées. Imaginez votre lit, les divers jouets qui pouvaient encombrer la chambre, et essayez de retrouver ces moments où, le soir, vos parents vous mettaient au lit alors que vous n'aviez absolument aucune envie de dormir. Bien au contraire, c'était précisément à ce moment-là que vous auriez aimé aller jouer, prendre un bain ou faire des tas d'autres choses, mais surtout pas dormir.

Regardez cet enfant qui lutte contre le sommeil. Peut-être le voyez-vous en train de se frotter les yeux ou en train d'appeler sa maman ou son papa pour un dernier câlin ou un tout autre prétexte, comme un verre d'eau ou un biberon de lait. Continuez de regarder cet enfant qui se frotte de plus en plus les yeux et pensez au marchand de sable dont on vous parlait à l'époque. Regardez-le bien, cet enfant... Vous le voyez peu à peu s'endormir, tenant un doudou dans les bras ou suçant son pouce. Il est épuisé de fatigue, ses yeux se ferment. Vous pouvez sentir aussi comme ce sommeil est bon, tendre, sécurisant dans la douce quiétude de cette chambre d'enfant. Et peut-être pouvez-vous sentir, vous aussi, cette douce langueur qui envahit votre corps, cet engourdissement qui gagne vos jambes, vos bras et éventuellement d'autres parties de votre corps. Mais ce que vous sentez surtout, ce sont vos paupières qui deviennent plus lourdes, plus lourdes, lourdes... Vous sentez que le sommeil vous gagne. Tout en sachant que vous n'êtes pas obligé de dormir, que vous n'êtes pas obligé de vous détendre et que vous pouvez contrôler ce qui doit être contrôlé, vous sentez malgré tout une langueur envahir votre corps. Même si de nombreuses pensées traversent encore votre esprit conscient, votre esprit inconscient peut se laisser aller à rêver à ce que bon lui semble. Il est tellement agréable de s'endormir en sachant que vous n'êtes pas obligé de dormir, ni de vous détendre. Vous pouvez vous laisser aller en retrouvant cette chambre d'enfant, ses odeurs, ses lumières, tout en sachant que demain, vous allez vous réveiller plein d'énergie, léger, détendu.

LE PETIT + MALIN

Vous pouvez écouter gratuitement cette transe en version audio intégrale en flashant ce code ou en vous rendant sur la page :
http://quotidienmalin.com/autohypnose-transes

Des idées que vous pouvez utiliser

Comme dans l'exemple précédent, il est important que le lieu choisi ne soit pas trop « chargé » d'émotion. Si, par exemple, ces scènes de votre enfance vous ont laissé des souvenirs auxquels vous associez « l'abandon », il vaut mieux éviter de les évoquer, mais plutôt de vous concentrer sur un film dans lequel un enfant, autre que vous, s'endort de cette façon. Les mots à utiliser peuvent être : **sécurité, calme, chaleur, douceur, dormir, détente, tendresse, sommeil, nuit.**

LES RÉVEILS PRÉMATURÉS

« Les réunions du lundi matin » : « Je suis actuellement à la recherche d'un emploi. Mon problème, c'est que chaque matin, je me réveille à exactement 3 heures 20 et ceci depuis maintenant plus d'une quinzaine d'années. Je ne suis pas obligatoirement très fatiguée le matin en me levant, mais ce que je trouve énervant c'est de rester au lit, sans rien faire, à attendre que le jour se lève. Je trouve cela d'autant plus rageant que mon mari, lui, dort paisiblement à mes côtés. J'ai l'impression que son sommeil me nargue et que je suis la seule sur cette planète à me réveiller si tôt. Durant ces longues heures de veille, je suis incapable de faire quoi que ce soit, sinon penser aux différentes choses qui m'encombrent l'esprit.
J'ai essayé à plusieurs reprises de trouver la source de ces insomnies.

La seule corrélation que j'ai pu établir remonte au temps où je travaillais en entreprise et où nous avions, chaque lundi matin, une réunion particulièrement désagréable. Mon patron de l'époque passait plus d'une heure et demie, en début de semaine, à distribuer compliments et critiques à chacun de ses collaborateurs. On ne pouvait absolument pas savoir à quoi s'attendre avant qu'il ne nous apostrophe. Ses critiques étaient particulièrement acerbes et me donnaient envie de rentrer sous terre. Avant ces réunions, je me réveillais au milieu de la nuit avec une impression de cauchemar éveillé, puis je passais le reste de la nuit à essayer de trouver ce que j'avais bien pu faire de mal pour mériter les commentaires désagréables que le patron n'allait pas manquer de m'infliger devant tous mes collègues. »

Thérèse, 46ans ❞

On retrouve dans cet exemple les traumatismes déjà évoqués qui marquent l'inconscient et dont on a du mal à se débarrasser par la suite. Ainsi, durant toute une période de sa vie, Thérèse ressentait une angoisse violente qui la réveillait au milieu de la nuit et bien que les raisons liées à cette angoisse aient disparu, les réveils intempestifs demeurent. Dans ce cas, comme dans celui des angoisses et des phobies, il faut expliquer à l'inconscient que ce qui pouvait provoquer un réveil matinal il y a plus de 15 ans n'a plus cours aujourd'hui et qu'il peut dormir en paix jusqu'au petit matin.

Exercice : la place du village

Fermez les yeux et utilisez pour entrer en transe l'une des techniques mentionnées plus haut. Respirez tranquillement, à votre rythme.

Imaginez la place d'un petit village en Afrique, mais cela peut tout aussi bien être en Asie, en Amérique du Sud ou n'importe où à votre convenance. La soirée est sur le point de commencer et comme c'est un petit village très pauvre, il n'y

a pas d'éclairage public. Peu à peu, avec la tombée de la nuit, la lumière du jour faiblit. Sur la place de ce village dont vous pouvez peut-être sentir les parfums des arbres, des fleurs, mais aussi peut-être de la nourriture que prépare un petit bistrotier ambulant, vous êtes assis sur le sol ou sur une chaise, entouré de nombreux enfants, devant un vieil homme qui parle.
Ce vieil homme parle d'une voix très douce, monocorde, très agréable. Sa voix est apaisante et vous vous sentez bien dans ce lieu, en toute sécurité, même s'il se trouve très loin de votre maison. Vous écoutez ce vieil homme qui raconte une histoire : « En ce temps-là, personne n'avait d'électricité, même les lampes à pétrole étaient rares. Nous restions très souvent le soir sur cette place à écouter l'histoire que racontait un vieil homme. Et je me souviens très bien de cette histoire qui disait que souvent, au temps des pères de nos pères, le soir, les villageois se retrouvaient sur cette place pour écouter un vieil homme qui racontait une histoire. L'histoire toute simple des gens de son temps qui, lorsque la nuit venait et après avoir écouté l'histoire d'un vieil homme, allaient se coucher. Leurs paupières se fermaient dès qu'ils avaient posé la tête sur leur oreiller. Ils s'endormaient jusqu'au matin au moment où le soleil se levait. D'ailleurs en ce temps-là, comme les animaux, les gens du village se levaient et se couchaient avec le soleil. Lorsque le soleil se couchait, les gens dormaient, et lorsque le soleil se levait, les gens du village se levaient aussi. La vie était régulière, bonne et douce, pleine de cette sécurité que donne l'éternel recommencement des choses où il fait bon dormir paisiblement, tranquillement, pendant toute la nuit, alors que le soleil est couché et jusqu'à ce qu'il se lève…

LE PETIT + MALIN

Vous pouvez écouter gratuitement cette transe en version audio intégrale en flashant ce code ou en vous rendant sur la page : http://quotidienmalin.com/autohypnose-transes

Des idées que vous pouvez utiliser

L'approche dans ce cas va consister à « rappeler » à l'inconscient qu'il existe un rythme « naturel » du sommeil qui dure toute la nuit. Ce rythme est quelque chose de régulier et de séculaire. De là, la répétition de l'histoire pour bien montrer que, quels que soient les époques et les individus, la nuit sert à dormir, paisiblement, tranquillement. Les mots qui peuvent être utilisés sont : **tranquillité, sécurité, paisible, douceur, calme, recommencement, régularité, nuit, sommeil, coucher**.

LES RÉVEILS AU MILIEU DE LA NUIT

« Un sommeil aussi léger qu'une plume » : « Je suis fonctionnaire dans l'administration fiscale. Je n'ai absolument aucun problème pour m'endormir, mais en revanche, j'ai le sommeil très léger. Un moindre bruit, ou une simple envie d'uriner au milieu de la nuit me réveillent et je ne parviens plus à me rendormir. Je peux être certaine que, même si je me réveille à minuit, je ne me rendormirai pas avant le petit matin. J'ai l'impression que le sommeil me file entre les doigts, un peu comme de l'eau que j'essaierais de prendre dans ma main. Quand les enfants sont nés, cette situation est devenue insupportable, car au moindre de leurs gémissements, de leurs pleurs, je me réveillais et plus moyen de me rendormir. Le matin, eux se réveillaient pleins d'énergie et moi je n'étais qu'une loque. Mon

mari essaie bien de m'aider, mais malgré toute sa bonne volonté, rien ne parvient à le réveiller : je crois que, la nuit, un train pourrait traverser la chambre sans qu'il ouvre un œil.
Pour moi la situation demeure infernale, même si maintenant les enfants sont grands. »

Sylvie, 51ans »

Il y a plusieurs façons d'aborder le problème évoqué par Sylvie. L'une d'entre elles consiste à lui recommander d'absorber le moins de liquide possible le soir avant de se coucher et de travailler sur la profondeur de son sommeil. Une autre consiste à la maintenir dans un état de demi-sommeil lorsqu'un bruit ou une envie pressante la réveillent en plein milieu de la nuit. Les deux méthodes ne sont pas exclusives. Mais par souci de simplicité, nous aborderons plutôt la seconde, c'est-à-dire éviter que le sommeil « [ne lui] file entre les doigts, un peu comme de l'eau [qu'elle essaierait] de prendre dans [sa] main... »

Exercice : retour au pays du rêve

Fermez les yeux et utilisez pour entrer en transe l'une des techniques mentionnées plus haut. Respirez tranquillement, à votre rythme.

Alors que vous êtes encore aux trois quarts endormi et que vous êtes tiré de votre sommeil par une envie pressante ou par un bruit, avant d'ouvrir complètement les yeux, essayez d'imaginer quelque chose de très agréable, une pensée chaleureuse, une sorte de rêve éveillé dans lequel vous vous sentez parfaitement bien. Il peut s'agir, par exemple, d'une chambre douillette dans une maison à la campagne dans laquelle vous vous sentez pleinement en sécurité. Peut-être entendez-vous à l'extérieur le bruit des grillons : régulier et calmant. Vous êtes allongé dans un lit, enveloppé dans une douce chaleur, comme vous pouvez l'aimer. Vous êtes seul ou accompagné, peu importe, l'essentiel

est que vous ressentiez un profond sentiment de sécurité, de douceur, de langueur, réel ou imaginaire, que peut procurer un tel lieu. Vous entendez le tic-tac rassurant et régulier d'une bonne vieille horloge. Peut-être même sentez-vous cette douce odeur de lavande qui embaume les armoires.
Lorsque vous êtes bien en contact avec ces images, à demi éveillé, levez-vous tranquillement pour aller satisfaire votre besoin urgent. N'allumez qu'une petite lumière. Évitez le contact avec le monde réel, puis retournez tranquillement vous recoucher entre les draps encore chauds. Replacez votre tête au même endroit sur l'oreiller. Recouvrez-vous avec la même couette et essayez de retrouver cette pièce agréable que vous avez laissée il y a quelques instants à peine, dans votre rêve éveillé. Essayez d'en retrouver la douceur, la chaleur, les odeurs, la sécurité, le son des grillons et le tic-tac de l'horloge. Peu à peu, vous allez sentir que le sommeil que vous aviez interrompu quelques instants reprend sa place à travers ce rêve éveillé. C'est très agréable de pouvoir se laisser aller ainsi.

LE PETIT + MALIN

Vous pouvez écouter gratuitement cette transe en version audio intégrale en flashant ce code ou en vous rendant sur la page : http://quotidienmalin.com/autohypnose-transes

Des idées que vous pouvez utiliser

Dans ce cas, il s'agit plus d'un « truc » pour éviter de se réveiller complètement et pour retrouver le sommeil qu'une véritable séance d'autohypnose. Il serait aussi possible d'aborder le problème en imaginant une longue nuit tranquille et paisible entrecoupée de périodes de veille, le tout dans la continuité. Les mots pouvant être utilisés sont : **douceur, silence, chaleur, sommeil, sécurité, rêve, régulier, continuité**.

Chapitre 5

Les addictions

Schématiquement, les addictions génèrent deux types de dépendance. L'une correspond à un besoin physique : dans le cas de la cigarette, par exemple, il s'agit de la nicotine et des autres composants chimiques qui y sont introduits et dont le corps finit par avoir du mal à se passer. L'autre type de dépendance correspond à un besoin psychologique qui est tout aussi fort que le premier. Ce dernier type est sans doute lié aux automatismes, à l'habitude, au rituel, qui entourent l'addiction en tant que telle et dont il est difficile de rompre le cercle vicieux.

Tous les automatismes que nous développons sont loin d'être néfastes, bien au contraire. Ainsi lire, écrire, marcher, manger sont des actions que nous effectuons sans nous poser de question, d'une façon automatique. Ces automatismes sont profondément intégrés à notre inconscient. Il en est de même pour des habitudes beaucoup plus néfastes telles que le tabac. Sortir une cigarette de son paquet, la porter à sa bouche, l'allumer et inhaler la fumée, sont des automatismes dont nous n'avons plus conscience. À ces automatismes s'ajoute le plaisir physique que l'on peut tirer de ces dépendances. Toutefois, le plaisir qui découle de ces addictions finit par être contrebalancé par toutes les inquiétudes, souci de santé et autres, qui leur sont liées. S'engage alors une lutte entre l'inconscient – et le plaisir supposé que l'on attache à ces addictions – et le conscient – qui peut, logiquement, penser que de telles addictions sont problématiques et doivent disparaître.

Il serait vain d'essayer de trouver les sources de ces addictions car elles sont bien souvent anodines : faire comme les copains ou chercher un certain réconfort. Le travail en autohypnose va consister non pas à utiliser ce « débat » entre le conscient et l'inconscient, « je veux arrêter » *vs* « je veux continuer », mais plutôt à essayer de changer les schémas inconscients qui font que l'addiction est un enchaînement « logique » soi-disant impossible à changer. Dans les pages qui suivent, nous allons aborder trois formes d'addiction : le tabac, l'alcool et les jeux vidéo. **Attention en cas d'addiction grave et persistante, il est recommandé, au moins dans un premier temps, de faire appel à un thérapeute pour vous aider !**

ARRÊTER DE FUMER

❝ **« Faire comme les copains »** : « Je suis chargé des ressources humaines dans une grande entreprise de BTP.
J'ai commencé à fumer à l'âge de 13 ans alors que j'étais encore au collège. Depuis je n'ai jamais arrêté. Actuellement je fume environ un paquet par jour, même si les règles de l'entreprise qui interdisent de fumer à l'intérieur des bâtiments me posent problème pour assouvir mon addiction.
Je me souviens très bien avoir commencé à fumer tout simplement pour faire comme les copains et depuis, j'ai l'impression que la cigarette me calme et me permet de mieux réfléchir.
J'ai décidé d'arrêter de fumer pour ma santé. Je viens de perdre un de mes meilleurs amis d'un cancer du poumon. De plus, je trouve cette habitude totalement stupide et au prix où sont actuellement les cigarettes, j'ai bien souvent l'impression de fumer des billets de banque pour satisfaire un besoin que je ne contrôle pas du tout.

Mais c'est vrai aussi que j'ai des inquiétudes quant à ce que sera ma vie de non-fumeur. »

Hervé, 45 ans ”

L'exemple d'Hervé est assez typique. Un événement extérieur, dans ce cas le décès d'un ami, a déclenché une réaction suffisamment forte pour qu'il décide d'arrêter de fumer. Malheureusement, entre la décision et la mise en place du processus de sevrage, il y a un long chemin à parcourir, qui n'est pas des plus faciles. D'ailleurs, les quelques phrases prononcées par Hervé résument à elles seules le combat intérieur qui se livre : « J'ai décidé d'arrêter de fumer pour ma santé » et « j'ai l'impression que la cigarette me calme et me permet de mieux réfléchir ». Il ajoute : « Mais c'est vrai aussi que j'ai des inquiétudes quant à ce que sera ma vie de non-fumeur. » L'un des premiers pas qu'Hervé va devoir franchir, c'est de se convaincre qu'il est tout à fait capable de changer, qu'il n'y a rien d'inéluctable dans le fait de fumer et que son inconscient peut prendre un autre modèle que celui qu'il suit depuis maintenant 32 ans.

Exercice : un champ de blé !

Fermez les yeux et utilisez pour entrer en transe l'une des techniques mentionnées plus haut. Respirez tranquillement, à votre rythme.

Imaginez un paysan qui fauche un champ de blé. Il tient dans ses mains une faux, qu'il a au préalable aiguisée, et à chaque fois qu'il abat sa faux dans ce geste ancestral, il coupe les tiges de blé. Son geste est régulier, harmonieux, intemporel. C'est le même geste que faisait avant lui son père, le père de son père et sûrement le père de son grand-père. Le rituel était toujours le même, la faux qui se lève puis qui s'abaisse et dont le tranchant affûté coupe les tiges de blé qui s'écroulent sur le sol.

Ce paysan, que vous vous imaginez, pense que de tout temps les hommes ont fait ce geste et qu'ils continueront à le faire jusqu'à la fin des temps. Et pourtant... Le fils de ce paysan n'utilisera plus cette faux, mais une faucheuse mécanique qu'il conduira d'une main experte. Il traversera le champ de part en part et coupera le blé en beaucoup moins de temps que ne le faisait son père. Les choses changent. Depuis l'homme de Cro-Magnon jusqu'à nos jours, les hommes ont toujours su changer. Ils ont toujours su apprendre à changer. Rien ni personne n'est totalement figé. Et je suis sûr que votre inconscient, qui a appris tant de choses, peut lui aussi changer. Vous avez décidé d'arrêter de fumer et de changer des habitudes bien ancrées dans votre inconscient, vous êtes tout à fait capable de le faire. Vous en avez la force, vous en avez la volonté, vous en avez le désir.

Imaginez un instant ce que sera votre vie sans la cigarette lorsque le 25 décembre [ou une autre date], vous arrêterez de fumer. Imaginez la montagne, l'air pur qu'on y respire, les odeurs de sapin, de résine, de champignon que l'on peut y sentir. Respirez à pleins poumons cet air qui vous fait tant de bien. Et vous sentez sûrement déjà cette force vitale que procure l'air pur. Le plaisir de respirer ces odeurs parfumées. Sentez cet air qui se diffuse dans chacune de vos cellules leur apportant de l'oxygène, leur apportant la vie. Vous vous sentez en bonne santé, en pleine forme. Votre corps vous semble totalement régénéré et propre.

Vous sentez aussi une forme de fierté à être parvenu à faire ce que vous vouliez faire. C'était une lutte délicate, pas facile à mener, mais vous êtes arrivé à la gagner. Et de cela vous ne pouvez que vous féliciter, car vous avez fait preuve de persévérance et de force de caractère.

Imaginez encore un instant ces montagnes à l'air pur, le ciel bleu, les odeurs de la forêt. Vous vous sentez léger, léger et libre.

LE PETIT + MALIN

Vous pouvez écouter gratuitement cette transe en version audio intégrale en flashant ce code ou en vous rendant sur la page : http://quotidienmalin.com/autohypnose-transes

Des idées que vous pouvez utiliser

Lors d'une séance avec un hypnothérapeute, il est possible d'adopter une approche plus directive et d'insister sur la nécessité d'arrêter la cigarette qui est nocive pour la santé. Certains vont même jusqu'à essayer de dégoûter le fumeur de céder à son envie de cigarettes. En autohypnose, une telle approche est beaucoup plus laborieuse car le sujet est plus difficile à convaincre quand toutes les cellules de son corps ne rêvent que de céder à la tentation. Les mots à utiliser lors d'une transe peuvent être : **santé, air pur, montagnes, air frais, légèreté, liberté, oxygène, changement, force de caractère, persévérance**.

BOIRE MODÉRÉMENT

« L'alcool n'est pas un problème mais... » : « Je suis commercial dans une entreprise de matériel agricole.

Je ne sais pas vraiment pourquoi je viens consulter car je n'ai pas de problème, sinon que de par mon métier je suis amené à boire peut-être un peu trop. Je m'explique : lorsqu'un client vient pour choisir une machine agricole, une des techniques de vente consiste à aller boire un verre (voire plusieurs) avec lui. Rien de bien méchant ! Je ne suis jamais ivre, mais je m'aperçois que même le week-end, quand je ne travaille pas, il m'arrive de boire pendant la journée.

Le problème c'est que je n'arrive pas à m'arrêter. Un verre en entraîne un autre. Comme je vous le disais, je n'ai jamais l'impression d'être soûl, mais en fin de journée, il m'arrive d'avoir bu une bouteille à moi tout seul. Après, je me sens très mal de n'avoir pas su m'arrêter à temps. J'ai l'impression de ne pas savoir me contrôler, d'être complètement nul ! Ce que j'aimerais c'est, non pas arrêter totalement de boire, mais arriver à m'arrêter, de mieux gérer ma consommation. »

Fabrice, 40 ans ❞

Comme dans beaucoup de cas d'abus d'alcool, deux éléments dominent le discours de Fabrice : tout d'abord la frustration de ne pas pouvoir contrôler sa consommation d'alcool avec pour corollaire une estime de soi au plus bas. Un des premiers aspects du travail d'autohypnose va consister à changer la vision que Fabrice a de lui-même. À lui faire comprendre que ni son intelligence ni ses capacités ne sont en cause, mais qu'il souffre d'une maladie insidieuse dont il n'a pas conscience et que sa guérison ne dépend que de lui. Pour cela, il doit mobiliser l'ensemble de ses forces physiques et psychiques afin de changer son comportement. Dans un premier temps, il est important pour Fabrice de décomposer les diverses étapes qui le poussent à boire, puis à noter la quantité de boissons alcooliques qu'il consomme. Ensuite, il serait bon qu'il se fixe des objectifs à atteindre : soit la quantité maximum d'alcool qu'il considère comme adéquate, soit de fixer une date pour commencer son abstinence totale d'alcool.

Une mise en garde s'impose : pour les cas d'alcoolisme grave, il est indispensable de consulter un spécialiste. Il est très difficile, voire impossible dans un premier temps, de se « débrouiller » tout seul. Par la suite, lorsque la cure est en place, l'autohypnose peut apporter une aide conséquente au patient.

Exercice : deux verres de vin

Fermez les yeux et utilisez pour entrer en transe l'une des techniques mentionnées plus haut. Respirez tranquillement, à votre rythme.

Imaginez que vous êtes à une table avec de nombreux convives. Vous avez devant vous des plats que vous aimez beaucoup. Je ne connais pas exactement les plats que vous aimez, mais nous pouvons supposer un instant qu'il s'agit d'un gratin dauphinois bien onctueux, d'une tranche d'un gigot bien saignant, de haricots verts et peut-être d'une salade. Si vous n'aimez pas un de ces plats, remplacez-le par un autre de votre choix. Devant votre assiette, vous avez un verre de vin : celui que vous préférez. Peut-être est-ce un bordeaux, du bourgogne ou encore un côtes-du-rhône. Sa couleur est particulièrement belle. Vous allez commencer par déguster ce qui se trouve dans votre assiette : un peu de gratin dauphinois, un morceau de viande et quelques haricots verts. Mastiquez lentement cette nourriture. Peut-être parviendrez-vous à vous abstraire des discussions environnantes pour vous concentrer sur ce qui se passe dans votre bouche et apprécier ce mélange de parfums et de saveurs.

Lorsque vous aurez avalé le contenu de votre bouche, prenez votre verre de vin. Portez-le avec lenteur à votre bouche, en décomposant chacun des gestes qui vont permettre à votre verre d'atteindre vos lèvres. Puis vous inclinez légèrement le verre afin que le liquide se déverse dans votre bouche. Vous sentez le goût délicat du vin qui titille vos papilles. Vous gardez quelques secondes ce liquide dans votre bouche, puis vous l'avalez tout en sentant le chemin qu'il parcourt depuis votre bouche en passant par l'œsophage, jusqu'à arriver dans votre estomac. Une fois fait, vous reposez lentement votre verre, puis vous recommencez l'ensemble de l'opération. Toujours

avec une certaine lenteur afin de savourer à la fois les mets et la boisson que vous ingurgitez.
Lorsque votre verre et votre assiette seront vides, vous pouvez à ce moment vous mêler à la conversation. Pendant tout le repas, vous ne boirez que deux verres de vin. Une fois ces deux verres vides, une envie vous viendra de boire de l'eau. Si par hasard l'un des convives venait à vous servir un troisième verre de vin et que, par le plus grand des hasards, vous le portiez à votre bouche, son goût aigre et l'idée qu'il pourrait vous rendre malade vous feront reposer le verre immédiatement sur la table. Souvenez-vous, vous avez uniquement droit à deux verres de vin pendant ce repas.

LE PETIT + MALIN

Vous pouvez écouter gratuitement cette transe en version audio intégrale en flashant ce code ou en vous rendant sur la page :
http://quotidienmalin.com/autohypnose-transes

Des idées que vous pouvez utiliser

Dans ce cas, il est possible d'utiliser toute une panoplie d'histoires qui comportent la notion de mesure et de limitation. N'hésitez pas à utiliser, si bien sûr cela vous interpelle, des métaphores liées aux voitures, comme la consommation d'essence, les limitations de vitesse… Je sais que cela peut paraître ridicule, mais ça marche. Parmi les mots à utiliser : **contrôle, verre, limite, lenteur, goût, parcours, savoureux, interdit, douceur, aigreur**.

LES JEUX VIDÉO

« Le jeu de la dernière chance » : « Je suis sans emploi. J'ai arrêté mes études juste avant le bac et depuis je cherche du travail. Pour dire la vérité, je fais semblant de chercher du travail et mes parents, chez qui j'habite toujours, me répètent sans arrêt que je dois en trouver. En fait, je passe toute ma journée et une grande partie de mes nuits à jouer sur Internet. J'ai des potes un peu partout dans le monde. Je trouve ma vie particulièrement passionnante même si, à certains moments, je me pose des questions. C'est vrai aussi qu'il m'arrive de me dire que je devrais faire autre chose. Surtout j'aimerais être indépendant pour que mes parents me lâchent les baskets. Mais la perspective d'arrêter de jouer... m'inquiète ! Je ne vois vraiment pas ce que serait ma vie sans les jeux. Je vais m'ennuyer comme c'est pas possible. Dommage que l'on ne puisse pas gagner sa vie en jouant car je trouverais ça passionnant. Surtout beaucoup plus exaltant que la vie réelle que peuvent vivre des personnes comme mes parents.
Mon problème immédiat, c'est que mes parents ont menacé de me couper les vivres si je ne cherchais pas un emploi d'une façon beaucoup plus active. Si je n'ai pas trouvé un boulot d'ici à deux mois, mon père m'a menacé de me mettre à la rue. »

Kevin, 22ans

La situation de Kevin est beaucoup plus grave qu'il ne semble s'en douter. Car si les choses continuent à ce train, il y a de fortes chances pour qu'un jour ou l'autre il se retrouve complètement coupé de la réalité du monde, et si ses parents décident de ne plus subvenir à ses besoins, il risque de se retrouver dans une situation totalement désespérée. Le problème de Kevin, c'est qu'il n'est pas profondément persuadé d'avoir besoin d'arrêter. S'il le fait, c'est pressé par ses parents et non de son propre chef. En fait il le dit clairement, la vie qu'il mène dans les jeux est beaucoup plus intéressante que la « vraie vie ». Le jeu est devenu une partie intégrante de sa vie au point que qu'il ne peut imaginer en vivre une autre : « Sans les jeux, je vais m'ennuyer comme c'est pas possible. »

L'approche va consister, dans un premier temps, à lui redonner un lien avec cette réalité, en lui montrant qu'elle peut être passionnante. En revanche, il ne serait pas recommandé de vouloir brusquer les choses et de supprimer d'un seul coup tout accès à l'ordinateur car un tel changement pourrait, comme dans le cas d'autres dépendances, entraîner une certaine forme de dépression.

Exercice : au pays du réel

Fermez les yeux et utilisez pour entrer en transe l'une des techniques mentionnées plus haut. Respirez tranquillement, à votre rythme.

Imaginez un instant que vous êtes assis à côté de quelqu'un qui vous ressemble peut-être un peu. Il est assis devant son ordinateur en train de jouer et vous le regardez. Dans sa main droite, il tient une souris qu'il manie avec dextérité. Il suit avec beaucoup d'attention ce qui se passe sur l'écran où des personnages bougent dans tous les sens. Son cerveau réagit très rapidement à tous leurs mouvements. Vous éprouvez beaucoup d'admiration pour lui. Il est vraiment digne d'être un champion de ce type de jeu auquel, d'ailleurs, vous jouez vous-même fréquemment avec d'autres amis.

Regardez comme il fait exploser certains des personnages avec une vitesse de réaction que vous n'avez jamais vue. Ce joueur, qui n'est pas vous tout en étant un peu vous, est vraiment un maître en la matière. Vous pouvez admirer sa vitesse de réponse aux stimulations qui est de l'ordre de la nanoseconde. En plus, il parle avec de nombreux correspondants, il rit, parfois même il crie. Il s'amuse beaucoup.

Au bout d'un certain temps, qu'il est difficile d'estimer tant son jeu est passionnant, il fait quelques mouvements sur son siège afin de se détendre. Puis, il se lève et se dirige vers la cuisine. Visiblement, il a faim. Il se prépare quelque chose de bon à manger, un plat que vous aimez et qu'il aime lui aussi, peut-être un sandwich, une salade, un steak ou des frites. Je n'en sais rien, mais vous vous pouvez facilement l'imaginer.
Une fois son repas terminé, il se dirige vers la porte d'entrée. Il ouvre cette porte et sort. Il respire profondément : une fois, deux fois, trois fois. Dehors, il fait beau et chaud, juste comme il aime. Il peut aussi sentir des parfums de fleurs ou d'herbe fraîchement coupée. Puis il s'assoit sur un banc et regarde les gens qui passent. Ces gens lui paraissent tristes, sans intérêt. Quand tout à coup, une jeune fille s'arrête devant lui. Elle s'assoit à côté de lui sur le banc. Il peut sentir sa présence sans même la regarder. Puis, toujours sans la regarder, la jeune fille pose sa main sur la sienne. Il peut sentir la douceur de sa paume, la douce chaleur qui émane d'elle. Il peut respirer le parfum qu'elle porte. Cet homme qui vous ressemble, mais qui n'est pas vous, se sent bien, il peut profiter de cet instant pour juste apprécier la vie telle qu'elle est avec ses richesses, sa douceur, sa sensualité, ses parfums, ses odeurs, ses touchers soyeux. Il ferme les yeux juste pour apprécier le présent.
Au bout d'un moment, il décide de rentrer. Il remonte dans sa chambre, s'assoit devant son ordinateur. Il est sur le point de recommencer à jouer, mais vous sentez que son attention est ailleurs. Il est là, mais sans être vraiment là. Son esprit est resté sur le banc, à côté de la jeune fille, de sa douceur, de sa présence, de ce côté réel qui lui manque dans ce jeu.

LE PETIT + MALIN

Vous pouvez écouter gratuitement cette transe en version audio intégrale en flashant ce code ou en vous rendant sur la page : http://quotidienmalin.com/autohypnose-transes

Des idées que vous pouvez utiliser

Les limites de cette approche peuvent résider dans le fait que la personne en question ait des problèmes relationnels avec les femmes, donc que la seule évocation d'une possible relation avec l'une d'entre elles le pousse à s'isoler un peu plus. Dans ce cas, au lieu d'évoquer une présence féminine, il est possible de multiplier les allusions à la réalité en évoquant l'utilisation de sens qui ne sont pas présents dans les jeux, comme les odeurs, les goûts, le toucher, tout cela dans un univers agréable. Les mots que l'on peut utiliser lors de la transe : **réel, réalité, toucher, sentir, odeur, nature, sensualité, douceur, rêve, jeux, manger, boire**.

Chapitre 6

Les problèmes alimentaires

Alors qu'il y a un siècle à peine, il était de bon aloi pour les femmes d'avoir des formes rondes, la mode est actuellement favorable aux personnes élancées et plutôt (très) minces. C'est pourquoi nombreuses sont les femmes qui se trouvent trop grosses, même s'il est parfois difficile de leur faire dire par rapport à quoi ou par rapport à qui. Mis à part le fait qu'un surpoids plus ou moins conséquent peut être nuisible pour la santé, il convient de remettre les pendules à l'heure : être trop gros n'a pas de sens tant que l'on ne se sent pas mal dans son corps. Dans les pages qui vont suivre, nous n'allons pas parler de pathologie comme la boulimie ou l'anorexie qui nécessitent l'intervention d'un thérapeute. Nous allons plutôt essayer de voir ce que l'on peut faire pour perdre ces kilos en trop qui font des rondeurs que certaines personnes n'apprécient pas et dont la source peut être soit une fringale permanente, une émotion forte ou une envie de grignoter à tout moment dans la journée.

Notre rapport à la nourriture est très complexe. Dès notre plus tendre enfance, la nourriture est synonyme d'affection, d'amour, de sécurité... Quand le bébé a faim, il pleure, ce qui a pour effet d'alerter sa mère qui va lui « démontrer » son amour en lui donnant à manger. Il se sentira bien, en sécurité, aimé. Devenu adulte, ce bébé gardera, imprimé plus ou moins profondément dans son inconscient, cette association entre le bien-être, la sécurité, l'amour et la nourriture. On peut ainsi très bien imaginer que, dans un moment où des émotions très fortes traversent ce bébé devenu adulte, où il se sent déstabilisé, il trouvera dans la nourriture une compensation, un réconfort dont l'automatisme remonte à sa plus tendre enfance, voire à la nuit des temps.

Comme dans les autres cas qui ont été énumérés ci-dessus, le rôle de l'autohypnose va être de changer ce schéma profondément inscrit dans l'inconscient et de montrer à ce dernier qu'il peut trouver réconfort et sécurité à l'intérieur de lui-même, en puisant dans ses forces vives, sans pour autant se précipiter sur la nourriture. Dans les pages qui suivent, nous allons aborder deux types d'habitude alimentaire dont de nombreux patients aimeraient se débarrasser. La première est cette impression de n'être jamais rassasié, d'avoir toujours besoin de manger ou de ne pas savoir s'arrêter lorsque, de toute évidence on n'a plus faim. La seconde est liée au grignotage intempestif qui remplit un vide et provoque bien souvent un gain de poids important.

MANGER SANS FAIM

« Un gouffre sans fond » : « J'ai 3 enfants. J'ai pas mal de kilos en trop et même si mon mari me répète que c'est très mignon, j'ai du mal à me regarder dans une glace. En plus, je ne me sens pas très bien dans mon corps.
Ma difficulté, c'est que lorsque je mange, je ne peux pas m'arrêter. Non seulement j'ai tout le temps faim, mais je finis systématiquement tout ce qui se trouve sur la table. Il m'est même arrivé, après avoir mangé mon dessert et pris un café, de terminer ce qui restait

de poulet sur les assiettes en faisant la vaisselle. Le pire c'est que, la plupart du temps, je mange sans faim. J'ai l'impression d'être un gouffre sans fond et cela me dégoûte profondément. Il m'arrive de me comparer à une véritable poubelle qui récupérerait tous les restes. Rien que cette évocation me fait honte. Mais le fait est que je ne parviens pas à m'arrêter. »

Zoé, 36 ans ❞

Deux points méritent d'être relevés dans ce que Zoé dit : le premier, c'est le peu d'estime qu'elle a d'elle-même. Elle se compare à une poubelle, à un gouffre, elle se dégoûte... Dans cette perspective, il paraît important de réinjecter un peu d'amour dans le rapport qu'elle a avec elle-même. Il ne s'agit absolument pas d'essayer de persuader Zoé qu'elle a un poids idéal ou, comme le fait son mari, de lui dire combien ses petits bourrelets sont mignons. À ce stade, elle est totalement incapable d'entendre un tel discours. De surcroît, elle se sent mal dans son corps et cela nécessite de faire quelque chose. Dans un deuxième temps, il va falloir introduire une notion de satiété. Zoé a perdu la notion de ne plus avoir faim, elle mange donc sans faim... et sans fin.

Exercice : le goût des framboises

Fermez les yeux et utilisez pour entrer en transe l'une des techniques mentionnées plus haut. Respirez tranquillement, à votre rythme.

Imaginez un jardin rempli de fleurs. Elles ont des couleurs magnifiques : certaines sont rouges, d'autres jaunes, d'autres violettes. Chacune de ces fleurs a son parfum, chacune à sa taille. Certaines sont petites, d'autres sont grandes, certaines sont fines, d'autres plus rondes. Même si vous appréciez, par exemple, celles qui sont plus fines et plus élancées, il vous faut bien reconnaître que, malgré leurs différences, chacune d'entre elles a sa beauté, son charme et chacune mérite d'être aimée. Et comme le dit le dicton populaire : « Tous les goûts sont dans la nature. » Laissez aller votre regard de l'une à l'autre et appréciez leur diversité. C'est la diversité qui fait la beauté de la nature.

Au fond de ce jardin magnifique se trouve un framboisier. Je vous propose d'aller goûter à ses délicieuses framboises. Prenez-en une et mettez-la dans votre bouche. Laissez vos papilles savourer le goût de ce fruit. Lorsque vous écrasez la framboise sur votre lange, vous sentez le jus qui s'écoule et emplit votre bouche d'un parfum incroyable. Savourez son goût, sa chair tendre, tournez-la et retournez-la sur votre langue. Puis, lorsque vous vous sentez prêt, avalez-la et imaginez comme elle glisse tout doucement dans votre arrière-bouche, dans votre œsophage puis, lentement, dans votre estomac. Le chemin de cette petite framboise est long, mais elle va apporter aux milliards de cellules qui composent votre corps une énergie indispensable à votre bonne santé.

Prenez une autre framboise, portez-la à votre bouche et écrasez-la en laissant son goût se répandre dans chacune de vos papilles. Prenez votre temps, dégustez posément cette seconde framboise, puis avalez-la. Tout comme la première, elle va apporter une énergie vitale indispensable à vos cellules.

Peut-être le goût de ces framboises vous rappellera-t-il ces fruits rouges que vous mangiez en dessert lorsque votre famille était réunie. Et peut-être vous souviendrez-vous de l'atmosphère de sécurité, de tendresse, qui enveloppait ce moment.

Une fois ces deux framboises avalées, je vous propose de regarder à nouveau ce jardin aux fleurs magnifiques, de sentir leur parfum et d'apprécier ce moment paisible et tranquille avant de retourner vous asseoir à l'ombre.

LE PETIT + MALIN

Vous pouvez écouter gratuitement cette transe en version audio intégrale en flashant ce code ou en vous rendant sur la page : http://quotidienmalin.com/autohypnose-transes

Des idées que vous pouvez utiliser

L'un des points essentiels dans cette problématique, c'est la différence qui peut exister entre « avoir faim » et « avoir envie de manger ». Ce sont des envies différentes qu'il est important de distinguer. Cette distinction n'est pas toujours facile à faire, mais il est bon de la garder à l'esprit. Dans les différentes transes que vous pourrez faire, il me paraît important d'y faire entrer la notion de goût et de temps. Il s'agit de savourer la nourriture et non de l'engloutir d'une façon compulsive. Les mots que vous pouvez employer : **goût, lenteur, beauté, diversité, mince, arrondie, déguster, beauté, énergie, parfum, sécurité**.

LE GRIGNOTAGE

« Des bonbons, des gâteaux et du chocolat » : « Après avoir été pendant deux ans secrétaire dans une entreprise qui a fait faillite, je suis actuellement en recherche d'emploi.
Je ne peux pas m'empêcher de grignoter. Même si j'ai bien mangé, à n'importe quel moment, si je trouve un gâteau, un bonbon ou un morceau de chocolat, je ne peux m'empêcher de me jeter dessus. C'est comme s'il me fallait toujours avoir quelque chose dans la bouche.
Ce que je trouve catastrophique dans tout ça, c'est que chacune de ces bouchées génère un petit bourrelet en plus. Bien que le sachant, je ne peux absolument pas m'arrêter. C'est plus fort

que moi. Je me reconnais très bien lorsque les gens parlent de la cigarette et de leur dépendance au tabac. Pour moi c'est la même chose, sauf que la nourriture remplace le tabac.
Si je continue comme ça, je vais finir par devenir obèse. C'est une pensée qui m'est totalement insupportable. Le fait que je sois en recherche d'emploi n'arrange pas les choses, car je passe beaucoup plus de temps à la maison et la tentation est d'autant plus grande. »

Amandine, 26ans »

Amandine a l'impression de ne pas pouvoir s'arrêter de manger et d'avoir toujours besoin d'ingurgiter quelque chose. Elle parle de la nourriture comme d'une drogue. Ce besoin permanent de nourriture, cette addiction ont sûrement une origine affective qu'il serait trop long de rechercher ici. En s'en tenant à ce qu'elle dit, la cause de ce grignotage permanent semble être l'angoisse liée à la recherche d'un emploi. Dans le cadre de cette situation angoissante, l'absorption de nourriture la rassure. La transe va consister à la rassurer et à faire disparaître sa façon compulsive de manger.

Exercice : tranquille et repu

Fermez les yeux et utilisez pour entrer en transe l'une des techniques mentionnées plus haut. Respirez tranquillement, à votre rythme.

Imaginez-vous dans un endroit où vous vous sentez en parfaite sécurité. Une pièce confortable, une chambre, un château, peu importe pour peu que l'endroit vous semble sûr. S'il s'agit d'une chambre, imaginez-la avec une fenêtre qui donne sur un jardin rempli de fleurs. Une douce lumière entre par la fenêtre. Les murs sont couverts de papier peint qui peut être uni ou représenter une scène champêtre. Dans cette pièce se trouve un fauteuil dans lequel vous pouvez vous installer confortablement. Je vous laisse le soin d'imaginer les autres meubles de cette chambre. Peut-être y a-t-il une armoire, un

lit, des étagères avec des livres. Prenez quelques minutes pour la visiter tranquillement...
Installez-vous confortablement dans votre fauteuil. Vous pouvez ressentir la température qu'il fait dans la pièce : une température qui vous convient parfaitement, ni trop chaude ni trop froide. Vous vous sentez à l'aise. Peut-être une douce odeur de lavande flotte-t-elle dans l'air. Respirez tranquillement.
Vous êtes profondément enfoncé dans ce fauteuil, vous vous sentez parfaitement détendu, en sécurité, paisible. Dans cet environnement serein, vous allez entrer en contact avec votre corps : vous allez sentir vos pieds posés sur le sol, vos mains posées sur vos cuisses et vos avant-bras posés sur les accoudoirs. Bien sûr, vous n'êtes pas obligé de vous endormir, de même que vous n'êtes pas obligés de vous détendre. L'essentiel est que vous vous sentiez bien.
D'ailleurs, vous vous sentez tellement bien que même votre bouche est tranquille. Vous pouvez penser à toutes sortes de choses qui vous rappellent la tranquillité et cette paix extérieure et intérieure qui est la vôtre. Vous sentez que vous avez tout ce qu'il vous faut. Toute l'énergie nécessaire à vos cellules est disponible dans votre corps qui ne demande rien d'autre. Dans ces conditions, vous pouvez, comme un bébé, vous laisser aller et vous sentir au calme et en sécurité. Vous êtes repu, tranquille et paisible.

LE PETIT + MALIN

Vous pouvez écouter gratuitement cette transe en version audio intégrale en flashant ce code ou en vous rendant sur la page : http://quotidienmalin.com/autohypnose-transes

Des idées que vous pouvez utiliser

Une approche différente pourrait être d'imaginer une confiserie avec une multitude de bonbons et autres friandises. Dans ce magasin, une personne (qui n'est pas vous) commence à manger différentes friandises de plus en plus rapidement, jusqu'à ce que l'écœurement vous prenne rien que de la voir se remplir ainsi. Cette approche un peu violente permet bien souvent de diminuer les grignotages intempestifs. Les mots que vous pouvez utiliser : **sécurité, tranquillité, énergie, demande, repu, calme**.

Chapitre 7
La douleur

Il est important de se souvenir que, quels que soient les désagréments infligés par la douleur – et ils peuvent être très importants, voire insupportables –, dans bien des cas la douleur est aussi là pour nous signaler que quelque chose, dans notre corps, est menacé ou ne fonctionne pas comme il le devrait. C'est pourquoi il est recommandé, en cas de douleur persistante, de consulter un médecin afin d'en déterminer, si cela est possible, l'origine. En effet, imaginez un instant que la douleur n'existe pas : alors que vous posez votre main sur une plaque chauffante, vous ne ressentez rien et c'est votre main tout entière qui risque d'être brûlée. La douleur est là pour vous signaler qu'il y a danger.

Ceci étant posé, **la douleur peut se décomposer en trois parties : le souvenir de la douleur** que vous avez pu ressentir, **la douleur présente** et **la peur de la douleur future**. Cette décomposition vous permet de constater que, des trois éléments constitutifs de la douleur que l'on peut ressentir, seule la douleur présente est véritablement « douloureuse ». Bien souvent, cette douleur « présente » n'est pas la plus importante. Le souvenir que nous pouvons avoir de la douleur ressentie au moment d'une crise aiguë de mal de dos, par exemple, associé aux craintes que l'on peut avoir d'avoir mal dans le futur, fait que nos mouvements sont beaucoup plus crispés, donc beaucoup plus douloureux.

LE MAL DE DOS

« **« L'inquiétude d'être bloqué »** : « Je travaille dans une imprimerie. Périodiquement, je me retrouve coincé au lit avec mal au dos. Parfois, ce mal de dos est lié au stress du travail. Mais bien souvent, je ne peux absolument pas savoir ce qui l'a provoqué. Je peux me réveiller un matin sans pouvoir bouger ou alors, durant la journée, à l'occasion d'un geste totalement anodin ou en éternuant, je peux sentir comme un déclic qui fait que mon dos se bloque complètement. Dans ce cas, je prends des anti-inflammatoires qui me soulagent un peu. En général, il me faut bien une semaine avant de pouvoir recommencer à mener une vie « normale ». J'ai ces maux de dos depuis l'âge de 30 ans, sans vraiment me souvenir de leur première apparition. Le problème, c'est que je vis presque constamment avec l'inquiétude d'être bloqué. À certains moments, je me demande même si ce n'est pas l'inquiétude qui me déclenche ces maux de dos. »

Didier, 51 ans »

Didier se trouve pris avec le cercle vicieux que nous avons décrit plus haut : il a effectivement des crises très douloureuses de mal de dos, mais le fait qu'il les anticipe ne fait qu'aggraver les choses. Cette anticipation provoque des crispations qui finissent par être la goutte d'eau qui fait déborder le vase. Le stress devient trop important et génère une crise. Lorsque la crise est là, les symptômes deviennent classiques avec la douleur elle-même, le souvenir de la douleur et son anticipation. Les anti-inflammatoires vont permettre de résoudre d'une façon mécanique ce qui se passe au niveau des muscles et des nerfs, mais le stress est toujours présent et risque à tout moment de provoquer une nouvelle crise. Le travail va consister à dissocier les divers éléments de la douleur et à expliquer à l'inconscient que même si le dos constitue un point fragile pour Didier, ces crises ne sont pas inéluctables.

Exercice : la détente détendue

Fermez les yeux et utilisez pour entrer en transe l'une des techniques mentionnées plus haut. Respirez tranquillement, à votre rythme.

Au moment de commencer cette transe, il est important que vous détendiez ce qui peut être détendu et que vous gardiez tendu ce qui doit rester tendu. Vous sentez peut-être que votre mollet droit est détendu et que votre bras droit, lui, est peut-être un peu plus tendu. Vous sentez aussi toutes les tensions qui existent au niveau de votre dos, ces tensions douloureuses qui bien sûr sont plus fortes que celles que vous pouvez ressentir dans votre bras ou dans votre mollet, car nous savons tous les deux que votre dos est un point sensible de votre corps, mais qu'il n'est pas le seul. Peut-être, dans un premier temps, pouvez-vous sentir cette lente détente que procure la transe, qui se développe au niveau de votre bras droit. Il est de plus en plus détendu, de moins en moins tendu et cette détente est très agréable. Peut-être le fait de sentir une douce chaleur confortable qui se développe au niveau de votre bras droit et le détend agréablement vous permet-il d'oublier un instant la douleur de votre dos ou tout du moins de sentir qu'elle a tendance à diminuer. Tout en vous souvenant qu'à certains moments, hier, vous avez pu avoir mal, mais qu'à d'autres moments, les plus nombreux, vous avez pu vous sentir à l'aise, détendu, sans inquiétude autour de votre douleur au bras droit. Tout en sachant, bien sûr, que votre bras droit n'a rien à voir avec vos problèmes de dos, vous pouvez peut-être sentir que cet apaisement que vous ressentez dans votre bras droit se diffuse au niveau de votre dos. Et vous pouvez sentir aussi que les douleurs d'hier restent dans le passé, alors que la douleur de demain reste dans le futur. D'ailleurs vous serez sans doute d'accord avec moi pour dire que nous ne savons pas si le futur sera douloureux comme le passé a pu être détendu, tout en sachant pertinemment que le présent peut se détendre et que la douleur présente peut très bien disparaître.

LE PETIT + MALIN

Vous pouvez écouter gratuitement cette transe en version audio intégrale en flashant ce code ou en vous rendant sur la page : http://quotidienmalin.com/autohypnose-transes

Des idées que vous pouvez utiliser

Cette technique basée sur la confusion, car le patient ne sait plus très bien si on parle de son dos douloureux ou de son bras qui ne l'est pas, est un peu difficile à mettre en pratique seul. Pour y parvenir, il s'agit avant tout de focaliser son attention sur une zone du corps qui n'est pas douloureuse et de laisser se diffuser le bien-être à la zone douloureuse. La confusion au niveau du temps (hier, aujourd'hui, demain) est, elle aussi, importante. Les mots à utiliser : **détente, tendu, dos, une autre partie du corps, hier, aujourd'hui, demain, futur, confortable**.

MAL AUX DENTS

« **« La rage de dents »** : « Je suis professeur d'anglais dans un collège. Il y a quelques semaines, j'ai été prise d'une rage de dents. Bien sûr c'était la veille du week-end de Pâques et mon dentiste n'était pas là. En plus, j'étais invitée chez des amis à la campagne, à 2 heures de route de chez moi. Je me suis dit que si je prenais des analgésiques pour faire baisser ma douleur, je serais tout à fait incapable de conduire. C'est ainsi que j'ai passé ce triste week-end de

Pâques à la maison à me bourrer d'antidouleur, avec une poche de glace sur la joue, ce qui arrivait à me faire oublier, pendant quelques instants, ces douleurs insupportables. »

Delphine, 33 ans »

L'hypnose et l'autohypnose permettent d'atténuer, voire de faire disparaître complètement certaines douleurs. Mais attention, comme il est mentionné au début de ce chapitre, la douleur est là pour signaler que quelque chose ne va pas. C'est pourquoi, si Delphine était parvenue à atténuer sa douleur grâce à l'autohypnose, il aurait fallu à tout prix qu'elle aille consulter son dentiste dès le mardi matin.

Exercice : la dent du diable

Fermez les yeux et utilisez pour entrer en transe l'une des techniques mentionnées plus haut. Respirez tranquillement, à votre rythme.

Alors que vous sentez dans votre molaire gauche la violence de cette douleur qui semble partir directement de sa racine et cheminer le long d'un nerf pour aller directement à votre cerveau, vous pouvez peut-être imaginer ces glaçons que l'on voit accrochés aux arbres en hiver. Ils sont transparents et très froids. Vous vous souvenez peut-être les avoir pris dans votre main dégantée et avoir ressenti un froid intense. Dans un premier temps, ce froid est plutôt désagréable il fait presque mal, mais après un moment, la main qui tient ce glaçon est comme anesthésiée. Vous ne sentez plus vraiment le froid, ni la chaleur, votre main est insensibilisée. Vous avez sûrement entendu parler de ce même phénomène qui apparaît lorsqu'une personne est soumise à un froid intense : elle finit par s'endormir. Devant le froid, toutes les sensations disparaissent. Imaginez un instant que ce froid soit appliqué sur votre molaire gauche, juste au-dessus de l'endroit d'où part la douleur. C'est

un peu comme lorsque le dentiste vous fait cette piqûre que vous n'aimez peut-être pas, et que vous sentez peu à peu le nerf qui transporte la douleur vers votre cerveau s'apaiser, s'endormir, et la douleur disparaître.
Sentez un long moment ce froid bienfaisant. Et peu à peu, vous allez voir comme cette anesthésie locale est efficace. Votre douleur aura disparu.

LE PETIT + MALIN

Vous pouvez écouter gratuitement cette transe en version audio intégrale en flashant ce code ou en vous rendant sur la page :
http://quotidienmalin.com/autohypnose-transes

Des idées que vous pouvez utiliser

Plusieurs techniques peuvent être utilisées en autohypnose pour diminuer la douleur. L'une consiste à évoquer des moments passés où la douleur était absente, une autre à faire diversion comme c'est le cas lorsque nous sommes plongés dans un roman passionnant et où ce qui se passe autour de nous disparaît complètement, une autre encore consiste à appliquer sur la partie douloureuse un anesthésique imaginaire. Il est aussi possible de dispenser la douleur dans le corps, ou bien encore d'externaliser la douleur pour la faire disparaître. Les mots à utiliser : **douleur, bien-être, nerf, cerveau, dent, dormir, soulagement**.

QUELQUES MOTS POUR CONCLURE

Vous êtes arrivé au terme de ce livre, peut-être l'avez-vous lu en entier ou plus simplement vous êtes vous concentré sur les passages qui vous intéressaient. Quelle que soit votre approche, vous avez fait un pas en direction d'un mieux-être.

Maintenant, il ne vous reste « plus » qu'à pratiquer, pratiquer et pratiquer encore. Je sais, c'est ce qui est le plus difficile, trouver la volonté et l'énergie pour faire ces exercices.

La seule chose que je puisse vous recommander à ce stade, c'est de ne pas considérer l'autohypnose comme des « exercices à faire », mais plus comme un moment à prendre pour vous, pour vous faire du bien. Un moment pour rêver, pour vous rêver.

Amicalement vôtre,

Jean-Michel Jakobowicz

CÉCILE NEUVILLE

APPRENDRE À LÂCHER PRISE, C'EST MALIN

LE LÂCHER-PRISE

Inclus :
7 vidéos pour lâcher prise en une semaine !
Rendez-vous à la page suivante !

7 VIDÉOS POUR APPRENDRE À LÂCHER PRISE EN 1 SEMAINE !

Recevez-les immédiatement par mail et bénéficiez d'une séance de coaching quotidienne avec Cécile Neuville pendant 7 jours !

Rendez-vous sur la page :

http://quotidienmalin.com/lacher-prise-malin

ou scannez ce code

Cécile Neuville est psychologue spécialisée en développement personnel et psychologie positive. Elle a fondé à Montpellier la Maison du bien-être qui regroupe différents professionnels (psychologues, sophrologues, réflexologues...). Elle est également l'auteur du *Secret du bonheur permanent,* paru aux éditions Leduc.s.

INTRODUCTION

Plus qu'une technique, le lâcher-prise est un art de vivre. Pour s'épanouir tout au long de la vie, l'idéal est de trouver le juste équilibre entre le « laisser-aller » et le « tenir-bon ». Le lâcher-prise se situe au cœur de ces deux dynamiques, qui sont complémentaires lorsqu'elles sont bien dosées. Lorsque vous lâchez prise, vous « laissez couler », vous « laissez faire », vous « laissez glisser », mais surtout, vous vous libérez de l'émotion désagréable qui était associée à votre état précédent. En général, vous acceptez de ne plus tout avoir sous « contrôle » ! Symboliquement, vous levez les bras et reculez d'un pas ou deux pour observer ce qu'il va se passer ou bien pour aller faire quelque chose de plus intéressant ailleurs.

Néanmoins, si vous lâchez prise un peu trop souvent ou un peu trop facilement, cela peut être considéré comme une sorte d'abandon, un manque de persévérance et de ténacité, voire de courage. Il est donc essentiel de savoir d'une part lâcher prise et d'autre part « tenir bon » lorsque cela est nécessaire. Mais où se situe cette fameuse limite ? À quel moment et comment savoir s'il est temps de lâcher prise ? Et comment faire pour y parvenir ?

Que ce soit face à l'imprévu ou face à nos propres limites et imperfections, que ce soit dans nos relations avec les autres ou avec le monde matériel, que ce soit au niveau mental ou émotionnel, il est possible d'apprendre l'art du lâcher-prise à tout âge et à n'importe quel moment !

Déception, colère, séparation, maladie, disputes, deuil, peur, culpabilité, accident, jalousie, doute, inquiétude, stress, dettes, imprévus... Vous vous demandez peut-être comment font les personnes heureuses pour accueillir ces émotions et surmonter ces épreuves que la vie peut mettre sur notre chemin ?

La science, entre autres, nous propose quelques clés au travers des recherches en psychologie positive pour nous aider à comprendre, apprendre et pratiquer le lâcher-prise dans notre quotidien. Et c'est principalement à partir des résultats de ces recherches scientifiques et de leurs applications concrètes dans la vie quotidienne que ce livre a été rédigé pour vous !

Profitez enfin de chaque instant de la vie en toute sérénité grâce au lâcher-prise !

1

CHANGER VOTRE VIE GRÂCE AU LÂCHER-PRISE

Chapitre 1

Le lâcher-prise et vous

DE QUOI PARLONS-NOUS ?

De nos jours, l'expression « lâcher-prise » est utilisée dans des situations si différentes qu'il n'est pas si simple de la définir de façon précise. Nous invitons une personne à se calmer au moindre petit haussement de ton : « Allez, calme-toi, reste zen, lâche prise, ça ira mieux ! » Chacun s'est approprié ce mot, en l'associant à sa propre expérience. D'ailleurs, si chacun de nous définissait maintenant ce qu'est le lâcher-prise, je suis certaine que nous n'obtiendrions pas deux définitions semblables !

Et si justement, avant que nous tentions d'apporter quelques éléments de réponse, vous preniez un petit temps pour vous poser la question ? Qu'est-ce que le lâcher-prise pour vous ? Spontanément, en quelques mots, je vous invite à prendre un stylo et à noter ici en une courte phrase quelle serait votre définition.

Pour moi, le lâcher-prise c'est...

....

....

L'origine du mot

Les premières traces de l'expression « lâcher-prise » semblent provenir de l'Orient, et plus précisément de l'Inde hindouiste, dans les écrits de certains maîtres spirituels indiens. Vers la fin des années 1970, de nombreux occidentaux venaient à la rencontre de ces maîtres spirituels pour se recentrer sur les valeurs essentielles de la vie. C'est à ce moment-là que s'est révélé le besoin prioritaire pour ces occidentaux de « lâcher » leur volonté de tout contrôler, de « lâcher » leurs attentes permanentes, leurs désirs reposant sur l'ego. Ils ont alors appris de ces rencontres ce que nous appelons aujourd'hui l'acceptation, cette capacité à accepter ce que la vie nous propose sur notre route, bons et moins bons événements, belles et moins belles émotions.

Les Anglais traduisent cette capacité de deux façons : soit par le verbe « to surrender », l'associant davantage au fait de « rendre les armes », cesser de se battre, capituler, préférant économiser l'énergie d'un long combat au service d'une puissance plus ponctuelle le moment venu (un coup puissant vaut mieux que 1 000 coups fébriles) ; soit par le verbe « to let go », qui signifie plutôt « laisser aller » ou « laisser tomber ».

Du côté des maîtres Yogi, le terme sanskrit exprimant le lâcher-prise, si l'on se réfère aux textes sacrés, fait référence à « l'abandon de soi », plus précisément au fait de « se déposer ». Il ne s'agit plus là de déposer les armes, mais bien de déposer une partie de soi-même, de la mettre de côté, physiquement parlant. Le ressenti se fait autant dans l'esprit que dans le corps. Lâcher prise est alors une véritable expérience physique de relâchement des tensions. La respiration et la prise en compte des sensations psycho-corporelles sont primordiales dans cet art. La sérénité de l'esprit et du corps passe, selon ces traditions, par l'oubli de notre « volonté », pour laisser place à l'abandon et à la confiance.

Si nous revenons à une définition plus occidentale et actuelle du « lâcher-prise », selon le dictionnaire Larousse, il s'agit d'un « moyen de libération psychologique consistant à se détacher du désir de maîtrise ». Dans le langage courant, le lâcher-prise est souvent associé à l'action de cesser une poursuite, une dispute, un combat ou bien de « lâcher » ce que nous tenions avec force. Il est aussi souvent rattaché au besoin des occidentaux d'accepter leurs limites, de renoncer au contrôle, mais avec une connotation négative. Lâcher prise apparaît même parfois comme une marque de « faiblesse », un renoncement, voire une forme de lâcheté pour certains.

Heureusement, et de plus en plus, les auteurs, les thérapeutes et même plus récemment les chercheurs ont finalement mis en lumière l'impact positif du lâcher-prise. Sont mis en avant le sentiment de liberté, mais aussi la légèreté, la simplicité, l'ouverture vers une nouvelle vision des choses et de la vie, l'amélioration de la gestion de nos émotions, de nos relations, de notre quotidien.

La notion de lâcher-prise est sortie depuis quelques années des cabinets de thérapie. Tout le monde veut lâcher prise sur quelque chose ! Vous ne liriez sans doute pas ce livre si ce n'était pas votre cas d'ailleurs ? Et l'un des points communs que nous avons, c'est que souvent, nous souhaitons lâcher prise pour mettre fin à un comportement, une habitude, une attitude, voire parfois à un trait de caractère que nous dérangent.

Pour mieux comprendre, il peut être intéressant de penser à ce qu'évoque pour nous le contraire du lâcher-prise. Je vous invite maintenant à vous poser cette question et à noter une nouvelle fois ce qui vous vient spontanément à l'esprit.

Pour moi, le contraire du lâcher-prise c'est...

....

....

....

Les deuils à faire

Lâcher prise revient donc aussi à faire le deuil de certaines choses, de tout ce que vous avez noté comme contraire au « lâcher-prise ». Et ce n'est pas si simple lorsqu'on y pense : nombreux sont ceux qui par exemple opposent le lâcher-prise et le « contrôle ». Lâcher prise revient alors pour ces personnes à renoncer au contrôle, c'est-à-dire à se mettre en danger, à sortir de sa zone de confort, à renoncer à une certaine sécurité.

Nous devons donc apprendre à penser et à agir différemment, et pour cela, il nous faut faire le deuil de nos « habitudes ». Imaginons une mouche enfermée dans une pièce. Elle veut en sortir, et dans ce but, elle fait appel à sa stratégie habituelle : suivre la lumière. Seulement, si toutes les fenêtres sont fermées, elle va s'épuiser à tourner en rond et à se heurter à des fenêtres. Pour surmonter cela, elle doit faire le deuil de sa stratégie habituelle et en trouver une nouvelle. Il ne s'agit pas de renoncer au résultat, mais le plus souvent de renoncer au moyen de l'atteindre, d'en trouver un nouveau.

D'une certaine façon, nous devons faire le deuil d'une partie de nous-mêmes qui s'est construite avec le temps, pour laisser place à une nouvelle facette qui ne demande qu'à s'exprimer.

Le lâcher-prise, c'est passer d'un état à un autre

En résumé, qu'est-ce que lâcher prise signifie ?

- Lâcher prise, c'est renoncer à vouloir tout contrôler
- Lâcher prise, c'est faire le deuil de nos habitudes et accepter le changement
- Lâcher prise, c'est accepter nos limites et cesser de nous battre
- Lâcher prise, c'est se faire confiance et faire confiance à la vie
- Lâcher prise, c'est laisser aller et tenir bon à la fois

- Lâcher prise, c'est se sentir enfin libre et léger
- Lâcher prise, c'est s'ouvrir à de nouveaux possibles

FAITES VOTRE BILAN

Malgré le nombre en constante augmentation d'études scientifiques s'intéressant au bonheur, depuis la naissance de la psychologie positive, il n'existe toujours pas à l'heure actuelle une technique objective permettant de mesurer précisément le bonheur d'un individu. Évidemment, il n'existe pas plus d'outil de mesure objective du lâcher-prise. Les notes que vous donnerez aux questions qui vont suivre sont totalement subjectives, nous sommes d'accord, et vous n'êtes souvent vous-même pas très sûr de vos réponses.

Pourtant, d'après les résultats de plusieurs recherches sur l'objectivité des réponses dans des questionnaires en sciences humaines, certains éléments sont intéressants à prendre en compte. Tout d'abord, l'humeur d'une personne à un moment donné influence directement sa réponse concernant l'évaluation de sa satisfaction de vie, sauf si il lui est demandé quelle est son humeur juste avant de lui soumettre le questionnaire. Autrement dit, l'une des clés permettant d'obtenir des réponses objectives et fiables est de lui demander au préalable comment elle se sent à l'instant présent.

Aussi, avant de vous proposer le moindre test d'auto-évaluation subjective de votre niveau de lâcher-prise, il me semble essentiel de vous inviter à prendre quelques secondes pour être à l'écoute de votre humeur et des émotions présentes en vous à cet instant.

Comment vous sentez-vous, là, maintenant ? Quelles émotions sont présentes en vous depuis ces dernières heures ? Prenez juste un petit moment pour noter quelques mots sur votre ressenti actuel :

....

....

....

Maintenant que vous êtes au clair avec votre humeur de l'instant, voici un premier petit questionnaire auquel je vous invite à répondre le plus sincèrement possible. Prenez le temps qu'il vous faut pour chaque question, il n'y a pas de bonne ou de mauvaise réponse. La seule réponse importante est la vôtre, la plus honnête envers vous-même.

ÊTES-VOUS PRÊT À LÂCHER PRISE ?

Avez-vous la volonté de changer ?

Sur une échelle de 0 à 10, quelle est votre volonté de changement ? Quel est votre degré de motivation à VOULOIR réussir à lâcher prise ?
(0 je ne tiens absolument pas à lâcher prise / 10 je tiens absolument à lâcher prise)

0	1	2	3	4	5	6	7	8	9	10

La force de la motivation, parfois aussi appelée la volonté, ou la puissance du VOULOIR, est une des clés primordiales de votre réussite sur le chemin du lâcher-prise !

Voulez-vous vraiment lâcher prise ? N'y a-t-il pas une petite voix au fond de vous qui vous fait hésiter à répondre 10 ? Que vous dit cette petite voix ? Que vous chuchote-t-elle de façon plus ou moins audible ? Quelles émotions s'associent à cette question ?

Auriez-vous peur d'échouer peut-être ? Si c'est le cas, il est donc préférable de se dire que cet objectif n'est pas primordial, car si je ne l'atteins pas, je limiterai ma déception ensuite face à l'échec. Un peu comme ne pas trop s'attacher à une personne pour limiter la souffrance au cas où la relation ne tiendrait pas dans la durée. Ou bien comme ne rien accrocher aux murs d'une maison en location pour limiter les travaux de réparation au moment du départ. Que se passe-t-il dans toutes ces situations ? Je ne m'investis jamais sincèrement dans une relation, et mes relations ne durent donc jamais bien longtemps. Finalement, je souffre quoiqu'il arrive... Je ne me sens pas chez moi dans cette maison, qui n'a pas d'âme et je n'ai qu'une envie c'est de déménager ! Je n'ose pas trop lâcher prise, et je n'atteins ainsi jamais cette sensation de liberté que je recherche et qui file dès que je m'en approche.

Pourtant, il est possible d'y arriver ! Et une partie de vous le sait ! Comment s'en persuader ? C'est bien là la question ! Comment puis-je être sûr(e) que je vais réussir un jour à lâcher prise ? Que je vais vraiment y arriver, et définitivement ? Est-ce vraiment possible ? Car tout commence par là ! Pour le « vouloir », encore faut-il pouvoir y « croire » !

Alors attardons-nous sur cette nouvelle question !

Êtes-vous convaincu de votre capacité à lâcher prise ?

Sur une échelle de 0 à 10, à quel point croyez-vous qu'une personne puisse vivre dans un équilibre parfait entre le lâcher-prise et le « tenir bon » dans ce qui est essentiel ?

0	1	2	3	4	5	6	7	8	9	10

Et maintenant, sur une échelle de 0 à 10, à quel point croyez-vous que VOUS parviendrez un jour à trouver un équilibre parfait entre le lâcher-prise et le « tenir bon » dans ce qui est essentiel ?

0	1	2	3	4	5	6	7	8	9	10

VOTRE EXPÉRIENCE DU LÂCHER-PRISE

Savez-vous déjà lâcher prise ?

Sur une échelle de 0 à 10, à combien évaluez-vous votre capacité à lâcher prise de façon générale dans la vie ?

0	1	2	3	4	5	6	7	8	9	10

Dans quelles situations parvenez-vous déjà à lâcher prise ?

....

....

Vous avez déjà forcément vécu plusieurs types d'expériences qui vous ont demandé un certain lâcher-prise :

- un orgasme
- un saut en parachute
- un rire aux larmes
- dire « oui » à une demande en mariage
- pleurer devant un bon film

Nous sommes tous capables de revivre cette expérience. D'ailleurs, nous sommes même en mesure de ressentir en nous physiquement ce fameux lâcher-prise ou tout au moins de nous l'imaginer. Faites-en l'expérience dès maintenant !

Votre expérience corporelle du lâcher-prise

Si je vous invite à imaginer une situation dans laquelle vous ne parvenez pas à lâcher prise, comment vous sentez-vous dans votre corps ? Quelles sensations physiques ressentez-vous ? À quel niveau ? À quelle intensité ?

....

....

....

Si je vous invite ensuite à imaginer que d'un seul coup, vous parvenez enfin à lâcher prise, réellement, totalement, et sur tout ce qui vous ferait du bien, comment vous sentez-vous dans votre corps ? Quelles sensations physiques ressentez-vous ? À quel niveau ? À quelle intensité ?

....

....

Intéressante cette expérience, n'est-ce pas ? Peut-être est-ce plus facile pour certains que pour d'autres, mais je suis sûre que vous parvenez à ressentir quoiqu'il en soit une différence dans votre corps entre ces deux situations.

POURQUOI VOULEZ-VOUS LÂCHER-PRISE ?

Il est probable qu'au moment où vous lisiez ce livre, vous ayez en tête plusieurs idées de ce que vous aimeriez « lâcher » concrètement. Peut-être avez-vous au moins une idée plus précise de ce que vous aimeriez ressentir dans votre corps, ou dans votre cœur après y être parvenu. C'est avant tout cela qui est essentiel dans votre démarche. Le lâcher-prise n'est qu'un moyen d'aboutir à quelque chose de plus profond, de plus essentiel pour vous, pour votre épanouissement personnel, pour votre bien-être, pour votre bonheur.

Quel résultat pensez-vous obtenir ?

Si vous aviez une baguette magique, sur quoi aimeriez-vous lâcher prise ? Qu'attendez-vous concrètement et idéalement comme résultat après avoir lu ce livre ?

....

....

Prenez bien le temps de répondre à cette question, car votre réponse pourra vous être utile tout au long du livre. Vous identifiez ici votre « objectif personnel de lâcher-prise » auquel nous ferons par la suite référence.

Les bénéfices du lâcher-prise

Qu'avez-vous à gagner en lâchant prise ? Imaginez que vous avez enfin réussi à lâcher prise : qu'est-ce que cela vous apporte ? Dans votre vie de tous les jours ? À court terme, à long terme ?

....

....

Et qu'est-ce que cela apporte aux autres ? À votre entourage ? À vos collègues ? À votre famille ? À vos amis ? À vos voisins ? Aux personnes que vous croisez tous les jours ? Ou à celles que vous croisez de temps à autre ?

....

....

Qu'est-ce que cela apporte par ailleurs au monde ? À la planète ? À l'humanité plus globalement ?

....

....

Ce n'est peut-être pas facile pour vous de répondre à toutes ces questions, mais je vous invite à les laisser au moins en suspens quelque part dans votre tête.

Une fois que vous avez un peu mieux identifié l'intérêt de la démarche de lâcher-prise dans laquelle vous vous lancez, il peut aussi être intéressant de vous demander ce que vous auriez à... perdre !

Qu'avez-vous à perdre en lâchant prise ?

Qu'est-ce qui vous vient là spontanément à l'esprit ? Autrement dit, que retirez-vous actuellement comme bénéfices à ne pas lâcher prise ? Qu'appréciez-vous dans la situation actuelle que vous risqueriez de perdre si vous parveniez à atteindre votre objectif personnel de lâcher-prise ?

....

....

Là encore, cette réflexion mérite un petit temps de maturation, peut-être même une discussion avec des proches. Notez ces questions quelque part, dans un coin de votre tête ou plus concrètement sur un petit carnet de bord, un cahier positif qui vous accompagnera tout au long de ce livre.

Après vous être intéressé à vous, intéressez-vous aux autres. Nous avons autour de nous déjà tellement d'exemples de réussite, de succès, de bonheur. Il ne tient qu'à nous de porter notre attention sur ces réussites qui nous entourent pour nous en inspirer. Que ce soit dans les médias, chez des célébrités ou dans notre entourage proche, inspirons-nous aussi de ceux qui ont réussi à lâcher prise en dehors des laboratoires, dans la vie de tous les jours !

COMMENT ONT-ILS FAIT POUR LÂCHER PRISE ?

Nous connaissons toutes et tous des personnes qui nous inspirent, parfois professionnellement, parfois humainement, parfois socialement, ou même tout simplement dans un domaine qui nous passionne. Plutôt que de les envier, de les jalouser ou de nous comparer à elles, nous avons tout intérêt à nous en inspirer ! C'est l'une des bases de la psychologie positive, cette science qui étudie ce qui fonctionne, afin de pouvoir en ressortir des éléments d'inspiration et de passage à l'action pour plus de bonheur et de réussite au niveau individuel, interpersonnel, institutionnel ou sociétal.

Que diriez-vous de nous inspirer dans ce livre de quelques personnalités plus ou moins connues ou appréciées des Français, qui ont réussi en grande partie parce qu'elles sont parvenues à lâcher prise. Je vous propose de lire les histoires suivantes comme si vous en découvriez chaque élément avec un regard neuf, même si vous pouvez déjà avoir entendu parler de ces parcours de vie. Apprenez à écouter, à voir le monde avec un regard neuf, libéré de toute croyance, de toute certitude.

Et puisque nous sommes en plein cœur d'un livre sur le lâcher-prise, choisissez dès les premières lignes de vous « focaliser » sur une « intention » : trouvez par vous-même des clés pour avancer vers votre objectif personnel de lâcher-prise ! Comment ces histoires de vie peuvent-elles vous inspirer ?

LA PARABOLE DES GOÉLANDS DE ST. AUGUSTINE

Dans la jolie ville de St. Augustine, en Floride, de grandes bandes de goélands meurent de faim dans l'abondance. La pêche est toujours bonne, mais les goélands ne savent pas pêcher. Depuis des générations, ils comptent sur les pêcheurs de crevettes qui leur lancent les déchets des filets. Maintenant, les bateaux sont partis…

Les pêcheurs de crevettes avaient créé un état providence pour les goélands. Les grands oiseaux n'ont jamais pris la peine de pêcher et n'ont jamais appris à leurs petits à pêcher. Ils les conduisaient jusqu'aux filets à crevettes.

Maintenant, les goélands, ces beaux oiseaux libres qui sont un symbole de liberté, meurent de faim parce qu'ils se sont laissés prendre au leurre du secours sans effort. En contrepartie, ils ont sacrifié leur indépendance à une aumône.

Aimée Mullins, la femme aux 12 paires de jambes

Comment cette petite fille née sans tibia et amputée des deux jambes à 1 an a-t-elle pu devenir une athlète olympique et l'une des égéries de L'Oréal ?

Impliquée très jeune dans le sport, Aimée Mullins n'a jamais rencontré d'autres amputés avant ses 17 ans. Puis elle a entendu parler de ces rencontres sportives entre coureurs handicapés, et elle s'est dit qu'il fallait qu'elle se renseigne, et avant de juger, elle devait voir ce que c'était vraiment. Elle-même inspirée par un athlète amputé d'une jambe qui réussit des sauts en hauteur incroyables en courant à cloche-pied pour y parvenir (O'Brien a sauté 1 m 55 à Atlanta), Aimée remporte la course et bat même le record national ! Elle expérimente, elle y croit, et s'en donne les moyens. Après plusieurs exploits et beaucoup d'entraînement, elle rejoint l'équipe féminine paralympique américaine. Son coach lui dit un jour, alors qu'avec la chaleur, Aimée craignait de perdre sa jambe en pleine course devant 5000 personnes : « Aimée, tes jambes tombent et alors ? Tu les ramasses, tu remets le p** de truc, et tu finis cette maudite course ! »

Puis, qualifiée pour les jeux paralympiques de 1996, elle se lance un nouveau challenge en étant la seule femme double amputée à concourir pour du saut en longueur ! Et alors qu'elle venait de terminer ce fameux saut en longueur, un homme à qui il manquait les deux jambes est venu vers elle et lui a demandé : « Comment faites-vous cela ? Vous savez, nous sommes censés avoir les pieds à plat, sinon nous ne pouvons pas décoller du tremplin. ». Elle a répondu : « Hé bien, je l'ai juste fait. Personne ne m'avait dit que c'était impossible. »

UNE CLÉ POUR LÂCHER PRISE

« Ils ne savaient pas que c'était impossible alors ils l'ont fait », a écrit Mark Twain. Comme « eux », lâchons prise du mot « impossible ». Tout est possible, il suffit de trouver le bon moyen d'y parvenir ! Pour cela, sortons des chemins tout tracés, soyons créatifs, innovons et créons notre propre chemin !

Jean-Jacques Goldman

Comment ce « gentil dadais » est-il devenu une inspiration pour des générations entières de jeunes chanteurs ?

Jean-Jacques Goldman lance son premier album solo en 1981. Ce premier album plantera le décor sonore auquel Jean-Jacques restera fidèle tout au long de sa carrière, le « style Goldman » est né !

Ce premier disque d'un parcours en solo laisse déjà percer la volonté de ne pas sacrifier le fond à une forme musicale exceptionnelle. Indiscutablement, les textes révèlent un auteur à part dans le paysage de la chanson française. Goldman tourne le dos à une certaine tradition. Il ne glorifie pas la rue, la laideur, la crasse ou la violence qui nourrissaient jusque-là un certain nombre de chansons. C'est à ce moment-là aussi qu'il se fait remarquer pour son timbre de voix bien particulier. Habitué à interpréter ses textes en anglais, sa tessiture de voix très aiguë a du mal à s'accorder avec le français. Il traversera alors une période de critiques assez sévères. Côté voix, par la suite, Goldman reprendra ses premiers titres en les baissant de deux à trois tons, son style sera plus abouti, plus affiné. Et le public lui ne s'y trompe pas. « Quand la musique est bonne » ne met que quelques semaines à s'octroyer la première place des tops.

Goldman n'a pas une nature à vouloir s'imposer, réussissant au-delà de ses espérances. Quelques-unes de ses chansons plus personnelles contribuent à argumenter en faveur d'un personnage public intègre. À aucun moment il ne sera question d'évoquer sa vie privée. Goldman fait cohabiter les genres avec bonheur et originalité sans jamais se trahir. Il n'a jamais renoncé, malgré les épreuves, car il a réussi à « lâcher prise ». Il a gardé confiance suite à ses mauvaises expériences, il a rebondi suite aux critiques, il est resté discret malgré un harcèlement des médias. Tout cela a été possible pour lui, car il a su rester intègre et s'est bien entouré.

UNE CLÉ POUR LÂCHER PRISE

Développons notre autonomie ! Nous pouvons nous entourer de personnes qui nous poussent vers l'autonomie et non de gens qui nous rendent dépendants d'eux. Nous avons en nous les capacités d'agir pour notre propre survie et bien plus, pour notre propre épanouissement !

Mimi Mathy

Comment cette jeune femme d'1 mètre 32 est-elle devenue une des actrices les plus appréciées des Français ?

Dès sa naissance, ses parents se sont vite aperçus que leur fille ne serait jamais aussi grande que les autres, du moins par la taille ! Malgré cette différence, ils ont toujours voulu lui inculquer une philosophie positive de la vie et l'ont souvent laissée se débrouiller, en lui disant : « Si tu n'y arrives pas, prends une chaise ! » Elle a ainsi développé son autonomie et expérimenté que lorsque nous voulons quelque chose, quels que soient les obstacles, il ne tient qu'à nous de nous donner les moyens de l'obtenir.

Un soir, elle prend son courage à deux mains pour aborder le chanteur Michel Fugain alors que le « Big Bazar » se produit à Lyon. Le chanteur l'écoute et lui conseille de terminer ses études. Elle ne se décourage pas et continue ses études en gardant espoir ! En 1979, Michel Fugain rappelle Mimi. Aussitôt, alors qu'elle n'a que 22 ans, elle abandonne sa licence et ose partir seule à Nice pour suivre le projet. En 1982, alors qu'elle a décidé de partir directement à Paris pour percer, Mimi Mathy écrit un one-woman-show intitulé : « Elle voit des géantes partout ». Jean-Claude Martin lui propose de la mettre en scène et lui trouve un théâtre : le Point Virgule. Dans ce spectacle, Mimi va faire de sa différence physique un atout dans la représentation du personnage !

Combien d'histoires de vie parmi les personnalités les plus célèbres comme celles d'Aimée Mullins, de Jean-Jacques Goldman ou de Mimi Mathy peuvent aider des personnes comme vous et moi à trouver la force de réaliser leurs rêves en lâchant prise sur des obstacles de taille ? Leurs points communs : croire en leur rêve, tenir bon, se donner les moyens, garder toujours l'espoir, oser, passer à l'action, bien s'entourer... Mais plus proches de nous, d'autres personnes, dans notre vie, peuvent également devenir une source d'inspiration : notre famille, nos amis.

UNE CLÉ POUR LÂCHER PRISE

Pensez à une personne de votre entourage qui, selon vous, détient vraiment une belle capacité à lâcher prise, dans une situation en particulier ou de façon générale. Fermez les yeux et rappelez-vous ou imaginez comment cette personne y parvient. Que fait-elle ? Que dit-elle ? Que ressent-elle ? Comment se tient-elle ? Imaginez que vous pouvez devenir exactement comme elle et ressentez les bienfaits de cette expérience.

LA PARABOLE DE LA GRENOUILLE

Il était une fois une course de grenouilles. Le but de cette course était d'atteindre le sommet d'une haute tour. De nombreuses personnes se réunirent pour les voir et les soutenir. La course débuta.

En fait, les spectateurs croyaient qu'il était impossible pour les grenouilles d'atteindre le sommet de la tour, et tous les commentaires qu'on pouvait entendre étaient de cette nature :

« Quelle peine ! Elles n'y arriveront jamais ! »

Les grenouilles commencèrent à douter d'elles-mêmes. Les spectateurs ont poursuivi : « Quelle peine ! Elles n'y arriveront jamais ! »

Et les grenouilles, une par une, acceptèrent leur défaite, à l'exception d'une grenouille qui continua à escalader, et qui avec un énorme effort sur la fin, atteignit le sommet de la tour.

Une des grenouilles, qui avait renoncé, s'approcha de la victorieuse pour lui demander comment elle avait fait pour terminer la course. Et elle découvrit que la grenouille était sourde !

Lâcher prise, c'est donc passer d'un état à un autre, d'une habitude de penser et d'agir à une autre, et le chemin pour y parvenir n'est pas toujours facile, car nos vieilles habitudes ont la vie dure. Et des obstacles nous freinent sur ce chemin vers la liberté. Que nous en soyons conscients ou non, notre éducation et nos expériences de vie, nos croyances et nos traumatismes sèment notre chemin d'embûches. Prenons le temps dans le chapitre suivant de mettre en lumière ces obstacles, afin de trouver en nous les moyens de les surmonter et d'être enfin disponibles pour passer à l'action.

Chapitre 2
Les obstacles au lâcher-prise

PREMIER OBSTACLE : L'IMPUISSANCE ACQUISE PAR NOTRE PESSIMISME

Ouvrez la cage à votre oiseau !

Imaginez un oiseau dans une cage verrouillée qui apprend à force de voler et de se heurter aux barreaux qu'il est incapable de s'échapper. Peu importe ce qu'il fait, il ne peut pas voler librement. Puis, un beau jour, imaginez la porte de la cage qui est accidentellement laissée ouverte. Les circonstances ont changé, mais l'oiseau continue à agir comme si ce n'était pas le cas. Il pourrait maintenant voler librement, et sortir de sa cage, mais il ne le fait pas. Il agit comme s'il était encore piégé et coincé.

Le professeur Martin Seligman, avant de devenir le père fondateur de la psychologie positive (voir le chapitre 5), a longtemps étudié ce phénomène et l'a nommé « l'impuissance apprise » (ou impuissance acquise ou résignation acquise).

Le chercheur et ses équipes ont mis en évidence cet état psychologique qui résulte d'un apprentissage dans lequel la personne (ou l'animal) a fait l'expérience de son « absence de contrôle » (son impuissance) sur les événements survenant dans son environnement. Imaginons une personne qui, depuis son enfance, s'est toujours entendue dire par son père « c'est déjà bien, mais tu aurais pu faire mieux j'en suis sûr ! » à chaque fois qu'elle ramenait un résultat scolaire ou sportif à la maison. Elle a appris par ces répétitions que, quels que soient les efforts qu'elle fournissait, quels que soient ses résultats, ils n'étaient jamais assez bons et ne le seront jamais. Si bien qu'arrive un moment où cette personne se sent « impuissante » face à toute situation où elle est évaluée. Cet état l'amène ensuite à garder une attitude résignée ou passive, ne pouvant même plus envisager des possibilités d'action ou le moindre espoir de voir les choses changer. Il est question d'impuissance « apprise », car elle persiste même lorsqu'une action aurait pu finalement être efficace. Dans notre exemple, il est évident qu'en s'entraînant bien, la personne en question pourrait réellement obtenir de bons résultats à un examen ou à un concours sportif. Mais cela semble désormais impossible pour elle.

C'est ainsi que nous nous sentons parfois enfermés dans une cage, sans même pouvoir envisager qu'une simple action de notre part pourrait nous libérer et nous permettre enfin de « lâcher prise » !

Martin Seligman a en particulier mis en évidence un facteur décisif de l'impuissance acquise : le niveau de pessimisme de l'individu. Plus un individu est pessimiste, plus il se résigne rapidement face à la difficulté et plus il développe ce sentiment d'impuissance, qui pourrait donner la sensation qu'il lâche prise facilement, mais qui en fait l'amène à « abandonner », par peur de ne pas y arriver. Il n'avance alors plus car il se retrouve dans l'incapacité de lâcher prise sur sa peur qui l'immobilise.

L'un des principaux obstacles à notre lâcher-prise serait donc selon Martin Seligman notre impuissance acquise en conséquence de notre pessimisme.

UNE CLÉ POUR SURMONTER CET OBSTACLE : DÉVELOPPEZ VOTRE OPTIMISME !

Bonne nouvelle, d'autres recherches de l'équipe de Martin Seligman ont mis en évidence aussi qu'à l'opposé, les personnes optimistes se révélaient nettement moins sensibles à ce sentiment d'impuissance, et parvenaient ainsi à « tenir bon » face aux difficultés, n'abandonnant pas grâce à leur croyance en leur capacité de changer les choses. Et mieux encore, il est possible pour un pessimiste, grâce à une « psychothérapie positive» (l'approche de la psychothérapie s'appuyant sur les recherches de psychologie positive), d'apprendre à développer son optimisme et ainsi d'apprendre à lâcher prise de cette impuissance apprise.

DEUXIÈME OBSTACLE : LE CONDITIONNEMENT CLASSIQUE DE NOTRE ENFANCE

Selon les chercheurs en psychologie comportementale, le conditionnement classique serait l'un des principaux obstacles au lâcher-prise. Le principe du conditionnement classique est simple : nous agissons toujours en fonction de nos expériences vécues répétées. J.B. Watson, psychologue comportementaliste américain, fit entre autre une expérience sur les comportements qui relevaient de ce type de conditionnement. Son équipe de chercheurs a tenté une expérience sur un jeune enfant : « l'expérience du petit Albert ». Au début, une petite souris blanche est présentée au petit Albert, qui se réjouit de la présence de l'animal. Mais à chaque fois que cette souris lui est présentée, Watson provoque volontairement un bruit fort et désagréable qui panique le petit garçon et le fait pleurer automatiquement. À force de répétitions, Watson crée ainsi chez l'enfant une peur de la souris blanche à laquelle il a inconsciemment associé l'émotion que provoque en lui ce fameux bruit.

Finalement, à la simple vue de la petite souris, l'enfant se met à paniquer et à pleurer. Et très vite, cette même panique et ces pleurs se généralisent envers les lapins blancs et tous les autres animaux à poil blanc, mais aussi envers les manteaux de fourrure blanche. Il ne sera alors pas facile pour cet enfant de lâcher prise sur sa peur des lapins blancs et autres animaux à poil blanc.

UNE CLÉ POUR SURMONTER CET OBSTACLE : DÉSENSIBILISEZ-VOUS DE CERTAINS CONDITIONNEMENTS

Pour se libérer d'un conditionnement classique, il est déjà important d'en prendre conscience, de l'identifier, puis de trouver de nouveaux comportements à adopter face à une situation donnée. Plusieurs thérapies comportementales proposent par exemple pour cela la technique de la « désensibilisation systématique en immersion ». Elle permet de faire disparaître petit à petit le comportement dont nous voulons nous libérer (pour le petit Albert par exemple, la peur et les pleurs) en nous confrontant progressivement à des situations de la moins effrayante à la plus effrayante (fourrure blanche, lapin blanc, souris blanche) et en apprenant à chaque fois et à notre rythme à accueillir, canaliser et nous libérer de ce comportement qui nous gêne (les pleurs puis la peur). L'objectif est que nous puissions à nouveau nous sentir naturellement bien dans cette même situation (que l'enfant puisse à nouveau se réjouir de la présence de la petite souris).

TROISIÈME OBSTACLE : LE CONDITIONNEMENT OPÉRANT DE NOTRE PROPRE EXPÉRIENCE

Toujours selon les comportementalistes, il existe deux grands types de conditionnement : le conditionnement classique (obstacle précédent) et le conditionnement opérant. Dans le premier cas, la situation qui provoque notre gêne est liée à un événement extérieur (la présence d'une souris blanche) tandis que dans le second, il s'agit d'une action de l'individu lui-même qui provoque une récompense ou une gêne. Par exemple, si lorsqu'un animal appuie sur un levier, une boulette de nourriture lui est délivrée, il apprendra rapidement à appuyer sur celui-ci. C'est son action qui « provoque » la survenue d'une récompense. En revanche, s'il appuie sur un autre levier et qu'il reçoit une petite décharge électrique, il apprendra tout aussi rapidement à ne plus appuyer sur celui-ci. Il aura appris que son action « provoque » la survenue d'une sensation désagréable. Dans ce second conditionnement dit « opérant », ce sont les conséquences positives ou négatives d'un comportement qui, en retour, entraînent l'augmentation ou la diminution du comportement lui-même. C'est ainsi par exemple que l'enfant va plus ou moins pleurer lorsqu'il tombe en fonction de la récompense (des bisous, des câlins, des bonbons..) ou de la « sanction » (absence de réaction des adultes, réprimande du type « Arrête de pleurnicher ! », cris ou punition) qu'il obtiendra suite à sa réaction (pleurs). Mais attention, les récompenses positives ne conditionnent pas toujours de la meilleure façon. Si l'enfant reçoit un bonbon à chaque fois qu'il pleure, il va apprendre que la seule chose qui peut le réconforter c'est de manger des sucreries. Et c'est ainsi qu'un adulte se trouve dans l'incapacité de lâcher prise de ses compulsions alimentaires en cas de déception, de tristesse, de frustration, ou autre émotion désagréable.

UNE CLÉ POUR SURMONTER CET OBSTACLE : TRANSFORMEZ VOS CONDITIONNEMENTS !

Une autre technique dite de « contre-conditionnement » consiste à associer progressivement l'action de départ à quelque chose d'agréable. L'objectif est de « réapprendre » que lorsque je fais telle action, le résultat de cette action vécu avant comme une « sanction » est désormais vécu comme une « récompense » bien agréable. Dans le cas des compulsions alimentaires, il s'agira alors de confronter l'adulte à des nouvelles solutions qui l'apaisent en cas de déception ou de tristesse, pour remplacer son habitude de « manger des sucreries » (associée à des émotions désagréables de culpabilité, de manque de contrôle de soi, etc.) par une nouvelle habitude comme méditer ou faire du sport, par exemple (associée à des émotions agréables de contrôle de soi, d'estime de soi, etc.).

QUATRIÈME OBSTACLE : LES CROYANCES LIMITANTES ACQUISES DANS NOTRE ÉDUCATION

Une croyance est un processus mental par lequel une personne croit « dur comme fer » à une idée ou une opinion, qu'elle considère comme une vérité absolue et irréfutable. Selon D. Winnicott, pédiatre, psychiatre et psychanalyste anglais, le rapport de l'individu à ses croyances est déterminé avant tout par sa relation à sa mère. Selon lui, toutes ses relations aux autres et à la vie seront « conditionnées » par ces croyances développées à partir de la relation de cet individu avec sa mère dès son plus jeune âge. Par exemple, imaginons une mère qui réconforte son enfant, le protège en le prenant dans ses bras à chaque fois qu'ils montent ensemble dans un ascenseur, en répétant : « N'aie pas peur, je suis là, il ne va rien t'arriver ». En grandissant, l'adulte aura intégré non seulement que les ascenseurs peuvent être dangereux, mais qu'en plus, pour éviter le danger, il a besoin de sa mère ou au moins d'être protégé par une personne aimante et rassurante.

Par la suite, d'autres psychologues ont élargi le champ des influences de nos croyances à nos deux parents, puis aux différents éducateurs que nous croisons dans notre vie. Plus nous sommes attachés et/ou plus nous croyons en la « bonne parole » d'une personne ou d'un média, plus nous intégrons ses croyances au point de nous les approprier si elles nous sont régulièrement répétées.

Un autre phénomène vient renforcer nos croyances : le comportement de « prophétie auto-réalisatrice ». Lorsque les comportements d'une personne sont modifiés par une croyance, elle peut parfois inconsciemment agir en fonction de cette croyance et favoriser ainsi ce que prédisait cette dernière. Par exemple, lorsqu'une crise du pétrole est annoncée, les médias parlent d'une éventuelle pénurie d'essence à venir. La « bonne parole » des médias impacte directement sur notre croyance « en cas de crise de pétrole, il y a forcément pénurie d'essence ». Si plusieurs médias en parlent, cela renforce la croyance, et alors nous agissons dans son sens en allant vite faire notre plein d'essence. Conséquence : l'approvisionnement massif de la population crée une réelle pénurie d'essence. La prophétie était juste, la croyance était juste, la croyance n'en est qu'encore plus renforcée. Au niveau de l'individu, si une personne superstitieuse croit que les chats noirs portent malheur et qu'elle voit un chat noir, le signe maléfique peut tellement la déstabiliser qu'elle peut adopter un comportement à risques qui peut l'amener à vivre un réel malheur. Celui-ci viendrait se justifier par la présence du chat noir dans son esprit et ainsi renforcer encore plus sa croyance de départ.

Voici quelques exemples de croyances limitantes que l'on peut acquérir et qui peuvent devenir de réels obstacles à notre capacité à lâcher prise :

- **mon bonheur ne dépend que de mon environnement extérieur : FAUX**
  Des expériences ont démontré que notre bonheur ne dépendait que de 10 % de notre environnement extérieur ;
- **mon malheur est génétique, je ne pourrai jamais être heureux : FAUX**
  Des expériences ont démontré que notre bonheur ne dépendait que de 50% de notre héritage génétique, et qu'en plus en développant notre optimisme, nous pouvions même transformer nos gènes ;
- **mon bonheur dépend uniquement de celui des autres (principe de codépendance) : FAUX**
  Des expériences ont démontré par exemple que si le bonheur de leur femme augmente le bonheur de ces messieurs, à l'inverse, le « trop » de bonheur de leur mari diminue le bonheur de ces dames. Un couple aura donc beaucoup plus de chance de perdurer si les deux individus ont un même niveau de bonheur, ou si la femme est plus heureuse que l'homme ;
- **les belles personnes sont plus heureuses que les moins belles : FAUX**
  Des expériences ont démontré qu'il n'y avait pas de lien significatif entre la beauté d'une personne et son niveau de bonheur, en revanche, un lien plus évident serait fait entre la ressemblance avec notre entourage et notre niveau de bonheur. Plus nous nous sentons intégrés, plus nous sommes heureux…

UNE CLÉ POUR SURMONTER CET OBSTACLE : LIBÉREZ-VOUS DE VOS CROYANCES LIMITANTES !

Dans le cadre de thérapies cognitives, une technique revient souvent pour se libérer d'une croyance limitante acquise : il s'agit de la déprogrammation / reprogrammation (technique aussi utilisée en PNL – Programmation Neuro Linguistique). Dans un premier temps, le patient identifie ses croyances limitantes, puis il remonte à l'origine de ces croyances pour en identifier la situation source. Ensuite, il réinterprète différemment cette situation source à l'aide de nouvelles croyances constructives, pour enfin réanalyser sa croyance limitante de départ et s'en libérer. Par exemple, une femme identifie une croyance qui la limite dans sa vie amoureuse : « tous les hommes sont des menteurs ». Elle remonte à l'origine de cette croyance à l'aide de son thérapeute et se rappelle avoir entendu sa mère lui répéter cette phrase à plusieurs reprises sans trop bien comprendre pourquoi à cette époque. Elle réinterprète cette situation de départ, par exemple en imaginant que sa mère n'ayant à ce moment-là pas très confiance en elle, ne parvenait pas à faire confiance aux autres et s'imaginait souvent que ces derniers lui mentaient. Elle remettait d'ailleurs aussi souvent en question la parole de sa fille, même lorsque celle-ci se rappelle avoir été vraiment sincère. Peut-être finalement sa mère n'avait-elle pas toujours raison ? Donc peut-être certains hommes sont-ils sincères comme elle pouvait l'être ? C'est le début de la libération d'une croyance limitante.

CINQUIÈME OBSTACLE : LES ANCRAGES DE NOS TRAUMATISMES

Une personne ayant vécu un traumatisme garde en mémoire l'expérience complète y associant ce qu'elle a vu, entendu, senti, touché, perçu, etc. Lorsqu'une personne a été traumatisée, son cerveau ne semble pas traiter l'information comme il le devrait et, par la suite, tout ce qui peut faire référence à cette expérience ravive automatiquement les pires émotions de ce moment traumatisant. C'est ainsi qu'une personne peut faire une crise de panique si elle entre dans une pièce où règne une odeur proche de celle présente lors de son traumatisme. Toutes ces associations sont des ancrages qui relient une couleur, une odeur, une personne, un objet, un lieu à une émotion très forte de façon totalement irraisonnée, mais totalement incontrôlable. La personne est alors incapable de lâcher prise sur ses réactions qu'elle ne comprend pas, même si elle désire plus que tout au monde s'en libérer.

UNE CLÉ POUR SURMONTER CET OBSTACLE : LIBÉREZ-VOUS DE VOS SOUFFRANCES POST-TRAUMATIQUES !

De nos jours, les thérapies qui ont été prouvées comme étant les plus efficaces (jusqu'à 80% de taux de réussite) sur l'État de Stress Post-Traumatique (ESPT) sont les thérapies cognitivo-comportementales (TCC), et en particulier la thérapie EMDR (*eye movement desensitization and reprocessing*). Par une alternance de mouvements oculaires, cette thérapie permet de relancer un traitement

→

naturel des informations douloureuses bloquées qui n'ont pas pu avoir lieu au moment du traumatisme. Elle ne permet pas d'effacer, de changer ou de minimiser le souvenir, mais de libérer, de « lâcher prise » de la souffrance qui y était jusque-là associée de façon inappropriée. Ainsi, de nombreuses personnes ayant été victimes de l'attentat du 11 septembre ont vécu un véritable traumatisme. Ce jour-là, le choc a été si fort que l'information n'a pu être traitée efficacement pour beaucoup, et l'émotion de peur est restée tellement bloquée, que le moindre bruit de claquement de porte pouvait chez certains provoquer une réelle crise d'angoisse et les empêcher de dormir au point de devenir insomniaque. Grâce à une TCC, et en particulier à des thérapies EMDR, de nombreuses personnes ont pu se libérer de leur blocage traumatique, revivant l'événement avec de plus en plus de recul, détachant progressivement l'émotion bloquée des informations « objectives » du moment comme les bruits, les odeurs, les personnes, les couleurs, etc. L'objectif est qu'ensuite ces personnes puissent à nouveau entendre un bruit de claquement de porte et l'interpréter comme tel sans émotion particulière.

Nous sommes tous amenés à rencontrer des difficultés dans la vie, mais elles ne deviennent des problèmes que si nous n'apprenons pas à les gérer mentalement et émotionnellement.

Nous pouvons nous poser la question : est-il finalement possible pour un être humain d'évoluer, de grandir en évitant tous ces obstacles ? Ils sont immiscés dans nos vies au quotidien depuis notre naissance et nous ne pouvons y échapper. Heureusement, nous pouvons apprendre à les surmonter, voire à les éviter par la suite, et ce, à tout âge. Lâcher prise, c'est aussi accepter pour mieux changer, alors acceptons de faire face à tous nos conditionnements, toutes nos croyances, toutes nos peurs et préparons-nous à nous en libérer ! Après avoir identifié l'état initial qui est le vôtre, l'état idéal auquel vous souhaitez parvenir et les obstacles qui vous empêchent de l'atteindre, nous allons pouvoir maintenant nous intéresser aux ressources, aux moyens qui vont vous permettre de passer d'un état à l'autre. Le chapitre suivant se propose ainsi de vous initier à différentes techniques de psychologie positive reconnues et validées par la science.

Chapitre 3
La psychologie positive au service du lâcher-prise

DÉFINITION ET ORIGINE DE LA PSYCHOLOGIE POSITIVE

Pourquoi attendre d'aller mal pour aller mieux ?

Les sciences humaines s'intéressent depuis des siècles à la psychologie humaine, en particulier sous l'angle de ses troubles, de ses maladies, de ses symptômes. Les chercheurs et psychologues ont longtemps focalisé leur attention sur les raisons de ces dysfonctionnements et les solutions pour retrouver un fonctionnement dit « normal ». Leur intention était de permettre à des personnes, des groupes, des institutions de passer d'un état de -5 à 0 sur une échelle de bien-être.

Or, depuis la fin des années 90, un nouveau courant de psychologie a vu le jour, s'intéressant désormais à ce qui fonctionne. Les chercheurs et psychologues de ce courant focalisent leur attention sur les points communs de ces bons fonctionnements et les solutions transférables pour favoriser un meilleur fonctionnement pour tous. Leur but est de permettre à des personnes, des groupes et des institutions de passer de 0 à +5 sur cette même échelle de bien-être. C'est le début de la psychologie positive.

La psychologie positive est donc par définition l'étude scientifique du fonctionnement optimal (c'est-à-dire de ce qui fonctionne dans les meilleures conditions possibles) des individus, des relations interpersonnelles (couple, amis, voisins), des groupes (famille, collègues, foule), des institutions (écoles, armées, hôpitaux), des entreprises et de la société (politique, économique, écologique, géopolitique, environnementale, citoyenneté...).

Partant du postulat que le but ultime de chaque individu est l'épanouissement personnel, la psychologie positive se définit aussi comme l'étude des conditions favorables qui influencent le bien-être subjectif, autrement dit l'étude de tout ce qui peut faciliter le bonheur de chaque personne.

C'est en 1998 que Martin Seligman, alors président de l'Association Américaine de Psychologie, invite ses collègues à s'intéresser de plus près à ses recherches autour de l'épanouissement et du bien-être subjectif. Depuis, les recherches se sont multipliées, et après s'être intéressés aux facteurs du bonheur de façon générale, puis aux facteurs de longévité ou aux facteurs de réussite, les chercheurs ont porté leur attention sur les facteurs d'adaptation aux difficultés. Comment font certaines personnes pour se remettre d'événements traumatiques ? Comment font certaines personnes pour être heureuses malgré la maladie, malgré le décès d'un proche, malgré toutes les difficultés rencontrées dans leur vie ? Comment font-elles pour lâcher prise ?

Ce chapitre sera donc entièrement consacré à tout ce qui a été prouvé scientifiquement et qui peut nous être utile pour notre démarche d'apprentissage du « lâcher-prise ».

DES TECHNIQUES POSITIVES POUR LÂCHER PRISE

Stimuler nos émotions positives

Barbara Fredrickson, psychologue et chercheuse américaine, s'est spécialisée en psychologie positive dans l'étude scientifique du bon fonctionnement de nos émotions. Selon elle, et plusieurs de ses recherches à l'appui, plus une personne est heureuse, plus elle aime être heureuse ; plus elle aime être heureuse et plus elle est heureuse. Il s'agit de ce fameux cercle vertueux !

Au cours de l'une de ses recherches, Barbara Fredrickson a proposé à des participants de visionner des films montrant des scènes de joie, de peur ou de colère. Ensuite, ces participants devaient écrire une liste de tout ce qu'ils auraient aimé faire juste après avoir vu le film. Les personnes ayant vu des films comiques avaient une liste systématiquement plus longue que celles ayant vu des films effrayants ou choquants : regarder un film joyeux stimule donc davantage l'imagination et la motivation à passer à l'action qu'un film triste.

La psychologue américaine déduit de cette expérience qu'il est donc possible d'accroître nos émotions positives en s'exerçant à en éprouver davantage. Vivre des émotions positives élargit nos possibilités, nous permet de focaliser notre attention sur un nombre plus important d'actions possibles à réaliser.

Basculer d'une émotion peu agréable vers une émotion plus agréable, ne serait-ce qu'en regardant un simple film, peut aider à lâcher prise et à passer ensuite plus facilement à l'action en favorisant l'émergence d'émotions positives.

UNE CLÉ POUR LÂCHER PRISE

La prochaine fois que nous ressentons une émotion peu agréable, que ce soit de la peur, de la tristesse, de la déception, de l'anxiété, du stress, peu importe, accordons-nous ne serait-ce que dix minutes pour aller regarder des vidéos humoristiques sur Internet. Puis faisons une liste de tout ce que nous pourrions faire dans la foulée pour nous faire plaisir !

Exprimer nos émotions positives et négatives

Sonja Lyubomirsky, professeur au département de psychologie de l'université de Californie, s'est particulièrement intéressée à l'étude des émotions. Avec ses collaborateurs, ils ont mis en évidence l'une des clés du lâcher-prise grâce à l'expérience suivante : le lâcher-prise est facilité par l'expression « écrite » des émotions négatives et par l'expression « orale » des émotions positives. En effet, durant trois jours d'affilée, quinze minutes par jour, un premier groupe devait se rappeler les trois pires expériences de sa vie et les noter par écrit, un deuxième groupe devait se contenter de parler de ses trois pires expériences, tandis qu'un troisième groupe contrôle ne devait rien faire de particulier durant ces trois jours. Une batterie de tests sur leur satisfaction de vie et sur leur état de santé physique leur a été proposée, avant l'expérience puis quatre semaines plus tard.

Résultat : au départ, aucune différence significative entre les trois groupes, mais quatre semaines plus tard, la satisfaction de vie et la santé physique des sujets ayant écrit sont significativement supérieures à celles des autres groupes, et dans le groupe n'ayant pas écrit, mais juste évoqué à l'oral ses pires expériences, la satisfaction et la santé se sont même dégradées.

Conclusion : pour lâcher prise sur ses expériences négatives, mieux vaut les poser par écrit plutôt que les ressasser à l'oral ou dans sa tête.

En revanche, si l'on fait la même expérience, mais en demandant aux sujets d'évoquer les trois plus belles expériences de leur vie, le résultat est totalement inversé : les sujets ayant écrit voient leur satisfaction et leur santé se dégrader, tandis que ceux ayant évoqué à l'oral leurs expériences les ont vues significativement augmenter par rapport aux deux autres groupes.

UNE CLÉ POUR LÂCHER PRISE

Écrivons nos pires expériences (pour nous libérer de l'emprise des émotions négatives) et partageons de vive voix régulièrement nos plus belles expériences (pour augmenter l'impact émotionnel positif).

Patienter agréablement avec « l'adaptation hédonique »

Face à un événement agréable, l'adaptation hédonique est ce qui fait que le plaisir et le bonheur auxquels nous nous attendons ne vont pas perdurer longtemps et que nous revenons presque inexorablement à notre niveau de bonheur de départ. Par exemple, les gagnants du loto retrouvent leur niveau de bonheur précédant leur gain, en moyenne en à peine 18 mois. De la même façon, face à un événement désagréable, malgré ce dernier et les émotions négatives ressenties, nous nous mettons à éprouver à nouveau rapidement des émotions positives et nous revenons à notre niveau de bonheur nominal. Par exemple, une personne victime d'un accident qui la rend tétraplégique retrouve elle aussi son niveau de bonheur d'avant son accident en moyenne en à peine 18 mois.

UNE CLÉ POUR LÂCHER PRISE

Quels que soient les événements que nous vivons, sans faire de démarche spécifique, nous parviendrons naturellement à lâcher prise en moyenne en 18 mois. Ceci dit, durant ces 18 mois, nous prendrons nettement plus de plaisir si nous avons vécu un événement agréable plutôt qu'un événement désagréable, alors multiplions nos occasions de vivre de belles expériences, cela nous aidera à mieux vivre l'attente de l'adaptation suite aux événements moins agréables !

Développer son optimisme

Martin Seligman a longuement étudié les points communs aux personnes les plus heureuses, et l'un deux ressort de façon significative : leur optimisme. Le chercheur s'est ensuite intéressé de plus près aux facteurs de l'optimisme et a retenu les résultats suivants : un optimiste a une tendance naturelle à rendre permanents les moments positifs (permanence du positif) et à se dire que les moments négatifs ne vont pas durer (non-permanence du négatif). Les émotions positives ressenties dans l'un des domaines de sa vie contaminent les autres domaines (généralisation du positif), mais l'inverse n'est pas vrai (non-généralisation du négatif). Enfin, un optimiste a conscience de sa participation à ses propres réussites (intériorisation du positif), ainsi qu'à ses propres difficultés, mais sous forme de responsabilité et non de culpabilité.

UNE CLÉ POUR LÂCHER PRISE

Pour lâcher prise, ayons confiance en l'avenir : le meilleur reste à venir. Nous avons en nous la capacité d'y contribuer. Amorçons déjà une action positive dans l'un des domaines de notre vie, un bonheur en attirant un autre, nous augmenterons petit à petit par contamination notre bonheur dans tous les domaines de notre vie !

Multiplier ses expériences de flow

Le psychologue hongrois Mihály Csíkszentmihályi a effectué de nombreuses recherches sur ce qu'il nomme le *flow*, autrement appelé « le flux », ou encore « l'expérience optimale ». Il s'agit de cet état dans lequel nous sommes au moment où nous vivons intensément l'instant présent, dans une dimension où le temps semble s'être arrêté et où nous avons cette sensation de contrôler notre vie, d'être au meilleur de nos possibilités. Le chercheur en psychologie positive a établi que les personnes les plus heureuses vivaient significativement plus de moments de *flow* dans leur vie que les autres.

Il a aussi prouvé que plusieurs facteurs facilitaient l'entrée en état de *flow*, que nous pourrions comparer à un état de « lâcher prise » optimal. L'un de ces facteurs est le suivant : il s'agit de se lancer dans des actions qui trouvent un juste équilibre entre le degré de challenge, de défi qu'elles proposent, et le niveau de compétences, de capacité utile à sa réalisation. Par exemple, si le défi est trop élevé, même si nous avons de bonnes compétences, nous risquons d'être frustrés. À l'inverse, si nous possédons de bonnes compétences, mais que le défi est trop faible, nous risquons de nous ennuyer !

UNE CLÉ POUR LÂCHER PRISE

Lâchons prise de cette peur de passer à l'action en nous lançant régulièrement des défis à la hauteur de nos possibilités. Mais lâchons prise aussi du perfectionnisme qui nous incite à viser parfois trop haut, pour revenir juste au petit niveau au-dessus de nos compétences, et ainsi être stimulés sans être pour autant dans la peur ou la frustration. Puis développons nos compétences pour augmenter petit à petit le défi avant de nous ennuyer !

Identifier et utiliser ses « forces de caractère »

En 1999, la psychologie positive a commencé à étudier les forces de caractère, dans l'objectif au départ de concevoir une classification de traits positifs de l'être humain.

Martin Seligman et Christopher Peterson ont ensuite petit à petit posé un cadre de référence de ces forces, proposant en 2004 une classification de 24 forces de caractères ou qualités individuelles d'une personne qui la rendent moralement admirable.

Dans le cadre du projet VEA (Valeurs en Actions), les 24 forces de caractère communément valorisées ont été regroupées en 6 vertus pour former la classification VEA actuelle. Un test a été publié en ligne (proposé gratuitement sur www.viame.org), permettant à chacun d'évaluer les forces de caractère les plus présentes naturellement en lui. Une fois que nous avons identifié nos forces de caractère, d'autres expériences ont démontré que nous avions significativement plus de chances de vivre des moments de *flow* en mettant nos principales forces au service de nos principales actions. Par exemple, si la créativité est l'une de nos principales forces, utilisons notre imagination pour toujours trouver une nouvelle façon d'aborder notre quotidien (proposons à nos enfants de se déguiser pour faire le ménage en famille) ou notre activité professionnelle (proposons à notre patron d'organiser une fois par mois une réunion pour échanger simplement sur tout ce qui fonctionne dans l'entreprise actuellement). Dans ces moments-là, notre mental se met en pause, nos capacités sont démultipliées, nos préoccupations quotidiennes disparaissent, bref, nous vivons de véritables moments de sérénité, nous nourrissons l'estime de nous-mêmes et progressons sur le chemin de notre épanouissement personnel.

UNE CLÉ POUR LÂCHER PRISE

Identifions nos principales forces de caractère et utilisons-les au service de tous les projets qui comptent le plus pour nous. Par exemple, si l'une de nos forces principales est l'amour de l'apprentissage, nous pouvons participer régulièrement à des cours de bricolage pour mieux entretenir notre maison, à des cours d'anglais pour mieux préparer nos vacances à Londres, ou à des cours d'informatique pour être plus efficace professionnellement, ou même pour le simple plaisir d'apprendre !

Développer sa capacité d'adaptation grâce au coping

Le *coping* est un processus permettant de faire face aux difficultés et au stress provoqués par le manque de lâcher-prise, mais à un instant précis : celui de l'événement en lui-même. Comment accueillir sur le moment un événement qui pourrait se révéler traumatisant ? Comment réagir face à l'épreuve, la difficulté, le stress, la mort, la violence, etc. ?

Plusieurs études ont mis en avant les facteurs facilitant un *coping* adaptatif efficace : travailler à résoudre le problème, travailler fort pour réussir, se centrer sur le positif, se détendre, se divertir, faire de l'activité physique. Il s'agit alors d'un style de *coping* productif : les stratégies visent à résoudre un problème tout en demeurant optimiste, en forme, détendu et en relation avec les autres. D'autres facteurs peuvent rendre le *coping* efficace : rechercher du soutien social, rechercher de l'aide professionnelle, investir dans ses amis, entreprendre des actions sociales, rechercher de l'aide spirituelle. Il s'agit là d'un style de *coping* « référence aux autres » qui inclut des stratégies qui consistent à se tourner vers les autres pour obtenir de l'aide.

Un *coping* adaptatif efficace est alors associé à la résolution durable du problème, à un état émotionnel positif et à un sentiment d'efficacité personnelle qui facilitent par la suite le processus de résilience.

UNE CLÉ POUR LÂCHER PRISE

Face à la difficulté, prenons quelques instants pour respirer, aller marcher, faire un peu d'activité physique, ou dormir, nous reposer, puis revenons en quête de solutions, sans hésiter à demander de l'aide, ou au contraire en nous investissant dès que possible dans des actions qui nous donneront un sentiment d'utilité et conféreront du sens à ce que nous venons tout juste de vivre.

Se relever après une épreuve grâce à « la résilience »

De façon générale, la résilience est la capacité d'une personne à s'adapter à un environnement changeant, à se relever suite à une épreuve de la vie. En psychologie, il est question de résilience pour évoquer cette capacité qu'ont certaines personnes à réagir de façon constructive après un traumatisme ou plus généralement face aux différentes difficultés de la vie, à parvenir à « lâcher prise » de ces épreuves inévitables. Introduite en France par Boris Cyrulnik, la notion de résilience a ensuite été l'objet de nombreuses études qui ont permis de mettre en avant quelques facteurs favorisant la résilience : confiance en soi, estime de soi, avoir des buts et des objectifs dans sa vie, être capable de se projeter dans l'avenir, maîtrise des émotions, sentiment d'avoir une place dans la société, aptitude à rechercher des solutions, des ressources, du soutien, à prendre du recul face au stress, créativité, sens de l'humour, altruisme, etc.

La présence de personnes aidantes comme des enseignants, des soignants, des membres de la famille étendue ou de milieux de soutien qui favorisent l'autonomie, la responsabilité et le contrôle (milieu judiciaire, éducatif, professionnel) facilitent aussi la résilience.

Tous ces facteurs permettent à la personne de mobiliser les ressources personnelles et environnementales adéquates pour une adaptation réussie à toute situation. Cela la conduit à accueillir les événements les plus difficiles (deuil, maladie, rupture, licenciement, accident, agression), en prenant du recul, en acceptant les conséquences, en y trouvant même une forme de sens, ou d'apprentissage pour l'avenir.

UNE CLÉ POUR LÂCHER PRISE

Prenons du recul face aux traumatismes que nous avons déjà vécus, acceptons que ces expériences fassent partie de notre vie, mais servons-nous-en comme d'un tremplin pour rebondir et aller de l'avant vers une vie plus épanouie.

Développer sa pleine conscience par la mindfulness

La *mindfulness,* ou pleine conscience, est un concept initié par John Kabat-Zinn, neurologue américain, qui décrit le processus de porter toute son attention sur l'expérience directe, personnelle et qui se déploie dans le moment présent, sans jugement. Plusieurs recherches ont permis de détailler les composantes de la pleine conscience, à commencer par l'acceptation de ce qui est, la présence de l'instant présent sans a priori, avec curiosité, confiance en soi, en ses capacités, le non-jugement sur soi, sur l'autre, sur ce qui se passe, la patience et le calme intérieur, le lâcher-prise, loin des logiques de contrôle et de perfectionnisme, la non-action, ou le choix de ne pas agir avant d'avoir bien observé la situation.

La méditation est l'une des applications de la pleine conscience, mais la pleine conscience peut aussi se pratiquer en journée, à table, dans ses relations, ou à tout moment. Les scientifiques ont longuement étudié les méditants et les résultats sont toujours sans appel : les personnes méditant régulièrement parviennent beaucoup mieux à lâcher prise face à une situation déstabilisante inattendue. Des programmes ont été élaborés, comme celui de la réduction du stress par la Pleine Conscience MBSR (*Mindfulness Based Stress Reduction*), qui consiste à apprendre progressivement la pratique de la pleine conscience pour mieux gérer son stress au quotidien, ou plus globalement apprendre à gérer ses émotions. Et des scientifiques ont pu prouver l'efficacité d'un tel programme pour la diminution du stress en particulier, mais aussi de douleurs, ou de symptômes médicaux et psychologiques.

UNE CLÉ POUR LÂCHER PRISE

Commençons par prendre cinq minutes chaque jour pour agir en pleine conscience, que ce soit lors d'un repas, lors d'une activité, ou bien durant une petite séance de méditation. Puis chaque semaine augmentons de 5 minutes ce temps de pleine conscience quotidien, jusqu'à parvenir à vivre le maximum de temps chaque jour en pleine conscience !

Renforcer sa générosité et son altruisme

Des expériences ont mis en évidence l'attitude altruiste et l'empathie ressentie par les enfants dès leur plus jeune âge. Un bébé voyant un adulte les bras chargés, ne parvenant pas à ouvrir une porte, se rapprochera spontanément de la porte pour tenter de l'ouvrir. Mais petit à petit, dans le monde des adultes, l'altruisme laisse souvent place à l'individualisme, bien que nous gardions toujours en nous cet altruisme naturel. Des études ont montré que les personnes les plus heureuses avaient entre autres points communs d'être engagées dans des actions altruistes.

Une autre expérience a démontré qu'une personne à qui l'on demande d'effectuer une action altruiste différente par semaine durant dix semaines, voit son niveau de bonheur significativement augmenter par rapport à celui d'un groupe contrôle.

Enfin, une dernière expérience a révélé que si l'on provoque une humeur positive chez une personne, cela augmente naturellement et automatiquement son altruisme. L'altruisme augmente le bonheur, le bonheur augmente l'altruisme, et le lâcher-prise va de pair avec ce binôme gagnant-gagnant !

UNE CLÉ POUR LÂCHER PRISE

Veillons à préserver notre altruisme, notre envie de contribuer à un monde meilleur, d'aider les autres, sans attente en retour, et engageons-nous par exemple à effectuer déjà au moins une action de générosité par semaine.

Ressentir et exprimer sa gratitude

Auteur et chercheur en psychologie positive, le Dr Robert Emmons a constaté que les personnes qui considèrent la vie comme un don et acquièrent consciemment une « attitude de gratitude » connaissent de multiples avantages et parviennent ainsi mieux à accueillir les difficultés rencontrées sur leur chemin, donc à lâcher prise au quotidien.

La gratitude améliore la santé physique et émotionnelle, et peut renforcer les relations et les communautés. Certaines stratégies comprennent la tenue d'un journal de gratitude, les prières de gratitude ou les visites de gratitude. Voici les résultats qui ont été observés :

- **plus d'optimisme :** Dans une comparaison expérimentale, ceux qui ont tenu un journal de gratitude sur une base hebdomadaire ont rapporté moins de symptômes physiques, se sentent mieux dans leur vie dans son ensemble, et sont plus optimistes au sujet de la semaine suivante par rapport à ceux qui ont noté chaque semaine leurs tracas ou des événements neutres de la vie ;
- **meilleures réalisations des objectifs personnels :** Un autre avantage a été observé dans le domaine de la réalisation d'objectifs personnels : les participants qui ont tenu un journal de gratitude sont plus susceptibles de faire des progrès vers leurs objectifs personnels importants (professionnels, relations

interpersonnelles ou axés sur la santé) sur une période de deux mois par rapport aux sujets de l'autre condition expérimentale ;

- **meilleur sommeil :** Dans un échantillon d'adultes ayant une maladie neuromusculaire, une pratique du journal de gratitude durant 21 jours a donné lieu à de plus grandes quantités de hautes énergies, d'humeurs positives, à un plus grand sentiment d'être relié aux autres, à une meilleure qualité de sommeil, par rapport à un groupe de contrôle ;
- **moins de stress et de dépression :** Les personnes reconnaissantes signalent des niveaux plus élevés d'émotions positives, de satisfaction de la vie, de vitalité, d'optimisme et des niveaux inférieurs de dépression et de stress ;
- **plus de comportements prosociaux (au service des autres) :** Les personnes ayant une forte propension pour la gratitude ont la capacité d'être plus empathiques et de prendre davantage le point de vue des autres en compte. Elles se révèlent plus généreuses et plus utiles pour les gens au sein de leurs réseaux sociaux ;
- **moins de matérialisme :** Les personnes ayant développé la gratitude accordent moins d'importance aux biens matériels. Elles sont moins susceptibles de juger les succès en termes de possessions accumulées. Elles sont moins envieuses des personnes riches et sont plus susceptibles de partager leurs biens avec les autres.

UNE CLÉ POUR LÂCHER PRISE

Prenons quelques instants chaque soir pour noter dans un carnet de gratitude au moins trois moments de la journée envers lesquels nous sommes reconnaissants.

Trouver du sens pour continuer à avancer : l'eudémonisme

Dans la quête du bonheur, les chercheurs en psychologie positive, dans la lignée des plus grands philosophes, ont dans un premier temps distingué l'hédonisme (quête de plaisir dans l'instant présent) de l'eudémonisme (quête de sens dans sa vie). Sur ce deuxième aspect du bonheur, Karen L. de Vogler et Peter Ebersole, un couple de chercheurs en psychologie de l'université de Californie, ont effectué des recherches sur ce qui donne du sens à nos vies. Ce qui ressort de façon significative comme donnant le plus de sens à nos vies, ce sont nos relations interpersonnelles. Les personnes qui jouissent de relations sociales positives trouvent leur vie plus satisfaisante, sont moins sujettes à la dépression et à d'autres troubles psychologiques et surmontent mieux les coups du sort tels que le deuil, le chômage et la maladie. Ces personnes lâchent donc plus facilement prise sur la souffrance suite à ces épreuves de la vie en y trouvant une sorte de « bénéfice secondaire », ou de « message ».

Une forme de psychothérapie appelée la logothérapie se centre justement sur le sens que l'on donne à sa vie, à ses actes, à ses valeurs, à ses convictions et à ses expériences de vie. Viktor Frankl en est à l'origine et les résultats de ce type de thérapie sont probants : les personnes prennent du recul face aux épreuves de la vie, et augmentent leur satisfaction personnelle de façon significative !

UNE CLÉ POUR LÂCHER PRISE

Menons nos vies en fonction du sens que nous voulons leur donner, réfléchissons à ce que nous pensons pouvoir apporter au monde, et agissons dans ce sens. Par ailleurs, trouvons du sens à tout ce qui nous arrive, aux meilleurs comme aux pires moments de nos vies.

S'apaiser grâce à la bienveillance

Quand nous sommes dans la bienveillance, les zones de réconfort cérébral s'activent, nous nous sentons alors comme apaisés de toutes les difficultés externes, comme si le lâcher-prise devenait naturel et facile. Une forme de méditation, nommée « méditation de la bonté » (*kindfulness*) stimule en particulier notre système neuronal et augmente notre aptitude à l'altruisme, à la coopération et ainsi au lâcher-prise. Jacques Lecomte, spécialiste en psychologie positive, dans sa méta-analyse de la bonté humaine, a conclu ainsi : « notre cerveau prend plaisir à la collaboration, pas à la compétition. » Aussi, l'une des clés du lâcher-prise est déjà de « lâcher » cette tendance à vouloir toujours être en compétition avec les autres, à se comparer aux autres.

Accueillir avec bienveillance les différences, c'est par exemple se dire que ce n'est pas parce que l'on est différents que l'un est meilleur que l'autre. Si je ne suis pas très doué au tennis, en revanche j'ai un talent pour le dessin, et je peux accueillir avec bienveillance mes caractéristiques personnelles, et grâce à la collaboration, je peux considérer des obstacles (une partie de tennis) comme un tremplin pour avancer (apprendre de l'autre, progresser, prendre du plaisir avec de nouvelles personnes).

UNE CLÉ POUR LÂCHER PRISE

Développons notre esprit de collaboration, de coopération en toute circonstance, développons notre bienveillance, notre désir du bonheur de chacun, notre empathie et notre amour de soi, de l'autre, des groupes, des institutions, des sociétés et du monde.

Toutes les expériences que nous venons d'évoquer permettent de trouver des clés pour progresser en s'intéressant de plus près aux stratégies efficaces des personnes, des groupes ou des institutions ayant elles-mêmes déjà réussi à avancer. Une fois que vous les aurez expérimentées et intégrées dans votre vie quotidienne, que vous aurez commencé à cheminer sur la route du lâcher-prise et atteint un certain équilibre, vous pourrez mettre en place d'autres stratégies pour maintenir et consolider ce nouvel équilibre, si fragile au début.

Chapitre 4
Maintenir l'équilibre grâce au lâcher-prise

DES PILIERS DE VIE ÉQUILIBRÉS

Dans la continuité de ce petit guide du lâcher-prise, il m'a semblé important de vous amener à prendre conscience que ce chemin sera malgré tout encore semé d'embûches, régulièrement, mais que c'est justement sur ce chemin que vous allez pouvoir grandir, vous épanouir et même prendre du plaisir ! Pour cela, une attention permanente sera nécessaire, une attention à la fois toute simple, et en même temps si vite négligée : une attention à soi, à ses émotions, à ses besoins.

Pour les différents acteurs de la psychologie positive, l'un des postulats est, vous l'aurez compris à ce stade, que la priorité n'est pas de « guérir », mais bien d'améliorer la vie de chacun. Pour cela, de nombreux psychologues et thérapeutes appliquent des méthodes de coaching de vie, pour en particulier aider chaque personne à (re)trouver un équilibre afin de mieux s'épanouir.

C'est dans cette dynamique que j'ai développé il y a une dizaine d'année la « Méthode des Piliers de vie », que j'ai longuement détaillée dans mon précédent livre *Le secret du bonheur permanent – nouvelle méthode de psychologie positive appliquée.*

Le principe de cette méthode est que si notre objectif est de nous épanouir, nous pourrions comparer notre épanouissement à une feuille blanche. Cette feuille blanche reposant sur nos différents piliers de vie, pour maintenir un équilibre dans notre épanouissement, il est nécessaire de maintenir un équilibre émotionnel dans chacun de nos piliers de vie.

Imaginez maintenant un verre à moitié rempli d'eau assombrie. Il représente votre situation au début de ce livre. Parfois, il est utile de vider un peu d'eau sombre, pour laisser de la place dans le verre afin d'y ajouter un peu d'eau colorée. Les différentes thérapies citées depuis le début de ce livre vous aident à vider cette eau sombre pour ensuite pouvoir remplir votre verre d'eau colorée, afin de redonner de la couleur à votre vie. Le lâcher-prise revient à vider cette eau sombre, le coaching positif permet ensuite de remplir le verre d'eau colorée pour ne pas le laisser vide.

En vous appuyant sur la Méthode des piliers de vie, vous allez pouvoir non seulement identifier les domaines de votre vie dans lesquels il resterait peut-être un peu d'eau sombre à vider, mais aussi et surtout veiller régulièrement à redonner de la couleur à votre vie et ce, sur le long terme !

Vie familiale

Dans votre famille, que ce soit celle dont vous êtes issu ou celle que vous avez créée, que ce soient vos oncles et tantes, cousins cousines, neveux, nièces, grands-parents ou petits-enfants, belle-famille, famille de cœur... sur quels points aimeriez-vous lâcher prise dans votre vie familiale actuellement ?

❯ *Que pourriez-vous mettre en place pour y parvenir comme premier petit pas dans les 7 jours à venir ?*

....

....

Vie amoureuse

Que vous soyez une personne en couple, mariée, célibataire, divorcée, veuve, en phase de séduction ou autre, que vous soyez dans l'une des plus belles périodes de votre vie amoureuse, dans une routine, dans un passage un peu délicat ou autre... sur quels points aimeriez-vous lâcher prise dans votre vie amoureuse actuellement ?

› *Que pourriez-vous mettre en place pour y parvenir comme premier petit pas dans les 7 jours à venir ?*

....

....

Vie sociale

Que ce soit avec vos amis proches, avec des connaissances, avec vos voisins, par rapport à votre attitude en groupe, face à une personne inconnue ou autre... sur quels points aimeriez-vous lâcher prise dans votre vie sociale actuellement ?

› *Que pourriez-vous mettre en place pour y parvenir comme premier petit pas dans les 7 jours à venir ?*

....

....

Vie professionnelle

Que ce soit dans vos activités professionnelles actuelles, par rapport à votre parcours de formation, ou votre expérience professionnelle, que ce soit en lien avec vos projets, vos ambitions, vos relations, vos conditions de travail, votre rémunération, votre environnement de travail ou autre... sur quels points aimeriez-vous lâcher prise dans votre vie professionnelle actuellement ?

› *Que pourriez-vous mettre en place pour y parvenir comme premier petit pas dans les 7 jours à venir ?*

....

....

Plaisirs personnels

Que ce soit par rapport à vos activités de loisirs, vos moments de détente, le temps que vous vous accordez pour vous-même, la qualité de ces moments, leur durée, leur fréquence… sur quels points aimeriez-vous lâcher prise dans votre vie de plaisirs personnels actuellement ?

› *Que pourriez-vous mettre en place pour y parvenir comme premier petit pas dans les 7 jours à venir ?*

....

....

Hygiène de vie

Que ce soit par rapport à votre sommeil, à votre alimentation, votre santé, vos relations avec vos médecins, votre activité physique, votre goût pour la cigarette, votre prise en compte de votre hygiène au quotidien, de votre corps ou autre… sur quels points aimeriez-vous lâcher prise du point de vue de votre hygiène de vie actuellement ?

› *Que pourriez-vous mettre en place pour y parvenir comme premier petit pas dans les 7 jours à venir ?*

....

....

Gestion du quotidien

Que ce soit par rapport à votre gestion du temps, de vos priorités, de vos papiers administratifs, de vos tâches ménagères, courses, rangement, ménage, repassage, cuisine, l'ordre, la propreté, l'organisation ou autre... sur quels points aimeriez-vous lâcher prise dans votre gestion du quotidien actuellement ?

› *Que pourriez-vous mettre en place pour y parvenir comme premier petit pas dans les 7 jours à venir ?*

....

....

Épanouissement personnel

Que ce soit par rapport à votre confiance en vous, à votre estime de vous-même, votre image, vos activités de développement personnel, votre gestion des émotions ou autre... sur quels points aimeriez-vous lâcher prise dans votre épanouissement personnel actuellement ?

› *Que pourriez-vous mettre en place pour y parvenir comme premier petit pas dans les 7 jours à venir ?*

....

....

Actions pour le monde

Que ce soit en lien avec vos actions citoyennes, écologiques, bénévoles, volontaires, vos actes de générosité, leur fréquence, leur qualité, leur nature, que ce soit par rapport à des dons, du tri sélectif ou toute action ou émotion liée à l'altruisme... sur quels points aimeriez-vous lâcher prise dans vos actions pour le monde actuellement ?

› *Que pourriez-vous mettre en place pour y parvenir comme premier petit pas dans les 7 jours à venir ?*

....

....

Maintenir l'équilibre dans la durée

À vous de trouver le rythme pour revenir sur cette méthode régulièrement, sous forme de rituels par exemple à instaurer dans votre nouvelle vie, à faire seul, en couple, avec un ami, un frère, un collègue ou toute autre personne de confiance :

- **Bilan des piliers de vie mensuel :** chaque mois, faire le bilan du mois précédent pour chaque pilier et poser ses objectifs pour le mois à venir
- **Bilan des piliers de vie annuel :** chaque année, faire le bilan de l'année écoulée pour chaque pilier et poser ses objectifs pour l'année à venir
- **Bilan des piliers de vie dans les moments de fragilité :** lorsque vous en ressentez le besoin, faites le bilan de vos piliers de vie actuels et posez vos objectifs à court, moyen et long terme

Pour chaque pilier de vie, vous pouvez suivre les 7 étapes du lâcher-prise proposées ci-dessous, qui vous expliquent étape par étape le fonctionnement de la démarche de lâcher-prise.

LES 7 ÉTAPES DU LÂCHER-PRISE

Après avoir longuement étudié ce processus du lâcher-prise, au travers des résultats des recherches en psychologie positive, de l'analyse des écrits de plusieurs auteurs spécialisés sur le sujet, mais aussi au travers de mon expérience de terrain, tant professionnelle, dans le cadre de mes suivis thérapeutiques en cabinet, que personnelle dans ma propre vie ou celle de mes proches, nous pouvons selon moi identifier 7 étapes essentielles. Je vous en propose ici une petite synthèse sous forme d'une méthode en 7 étapes d'apprentissage du lâcher-prise.

Pour vous aider à bien comprendre ce processus, voici une petite métaphore : imaginez que votre difficulté est représentée par un boulet que vous traînez à votre pied, tel un esclave (esclave de votre contrôle, de votre perfectionnisme, de votre besoin de réussir, de votre peur, etc.). Et suivez les étapes une à une en démarrant avec votre boulet très lourd accroché à votre pied.

1. *Identification*

J'observe et identifie « le boulet » (lâcher-prise sur la pression du déni, sur « faire comme si cela n'existait pas »).

Exemple : Une humiliation en classe lorsque j'étais élève a provoqué en moi une colère contre tous les enseignants.

Prenez le temps de bien identifier ce que vous aimeriez vraiment « lâcher ». De quelle émotion ou sensation aimeriez-vous vous libérer ? Quelle est son intensité ? Comment s'exprime-t-elle en vous ? Quand ? Où ? En présence de qui ? Dans quels contextes ? Soyez sincère avec vous-même, et décrivez en détail ce « boulet » dont vous aimeriez vous débarrasser.

2. *Acceptation / accueil avec bienveillance*

J'accepte ce boulet sans chercher à tout comprendre (lâcher-prise sur le mental, le pourquoi, la faute à qui).

Exemple : J'accepte cette colère en moi, j'apprends à observer ce qu'elle provoque en moi.

Peu importe les raisons de la présence de ce boulet, il est là, acceptez-le. C'est un concours de circonstances, une succession d'événements ; des centaines de facteurs y ont contribué, mais c'est ainsi, vous en êtes là aujourd'hui. Soyez bienveillant envers vous-même, envers toutes les personnes concernées, chacun a fait de son mieux. Et acceptez tout simplement que la situation soit ainsi aujourd'hui, comme une information, neutre, comme si vous l'observiez à distance dans la vie d'une autre personne ou dans un film au cinéma.

3. Coping / *faire avec dans l'instant présent*

Je fais de mon mieux avec le boulet, je peux le tenir dans mes mains (faire de son mieux / lâcher prise sur la perfection).

Exemple : Je fais de mon mieux pour continuer à apprendre même avec cette colère, en me concentrant sur ce que j'apprends plus que sur la personne qui me transmet la connaissance.

Comment pouvez-vous faire de votre mieux pour profiter de chaque jour, de chaque heure, même avec ce boulet ? Comment pouvez-vous passer une bonne journée, en sachant que ce boulet est bien présent, mais en faisant comme s'il devenait alors plus léger et moins encombrant ? Comment une personne soudainement handicapée peut-elle faire pour finalement profiter de ses journées ? Que peut faire une personne qui vient de perdre un proche pour tout de même aller de l'avant dans les jours qui suivent ? Comment pouvez-vous profiter de votre vie, en tenant votre boulet dans vos bras pour continuer à avancer ?

4. *Résilience / porter un regard plus positif*

Je vois les choses différemment sous un meilleur angle : le boulet est plus léger, il peut se soulever comme un ballon gonflé à l'hélium (lâcher-prise sur ses croyances limitantes).

Exemple : Je réalise que cette colère m'a permis de développer mon autonomie, ma capacité à apprendre par moi-même.

En continuant à avancer et à prendre du temps pour vous, vous pouvez aussi commencer à vous demander avec du recul en quoi cette situation pourrait finalement vous être utile. Quel sens pourrait avoir cette expérience, ce boulet qui pourrait se transformer doucement en un ballon de baudruche, de plus en plus léger ? Quelles opportunités se sont offertes à vous depuis ? Quelles relations se sont révélées positivement ? Quelles forces avez-vous révélé ? Si vous appreniez que rien n'arrive par hasard et que tout cela avait un objectif, et en particulier un bel objectif bon pour vous, pour vos proches et pour le monde, quel pourrait-il être ?

5. *Pardon / faire le deuil*

Je me libère de toute forme d'émotions désagréables et je lâche le ballon ! (lâcher-prise sur ses émotions)

Exemple : Je pardonne à cet enseignant qui m'a fait ressentir ce sentiment d'humiliation, j'imagine qu'il ne l'a pas fait exprès, ou en tout cas qu'il n'a pas su faire autrement.

Vous avez bien clarifié la situation, vous l'avez acceptée avec bienveillance, avez trouvé comment faire au mieux avec, et même trouvé peut-être un début de sens à tout cela. Et si vous pardonniez à la vie ce qu'elle vous a imposé au travers de cette épreuve jusque-là ? Et si vous lâchiez ce ballon pour qu'il s'envole dans les airs ? Et si vous pardonniez à toutes les personnes qui pourraient y être liées ? Et si vous vous pardonniez à vous-même ? Pourquoi ne pas commencer par écrire une lettre de pardon, en vous adressant à chaque personne concernée, à vous-même et à la vie en général ?

6. *Croissance post-traumatique*

Je sors grandi de cette expérience et peux saisir des ballons colorés ! (lâcher-prise sur soi-même)

Exemple : Désormais, je me sens enthousiaste à l'idée d'apprendre encore et encore, par moi-même ou avec l'aide d'enseignants qui feront de leur mieux pour m'y aider.

Une fois libéré de ce boulet, de ce ballon, de cette pression, que peut-il se passer de meilleur dans votre vie qui n'aurait pas été possible sans cette épreuve ? En quoi en ressortez-vous grandi ? Quelles évolutions positives constatez-vous en vous ? Dans votre corps, dans vos pensées, dans vos émotions, dans vos croyances ?

7. Gratitude / bonheur

Je ressens de la gratitude, je m'épanouis enfin et je peux sauter en l'air avec mes ballons colorés à la main ! (lâcher-prise sur la vie et l'instant présent)

Exemple : Je me remercie d'avoir su trouver la force de continuer à apprendre, je remercie la vie de toutes les belles choses que j'ai pu apprendre et pour toutes celles que je vais encore pouvoir apprendre.

Suite à tout cela, commencez à ressentir une forme de gratitude pour vous-même, pour la vie en général de vous avoir permis de réaliser toutes vos belles forces, vos belles perspectives. Et maintenant, que pouvez-vous vous autoriser à vivre de beau que vous n'auriez pas pu jusque-là ? Que pourriez-vous faire pour profiter pleinement de la vie, comme si chaque jour était une fête foraine pleine de ballons colorés ? Que pourriez-vous faire aujourd'hui pour vous faire plaisir, pour votre propre bonheur ?

Pour conclure, engagez-vous envers vous-même à réaliser une première petite action pour votre propre plaisir, juste pour vous-même ! Et si vous en ressentez le besoin, il est possible de suivre ces 7 étapes en partageant l'expérience avec une autre personne qui aurait elle-même quelque chose à lâcher ; à plusieurs, tout devient plus facile !

Maintenant que nous avons mis en lumière les enjeux et les implications du lâcher-prise ainsi que les étapes pour y parvenir, nous allons pouvoir nous concentrer sur votre objectif personnel de lâcher-prise. Dans la partie suivante, nous allons découvrir de multiples stratégies concrètes adaptées aux différentes formes de lâcher-prise : mental, émotionnel, corporel, matériel, comportemental, face au monde extérieur ou même face à l'avenir, à appliquer au quotidien. Quelques tests vous aideront au préalable à clarifier la nature de vos besoins.

2

L'ART DU LÂCHER-PRISE AU QUOTIDIEN

Chapitre 1

Prendre du recul face à sa voix intérieure : le lâcher-prise mental

Qui n'a jamais eu envie de mettre son cerveau sur « pause » à certains moments ? Nous sommes souvent accompagnés par une petite voix intérieure, parfois agréable, parfois beaucoup moins. Et ce flux mental nous demande beaucoup d'énergie, qui nous freine dans nos élans positifs. À quel niveau sommes-nous perturbés par ce mental hyperactif ? Et comment peut-on s'en libérer ? Prendre du recul face à sa voix intérieure...

TEST DE LÂCHER-PRISE MENTAL

Comptez 1 point à chaque phrase qui vous décrit bien.
Je suis facilement capable de... ?
❒ *m'endormir le soir dès que je me couche dans mon lit*
❒ *profiter de l'instant présent sans penser aux difficultés actuelles de ma vie*
❒ *faire une sieste n'importe où, quel que soit le bruit autour de moi*

❒ *entrer en état de relaxation, de méditation, d'hypnose*
❒ *profiter de l'instant présent sans penser au passé ou à l'avenir*
❒ *rester concentré sur une seule tâche à la fois*
❒ *faire une sieste à n'importe quel moment de la journée*
❒ *mettre en pause mes pensées quand cela est nécessaire*
❒ *m'isoler dans ma bulle même avec du monde ou du bruit autour de moi*
❒ *profiter de mes vacances à 100% sans penser au boulot ou autres préoccupations*

Combien obtenez-vous sur un total de 10 ? ....
....

› ***Si votre total est compris entre 0 et 3 :***
Ah, si vous trouviez le bouton « stop » ou le mode d'emploi pour pouvoir vous accorder une pause au sein même de votre esprit, ce serait pour vous comme un coup de baguette magique. Ruminations, pensées parasites, autant de perturbateurs dont vous aimeriez vous libérer. Rassurez-vous, c'est tout à fait possible, et ce chapitre va vous y aider !
› ***Si votre total est compris entre 4 et 7 :***
Votre cerveau est souvent en pleine action, et heureusement, vous parvenez de temps à autre à récupérer grâce à des moments de calme que vous réussissez à vous accorder régulièrement. Cependant, vous seriez ravi de parvenir à lâcher encore plus facilement prise sur vos pensées, pour pouvoir profiter pleinement de chaque instant.
› ***Si votre total est compris entre 8 et 10 :***
Bravo ! Quel que soit votre flot de pensées, il vous est facile de les mettre en pause ou de les stopper net lorsque cela est nécessaire. Vous savez pleinement profiter de l'instant présent et devez vivre régulièrement de belles émotions sans retenue ! Quel bel

équilibre, continuez à vous offrir ces instants de ressourcement aussi souvent que vous en ressentez le besoin, car c'est ainsi que vous pourrez maintenir votre équilibre dans le temps !

SE LIBÉRER DES PENSÉES PARASITES

Parfois, nous aimerions pouvoir tout simplement profiter de l'instant présent, être là, ici et maintenant, et apprécier, sans être perturbé par des pensées incessantes. Avant de s'endormir le soir, au moment d'une pause, d'un massage, d'un instant de détente, ces pensées peuvent parfois nous envahir l'esprit, empêchant le sommeil, le repos ou le relâchement de s'installer. Nous voulons souvent rester bien concentrés, mais des pensées surviennent en permanence, nous déconnectant de notre centre d'attention, que ce soit en cours, au travail ou durant une activité de loisirs qui nécessite de la concentration. Il peut même nous arriver de penser à tout autre chose dans des moments plus incongrus, comme lors d'une discussion avec un ami, devant un film ou un spectacle, sous la douche, aux toilettes ou… lors d'une relation sexuelle !

Mais est-ce vraiment possible de mettre ses pensées sur pause ? Je pense que oui, et tout le monde en est capable !

UNE CLÉ POUR SE LIBÉRER DE SES PENSÉES PARASITES

Objectif : Se libérer de ses propres pensées en vidant son esprit !

Pour se libérer de ses pensées parasites, il est essentiel de les identifier, des les prendre en compte et de les accepter. Une fois reconnues, elles perdent de leur intensité et de leur emprise sur nous.

› **Étape 1 :** Listez les différents moments durant lesquels vous ne parvenez pas à lâcher prise sur vos pensées. Identifiez le prochain moment où la situation risque de se reproduire.

Exemple : *Ce soir, avant de dormir, j'aimerais me vider la tête pour m'endormir paisiblement.*

› **Étape 2 :** Quelques minutes avant ce moment, prenez un cahier et un stylo et arrêtez-vous quelques instants pour noter tout ce que vous devrez vous rappeler après votre moment de lâcher-prise. Ajoutez tout ce que vous ressentez, de bon, de moins bon, notez toutes vos pensées de l'instant en vrac, peu importe.

Exemple : *Demain, il faut que je pense à prendre rendez-vous chez le dentiste, aujourd'hui je suis content car ma mère est venue me voir, mais par contre elle m'a un peu blessé quand elle m'a dit que j'aurais pu choisir une autre coiffure, etc.*

› **Étape 3 :** Concluez en ajoutant que vous vous libérez de ces pensées à cet instant précis pour les récupérer après votre moment de lâcher-prise.

Exemple : *« Je laisse toutes mes pensées ici et je viendrai les récupérer demain matin dès mon réveil. »*

SE LIBÉRER DES CROYANCES LIMITANTES

« Votre comportement est le reflet de ce que vous croyez profondément. »

Hiyrum W. Smith

Nous sommes très souvent envahis de pensées issues de nos croyances. Certaines peuvent être bien utiles, les croyances positives ou constructives, mais d'autres le sont beaucoup moins : ce sont les croyances limitantes. Une croyance est une idée que nous avons ancrée en nous à une époque de notre vie, souvent durant notre enfance, et qui influence ensuite toutes nos pensées, nos décisions et nos comportements. Il s'agit d'une vérité que chacun pense détenir, consciemment ou non. Par exemple, imaginez qu'enfant, nous ayons entendu régulièrement nos parents répéter « Je n'ai pas que ça à faire, tu sais, le temps c'est de l'argent ». Lorsque nous sommes devenus adultes, nous avons intégré cette croyance comme une vérité absolue, et si nous voulons gagner de l'argent, nous devons forcément y passer beaucoup de temps ! Et si en plus nous avons entendu tout aussi régulièrement que « les riches sont tous arrogants », il est probable que non seulement nous passions beaucoup de temps au travail, mais qu'en plus nous ne parvenions pas pour autant à gagner autant d'argent que nous le souhaiterions.

Nous pouvons avoir de grandes difficultés à lâcher prise sur nos croyances limitantes apprises. Nous n'en avons d'ailleurs souvent même pas conscience ; ces croyances nous influencent sans même que nous nous en rendions compte. C'est pourquoi la première étape est déjà de les identifier pour mieux nous en libérer. Ensuite, il nous reste à remplacer chacune de ces croyances par une croyance positive plus puissante, et c'est là que nous pouvons lâcher prise et enfin avancer !

UNE CLÉ POUR SE LIBÉRER DE SES CROYANCES LIMITANTES

Objectif : Se sentir libéré de ses propres croyances limitantes en élargissant les possibles !

Pour se libérer de ses croyances limitantes, il est essentiel là encore de les identifier, de les prendre en compte et de les accepter. Nous pouvons alors envisager d'autres possibles, et ensuite décider de porter notre attention sur ceux qui nous sont les plus agréables.

› **Étape 1 :** Pensez à un objectif que vous avez en tête. Puis commencez votre phrase par : « Je veux atteindre cet objectif mais… ». Vous identifiez alors certainement une ou plusieurs croyances limitantes à la fin de votre phrase.

Exemple : *Je veux rencontrer l'amour, mais je n'attire que des hommes mauvais pour moi.*

› **Étape 2 :** Pour chacune d'elles, trouvez une croyance constructive au moins aussi puissante. Ne niez pas la croyance limitante, mais complétez-la par une croyance positive encore plus forte. Concrètement, commencez votre phrase par « Même si jusqu'à présent, j'avais cette croyance limitante, j'ai aussi cette croyance constructive ».

Exemple : *Je veux rencontrer l'amour, et même si jusqu'à présent j'ai attiré quelques hommes mauvais pour moi, je sais aussi qu'il existe d'autres hommes sur terre qui sont bons pour moi.*

TEST DE LÂCHER-PRISE SUR SOI-MÊME

Nous savons tous, au fond, que la clé de notre bonheur est en nous, mais nous nous sentons parfois impuissants face à nous-mêmes ! Accepter ses limites, ses imperfections, ses échecs, ses erreurs, ce n'est pas si simple. Pour cela, une étape essentielle est déjà d'apprendre à se connaître et à s'accepter tel que l'on est ! Commençons donc par identifier justement nos forces et nos limites avec ce premier test de lâcher-prise sur soi-même.

Comptez 1 point à chaque phrase qui vous décrit bien.

❒ *Je connais bien et j'accepte mes limites*
❒ *J'accepte de ne pas pouvoir sauver le monde*
❒ *J'accueille ma fatigue avec bienveillance*
❒ *J'accepte quand je n'atteins pas un objectif prévu*
❒ *J'accueille mes émotions sans chercher à les « contrôler »*
❒ *Je me sens bien même si je ne contrôle pas toutes les situations*
❒ *J'accepte mes imperfections*
❒ *Je parviens à me regarder avec bienveillance dans le miroir*
❒ *Je sais m'arrêter quand il est temps*
❒ *Je sais dire que je suis quelqu'un de bien*

Combien obtenez-vous sur un total de 10 ? ....

....

> ***Si votre total est compris entre 0 et 3 :***
Pas si facile a priori de vous accepter tel que vous êtes et d'admettre que vous êtes une belle personne. Vous avez tout à gagner à faire davantage connaissance avec vous-même, avec une approche bienveillante, pour découvrir ce que vous avez de meilleur en vous, tout en acceptant vos imperfections

LE LÂCHER-PRISE

et vos limites qui font de vous un être humain libre et imparfait comme les autres.

› ***Si votre total est compris entre 4 et 7 :***

Il est probable que vous ayez déjà une bonne connaissance de vous-même. Cependant, tout en vous ne correspond pas forcément à la personne idéale que vous aimeriez être. Vous savez sans doute au fond que vous êtes quelqu'un de bien, mais une petite partie de vous aimerait être encore mieux, n'est-ce pas ?

› ***Si votre total est compris entre 8 et 10 :***

Bravo ! Vous avez appris à vous connaître et à vous accepter tel que vous êtes, voire à vous aimer ainsi. Vous connaissez vos forces et vos capacités, mais aussi vos limites et vos imperfections. Une partie de vous trouve peut-être même un certain charme à ces imperfections et à l'équilibre que vous en dégagez. Continuez à croire en vous et à prendre soin de vous !

SE LIBÉRER DE L'AUTO-SABOTAGE

Parfois, nous souhaitons de tout cœur atteindre un objectif, réaliser une action, franchir une étape, mais nous avons l'impression qu'une partie de nous-mêmes fait tout pour que nous n'y parvenions pas. Inconsciemment, nous faisons tout pour nous mettre des bâtons dans les roues : nous sommes victimes de « l'auto-sabotage ». Ce qui est délicat, c'est que nous avons parfois l'impression de tout faire pour réussir, d'y mettre du temps, du cœur à l'ouvrage, et d'un seul coup, il se passe quelque chose en nous qui vient tout faire basculer. Cet auto-sabotage inconscient est souvent rattaché à un risque dont seulement une partie de nous a conscience, à une peur, qui peut être liée soit à la réussite en elle-même soit aux conséquences de cette réussite. Mais sur le moment, nous n'avons pas du tout conscience de ces obstacles. Alors nous sommes dans l'incompréhension : pourquoi, alors que je veux vraiment y arriver et que je fais tout pour, parviens-je aussi facilement à chaque fois à tout gâcher ?

UNE CLÉ POUR SE LIBÉRER DE L'AUTO-SABOTAGE

Objectif : se libérer de l'auto-sabotage en portant notre attention sur ce qui nous motive suffisamment pour pouvoir « surmonter » nos peurs grâce à un nouvel élan de motivation.

› **Étape 1 :** Pensez à une situation dans laquelle vous avez l'impression régulièrement de vous auto-saboter, de vous empêcher vous-même de réussir, alors que vous avez sincèrement envie d'y arriver.

Exemple : *À chaque fois que je dois parler en public, en réunion, à un oral, un entretien d'embauche, je m'auto-sabote en oubliant tout sur le moment et en bafouillant.*

› **Étape 2 :** Pensez maintenant à tous les risques que vous prenez si vous réussissez. Qu'avez-vous à perdre si vous parvenez finalement à atteindre votre objectif ? Quels sont autrement dit les bénéfices secondaires de votre auto-sabotage ?

Exemple : *Si je réussis mon entretien d'embauche, je risque d'être embauché et de perdre ma liberté dans laquelle je trouve tout de même un confort depuis que je suis demandeur d'emploi. Si je réussis à parler clairement en réunion, je risque d'être sollicité à chaque fois pour animer les prochaines réunions.*

› **Étape 3 :** Maintenant, reprenez la situation de départ et pensez à tous les avantages que vous auriez à réussir. Que gagneriez-vous si vous parveniez à atteindre votre objectif ? Quels seraient les bénéfices pour vous-même ? Pour vos proches ? Pour d'autres ? Pour le monde ?

→

LE LÂCHER-PRISE

Exemple : *Si je réussis mon entretien d'embauche, je pourrai enfin avoir un poste stable qui me convient bien.*

Si je réussis à parler clairement en réunion, je pourrai transmettre plus efficacement mes idées et peut-être contribuer à l'amélioration du fonctionnement de notre entreprise ou à l'avancée d'un projet qui me tient à cœur.

SE LIBÉRER DE SES COMPLEXES

Que nous envions ces personnes qui semblent si bien dans leur peau qu'un rien leur va, qu'elles dégagent une telle assurance ! Mais finalement, n'ont-elles pas elles aussi certains complexes ? Chacun de nous peut ressentir une forme de gêne vis-à-vis d'une partie de son corps : le ventre, les cuisses, le nez, les oreilles, la taille, la couleur de peau, de cheveux, etc. Nous serions tellement plus heureux si nous perdions du poids, si nous n'avions plus d'acné, si nous avions les dents bien alignées, si nous ne louchions pas, etc. Ces complexes évoluent dans le temps, mais à certains moments, ils peuvent vraiment nous donner l'impression de nous gâcher la vie, nous ne pensons plus qu'à cela, et nous cherchons par tous les moyens possibles à « cacher » ce qui souvent nous fait honte. Nous pouvons y mettre beaucoup d'énergie, voire beaucoup d'argent. Nous achetons des vêtements, du maquillage, des traitements, des couleurs, des soins, etc. Mais le moins facile pour nous dans ces moments-là, est d'accepter notre corps tel qu'il est dans un premier temps et d'apprécier ce que nous avons déjà de bien.

UNE CLÉ POUR SE LIBÉRER DES COMPLEXES

Objectif : se libérer de ses complexes en focalisant notre attention librement sur ce qui nous plaît chez nous. Et au lieu de mettre toute notre énergie à cacher nos complexes, il ne nous reste plus qu'à mettre en valeur ce qui nous plaît !

› **Étape 1 :** Prenez quelques instants pour lister 10 parties de votre corps que vous appréciez. Puis retenez les 3 parties que vous aimez le plus.

› **Étape 2 :** Pour chacune de ces trois parties de vous-même que vous appréciez, trouvez un moyen de la mettre en valeur.

***Exemple** : J'aime mes mains : Je peux faire régulièrement une manucure.*

J'aime mes yeux : Je peux chaque matin, prendre quelques minutes pour me maquiller les yeux.

J'aime mes pectoraux : Je peux intégrer chaque matin un rituel de musculation de mes pectoraux.

SE LIBÉRER DU BESOIN DE RÉUSSIR, DE GAGNER

« Je n'ai pas échoué. J'ai simplement trouvé 10 000 solutions qui ne fonctionnent pas. »

Thomas A. Edison

Dès notre plus jeune âge, nous avons appris la notion de compétition et nous avons développé l'envie de gagner pour la plupart d'entre nous, et ce, dans de nombreuses cultures sociétales et familiales. De ce fait, devenus adulte, nous gardons en nous ce besoin de devoir toujours réussir, de devoir gagner. Nous connaissons alors automatiquement de grandes déceptions face à l'échec. L'échec nous fait peur, nous déçoit, nous fait honte, détruit notre estime de nous-mêmes. Et pourtant... Certaines personnes parviennent à se réjouir du plaisir de jouer, peu importe le résultat, d'autres prennent un grand plaisir à collaborer, à créer, à aider les autres à progresser, et même à voir le plaisir dans le regard de ceux qui gagnent. La victoire n'est pas pour elles une finalité, c'est l'une des conséquences possibles. Mais ces personnes ont appris à trouver du plaisir dans l'action et dans chacune de ses conséquences : leur victoire ou celle d'une autre personne. L'échec n'existe plus. Au pire, elles apprennent en observant ce qui a amené l'autre à gagner. Chaque situation est source d'apprentissage.

UNE CLÉ POUR SE LIBÉRER DU BESOIN DE TOUJOURS GAGNER

Objectif : se libérer du besoin de gagner en se focalisant sur les bénéfices de la situation.

› **Étape 1 :** Repensez à une situation que vous avez ressentie comme un échec. Où était-ce ? Avec qui ? Quand ? Quel était l'enjeu ? Que s'est-il passé ?

› **Étape 2 :** Si vous regardez maintenant cette situation avec du recul, comme si vous étiez une autre personne et très positive, quels apprentissages pensez-vous avoir tiré de cette situation ? En quoi cette situation vous a-t-elle finalement été très utile ?

› **Étape 3 :** Si d'autres personnes étaient en jeu à ce moment-là, à qui cette situation a-t-elle pu faire plaisir ? Faire du bien ? Connectez-vous à votre bienveillance, votre humanisme et laissez naître en vous une forme de satisfaction d'avoir contribué à faire du bien à ces personnes. Vous pouvez même finalement remercier la vie de vous avoir permis de vivre cette situation.

Chapitre 2

Se libérer des émotions négatives : le lâcher-prise émotionnel

SE LIBÉRER DES ÉMOTIONS NÉGATIVES…

Même la personne la plus heureuse au monde ressent parfois des émotions que l'on qualifie de « négatives », mais finalement, le sont-elles vraiment ? La peur, la colère, la tristesse peuvent avoir leur utilité et nous aurions des difficultés à survivre sans elles. En revanche, ce que nous pouvons « lâcher », c'est l'emprise de ces émotions. Voyons justement où vous en êtes sur ce point. Et découvrons comment accueillir en toute sérénité et en toute liberté ces émotions pas toujours agréables.

TEST DE LÂCHER-PRISE SUR SES ÉMOTIONS

Répondez à chaque question par une réponse sur l'échelle de 1 à 5 qui la suit :

Vous arrive-t-il de ressentir de la colère ?

Tous les jours Jamais

0	1	2	3	4	5

Lorsque cela vous arrive, au bout de combien de temps parvenez-vous à vous sentir mieux ?

Jamais totalement Quelques minutes

0	1	2	3	4	5

Vous arrive-t-il de ressentir de la déception ?

Tous les jours Jamais

0	1	2	3	4	5

Lorsque cela vous arrive, au bout de combien de temps parvenez-vous à vous sentir mieux ?

Jamais totalement Quelques minutes

0	1	2	3	4	5

Vous arrive-t-il de ressentir de la culpabilité ?

Tous les jours Jamais

0	1	2	3	4	5

Lorsque cela vous arrive, au bout de combien de temps parvenez-vous à vous sentir mieux ?

Jamais totalement Quelques minutes

0	1	2	3	4	5

Vous arrive-t-il de ressentir du stress ?

Tous les jours — Jamais

0	1	2	3	4	5

Lorsque cela vous arrive, au bout de combien de temps parvenez-vous à vous sentir mieux ?

Jamais totalement — Quelques minutes

0	1	2	3	4	5

Vous arrive-t-il de ressentir de la peur ?

Tous les jours — Jamais

0	1	2	3	4	5

Lorsque cela vous arrive, au bout de combien de temps parvenez-vous à vous sentir mieux ?

Jamais totalement — Quelques minutes

0	1	2	3	4	5

Combien obtenez-vous sur un total de 50 ?

....

› *Si votre total est compris entre 0 et 10 :*

Il est certain que ce livre vous fera le plus grand bien ! Aucune journée n'est simple à gérer émotionnellement pour vous, et vous ne parvenez pas facilement à lâcher prise sur ces émotions peu agréables qui vous traversent à la moindre occasion. Rassurez-vous, en à peine quelques exercices, votre vie va changer et vous semblera plus légère !

› ***Si votre total est compris entre 11 et 25 :***
Il peut vous arriver de vous laisser submerger par ces fameuses émotions si peu agréables que sont la peur, la tristesse, la jalousie, la déception ou la colère, l'une étant probablement plus présente que les autres. Il est déjà très utile d'identifier cela, pour mieux apprendre à canaliser ces émotions et à vous en libérer ensuite plus rapidement.
› ***Si votre total est compris entre 26 et 40 :***
Il est normal pour vous de ressentir parfois quelques émotions peu agréables, mais vous avez en vous une capacité à ne pas vous laisser submerger par celles-ci. Il suffit de quelques heures ou quelques jours pour vous en libérer et en cela, vous êtes déjà assez à l'aise dans l'art du lâcher-prise de façon générale.
› ***Si votre total est compris entre 41 et 50 :***
Bravo ! Vous êtes maître dans l'art du lâcher-prise sur les émotions ! Même face à des situations qui en déstabiliseraient plus d'un, vous accueillez avec bienveillance vos émotions les moins agréables et les transformez immédiatement en forces pour avancer.

SE LIBÉRER DE SES ANCRAGES NÉGATIFS

À l'instar d'une croyance limitante, un ancrage négatif se forme à un moment de notre vie, mais au lieu de se situer à un niveau intellectuel (une pensée), il se situe au niveau affectif (une émotion). Lorsque nous vivons une expérience, quelle qu'elle soit, nous gardons en mémoire à la fois les souvenirs factuels, mais aussi les souvenirs émotionnels. Nous associons alors inconsciemment des éléments factuels avec les émotions ressenties qui y correspondent.

Les exemples de la madeleine de Proust ou du réflexe de Pavlov montrent que si, quand nous sommes enfants, à chaque fois que nous ramenons une note moyenne de l'école, nos parents nous accueillent par des reproches, déçus de leur enfant qui n'est pas à la hauteur de leurs attentes, nous ancrons en nous cette déception et ce sentiment de ne pas être à la hauteur. Plus tard, à chaque fois que nous obtiendrons un résultat moyen, nous nous sentirons automatiquement déçus et pas à la hauteur. Nous ne parviendrons alors pas à lâcher prise sur nos émotions, même si une partie de nous pense que notre résultat est peut-être déjà très bien, et même si tout le monde dans notre entourage nous répète sans cesse que nous pouvons déjà être contents car nous avons fait de notre mieux.

Pour pouvoir se libérer d'un ancrage négatif (comme d'une croyance limitante), il est essentiel dans un premier temps de l'identifier, d'en prendre conscience. Cela peut même parfois suffire pour s'en libérer.

UNE CLÉ POUR SE LIBÉRER DE SES ANCRAGES NÉGATIFS

Objectif : se sentir libre de ses influences émotionnelles en relâchant les émotions négatives et en renforçant les émotions positives.

› **Étape 1 :** Pensez à un objectif que vous avez en tête. Puis commencez votre phrase par : « Je veux atteindre cet objectif mais... ». Cette fois-ci, concentrez-vous sur les émotions qui viennent compléter cette phrase. Listez les différentes émotions négatives qui en ressortent.

Exemple : *« Je veux changer d'emploi, mais... j'ai peur ! »*

› **Étape 2 :** Pour chacune d'elles, trouvez une émotion positive plus puissante. Ne niez pas l'émotion négative, mais venez la compléter par une émotion positive encore plus

→

forte : celle que vous ressentirez quand vous aurez atteint votre objectif ! Concrètement, commencez votre phrase par « Même si jusqu'à présent, j'éprouvais cette émotion négative, je ressens aussi déjà en moi l'émotion positive que je ressentirai quand j'aurai atteint mon objectif ! »

Exemple : *Je veux changer d'emploi, et même si jusqu'à présent j'avais peur, je suis déjà enthousiaste à l'idée de trouver un nouvel emploi dans lequel je pourrai m'épanouir ! »*

SE LIBÉRER DE LA RANCUNE / LA COLÈRE

« Le pardon ne fait pas oublier le passé, mais élargit le futur. »

Paul Boese

Lorsque nous sommes déçus, blessés, voire traumatisés, il peut nous arriver de ressentir une véritable colère, contre nous-mêmes, contre d'autres personnes ou contre quelque chose de plus grand comme Dieu ou même la vie. Nous sommes souvent perçus et décrits comme une personne rancunière, qui ne pardonne rien à personne, ni à elle ni aux autres. Pas le droit à l'erreur ! Nous sommes donc évidemment très exigeants, et lorsque la vie ne répond pas à nos attentes, cela peut nous faire rentrer dans une profonde colère, que nous saurons ou non exprimer d'ailleurs. Nous pouvons donc soit devenir très agressifs, blessants, taquins ou mesquins, ou bien au contraire nous pouvons nous renfermer sur nous-mêmes et garder tout en nous. Dans un cas comme dans l'autre, ce n'est agréable ni pour nous ni pour notre entourage. C'est pourquoi arrive toujours un moment où la coupe est pleine et où nous finissons par craquer, le lâcher-prise s'imposant de lui-même à ce moment-là ! Les cris, les larmes, les gestes violents peuvent exploser d'un seul coup. Ou bien nous pouvons intérioriser, et par exemple prendre beaucoup de poids si nous avons plutôt tendance à garder tout en nous !

Aussi vaut-il mieux apprendre à lâcher prise sur sa colère dès que nous en percevons l'apparition. Inutile de la laisser prendre de l'ampleur. Pour cela, de nombreuses techniques font appel à ce que les thérapeutes appellent « une dissociation » entre nous et cette colère. Nous ne sommes pas la colère, nous ressentons une forme de colère, mais nous pouvons nous en séparer. Le lâcher-prise peut alors être encore plus efficace si nous ajoutons une autre technique que les thérapeutes nomment « la personnification » de la colère : il s'agit de s'imaginer notre colère comme un personnage et de communiquer avec elle comme pour se réconcilier avec (acceptation de la colère) ou se séparer d'elle (disparition de la colère).

UNE CLÉ POUR SE LIBÉRER DE SA COLÈRE

Objectif : se libérer de sa colère en développant son imagination ; nous pouvons ainsi matérialiser une émotion pour mieux nous en libérer, au travers d'un personnage ou pourquoi pas d'un objet que l'on peut jeter à la mer.

› **Étape 1 :** Imaginez donc un personnage qui est en vous et qui est le maître de votre colère. Quelles sont les situations qui réveillent ce personnage ? Dans quelles conditions, quels contextes vient-il éveiller en vous une forme de colère ? Et que fait-il, que vous dit-il dans ces moments-là ?

› **Étape 2 :** Visualisez plus nettement ce personnage, mais cette fois-ci devant vous, à une distance qui vous convient, et

→

laissez se dessiner son apparence, le plus précisément possible, sa taille, son visage, ses gestes, ses couleurs, son aspect, etc. Vous pouvez même le dessiner sur une feuille, voire lui donner un petit surnom. Quel serait le surnom de votre personnage créateur de colère ?

› **Étape 3 :** Enfin, imaginez l'attitude idéale que vous aimeriez que ce personnage ait la prochaine fois que vous serez confronté à une situation qui l'amène habituellement à faire naître cette colère en vous. Imaginez : où serait-il ? Dans quelle position ? Quelle serait sa nouvelle apparence ? Que dirait-il alors finalement qui vous permettrait de réagir plus sereinement ? Et quel nouveau surnom pourriez-vous lui donner ? Vous pouvez le dessiner sous sa nouvelle apparence plus agréable (acceptation de la colère) ou alors déchirer ou brûler symboliquement la feuille (disparition de la colère) !

La prochaine fois qu'une situation pourrait réveiller le personnage de l'étape 2, pensez à ce nouveau personnage !

SE LIBÉRER DE LA CULPABILITÉ

Nous croyons que nous sommes coupables lorsque nous avons pris des engagements que nous n'avons pas tenus, ou lorsque nous avons blessé quelqu'un, par exemple. Nous avons appris à être responsables de nos actes, fidèles à nos engagements et à respecter autrui. Aussi la culpabilité naît-elle lorsque nous ne nous sentons pas à la hauteur de nos engagements ou de nos valeurs humanistes. Nous considérons alors que nous ne sommes plus une bonne personne.

Cette culpabilité peut « peser sur nos épaules », au point de faire naître des symptômes physiques au niveau du cou, des épaules, du haut du dos. Certaines personnes parviennent à différencier la responsabilité de la culpabilité. La première est plus intellectuelle, je sais que j'ai ma part de responsabilité, et je l'accepte, je réfléchis à comment améliorer la situation. Tandis que la deuxième est plus émotionnelle : je me sens particulièrement mal, cela peut me ronger de l'intérieur et m'empêcher de dormir ou m'amener à me faire du mal pour me punir. La différence entre les deux est l'acceptation de l'imperfection, une forme de « pardon » envers soi-même. Je me pardonne de ne pas avoir été à la hauteur, j'accepte mes imperfections, car je fais de mon mieux avec les moyens que j'ai et ensuite je fais de mon mieux pour améliorer la situation.

UNE CLÉ POUR SE LIBÉRER DE LA CULPABILITÉ

Objectif : se libérer de la culpabilité par le pardon envers soi-même. Par cette démarche, nous libérons une forme de colère que l'on retenait envers nous-mêmes, qui se libère en acceptant son propre pardon, libérant par la même occasion toute forme de culpabilité, ces émotions étant très liées.

› **Étape 1 :** Concentrez-vous sur le sentiment de culpabilité et listez les différentes situations dans lesquelles vous vous sentez ne serait-ce qu'un peu coupable.

› **Étape 2 :** Prenez une feuille et un stylo ou bien un ordinateur, et installez-vous au calme pour écrire une lettre. Cette lettre, vous allez vous l'adresser à vous-même. Comme si vous parliez vraiment à une autre personne, une personne que vous aimez beaucoup et qui vous a fait du mal. Et écrivez-lui (écrivez-vous) une lettre de pardon. Demandez-vous pardon pour toutes les situations que vous avez listées dans l'étape 1.

→

***Exemple** : Cécile, je te demande pardon de ne pas avoir été à tes côtés durant cette période difficile. Sincèrement, je suis désolée et j'espère de tout cœur que tu sauras me pardonner.*

› **Étape 3 :** Faites une pause, puis relisez cette lettre comme si vous la receviez de quelqu'un d'autre. Et répondez à cette lettre en acceptant les excuses et en pardonnant.

***Exemple** : Cécile, merci pour cette lettre qui m'a beaucoup touchée. J'accepte tes excuses et de tout mon cœur je te pardonne.*

› **Étape 4 :** Faites une pause, puis relisez cette deuxième lettre comme si vous la receviez de quelqu'un d'autre.

SE LIBÉRER DU STRESS

« Dire OUI au bonheur, c'est apprendre à dire NON à des choses et à des personnes qui réveillent votre stress. »

Audrey Akoun & Isabelle Pailleau

Un autre comportement concerne beaucoup d'entre nous : le stress ! La maladie du siècle paraît-il. Notre époque nous impose maîtrise de soi, performance, rapidité, réactivité, efficacité, rentabilité... Aïe aïe aïe ! Quel stress ! Comment gérer de plus en plus de choses en moins en moins de temps ? C'est ce que nous pouvons nous demander tous les jours lorsque nous sommes stressés. Nous rêvons de lâcher prise sur cette tendance à nous inquiéter de tout et tout le temps. Chaque situation peut être source de stress. Nos émotions s'entremêlent tout au long de la journée, de la peur à l'inquiétude, en passant par la tristesse ou l'angoisse. Notre corps peut s'exprimer alors par des tremblements, des tensions, des bouffées de chaleur ou au contraire des frissons, des rougissements ou des douleurs à l'estomac.

La communication n'est pas simple pour nous dans ces moments-là, car chaque mot semble inapproprié, ne traduisant jamais assez bien notre pensée ou notre ressenti. Nous manquons alors clairement de confiance en nous. Il peut nous arriver de douter, d'hésiter et, après coup, de n'être que rarement satisfaits de nos résultats. Et arrive ce qui doit arriver, face à trop de stress, l'esprit et le corps viennent exprimer leurs limites et le lâcher-prise s'impose sous forme d'insomnies, de migraines, de fatigue chronique, de tensions dans différentes parties du corps, voire d'un possible état dépressif.

Pour se libérer de ce stress, de nombreuses techniques existent, mais la plupart reposent sur un facteur commun : apprendre à se détendre, à prendre du recul, à relativiser, à se relaxer. Nous pouvons donc déjà commencer par apprendre à faire des petites pauses, de véritables pauses ressourçantes et dynamisantes à la fois, et pourquoi pas par instaurer quelques petits rituels de respiration positive.

UNE CLÉ POUR SE LIBÉRER DU STRESS

Objectif : se libérer du stress par des petites pauses de respiration positives ! La pause « physique » implique une pause intellectuelle et une pause émotionnelle qui permettent de revenir à un état qu'on appelle « homéostasie », c'est-à-dire un équilibre à tout point de vue.

› **Étape 1 :** Chaque matin, instaurez un petit rituel de deux minutes pour débuter la journée sereinement : au moment où vous vous levez, peut-être après avoir été aux toilettes et vous être passé un peu d'eau sur le visage, tenez-vous droit, les pieds légèrement écartés, pour bien vous stabiliser. Fermez les yeux et prenez trois profondes respirations en portant votre attention

→

simplement sur l'air qui rentre par vos narines, qui circule dans votre corps, et qui ressort par votre bouche lentement à votre rythme naturel. Portez votre attention sur les mouvements de votre ventre, de votre cage thoracique, de l'ensemble de votre corps.

Étape 2 : Tout en gardant cette position et les yeux fermés, prononcez à voix basse ou dans votre tête la phrase suivante : « Une bonne journée m'attend, j'ai vraiment envie de la savourer sereinement à chaque instant, quoiqu'il arrive ! » Laissez venir si un sourire se présente, si votre corps s'ouvre, si votre tête se redresse et vos épaules se relâchent et s'écartent, ou si votre colonne vertébrale s'aligne, vous redressant comme si un fil venait vous étirer depuis le sommet de votre crâne.

› **Étape 3** : Prenez une dernière respiration complète un peu plus profonde, rouvrez les yeux, puis reprenez le cours normal de votre journée. N'hésitez pas à reprendre les 3 étapes en adaptant la phrase aux différents moments de votre journée (avant une réunion, pendant votre pause déjeuner, le soir au moment de rentrer chez vous, etc.), si cela peut vous aider à profiter plus sereinement de chaque instant.

SE LIBÉRER DE LA HONTE

La honte est une émotion qui découle de la prise de conscience de ne pas avoir agi conformément à sa conscience et qui s'accompagne d'un sentiment d'indignité. Notre réaction est souvent alors de cacher notre comportement, notre action, ou son résultat, c'est-à-dire de cacher ce que nous considérons comme notre faiblesse, pensant ainsi améliorer notre dignité.

Nous pouvons avoir honte dans différents contextes, mais à chaque fois, il s'agit d'un manque d'estime de soi, d'une peur du regard de l'autre, du jugement de l'autre ou de notre propre jugement. Nous pouvons alors mettre en place des stratégies pour veiller à ce que personne ne puisse savoir, voire nous-mêmes nier : « Non je n'ai jamais échoué à un examen, je n'ai jamais divorcé, je n'ai jamais eu de crise de boulimie, je n'appartiens pas à cette famille, je n'ai jamais été malhonnête, je n'ai jamais séché les cours ou manqué une journée de travail sans raison valable, je n'ai jamais fait de mal à personne, je n'ai jamais menti, je n'ai jamais volé, je n'ai jamais trahi !... » Nous pouvons avoir honte de ce que nous avons fait ou bien de ce que nous n'avons pas fait, de ce que nous devrions faire et que nous ne faisons jamais.

Voilà entre autres de quoi nous pouvons avoir honte. Et pour nous aider à lâcher prise de ce sentiment désagréable, plusieurs pistes peuvent nous aider : développer l'estime de soi, la confiance en soi, la bienveillance envers soi-même, l'acceptation de l'imperfection, etc.

UNE CLÉ POUR SE LIBÉRER DE LA HONTE

Objectif : se libérer de la honte par l'acceptation et l'estime de soi ! En accueillant ces émotions positives, nous nourrissons notre estime de nous-mêmes, ce qui transforme naturellement en retour tout reste de honte que nous pourrions encore avoir en acceptation de soi avec bienveillance.

› **Étape 1 :** Dans un premier temps, listez les différentes hontes que vous pouvez encore ressentir actuellement ou de temps en temps. De quoi avez-vous honte ?

Exemple : *J'ai honte de cacher la vérité à un proche.*

→

Étape 2 : Reprenez chaque élément de votre liste et écrivez en majuscules la phrase suivante pour chacun des éléments : « MÊME SI JE NE SUIS PAS PARFAIT, J'ACCEPTE AVEC BIENVEILLANCE (ce dont j'ai honte) ET JE FAIS DE MON MIEUX POUR ÊTRE QUELQU'UN DE BIEN.»

***Exemple** : MÊME SI JE NE SUIS PAS PARFAIT, J'ACCEPTE AVEC BIENVEILLANCE DE CACHER LA VÉRITÉ À MON AMI ET JE FAIS DE MON MIEUX POUR ÊTRE QUELQU'UN DE BIEN.*

› **Étape 3 :** Puis dans un second temps, listez les différentes fiertés que vous pouvez ressentir actuellement ou de temps en temps. De quoi êtes-vous fier ?

***Exemple** : Je suis fier de mes enfants.*

› **Étape 4 :** Reprenez chaque élément de votre liste et écrivez en majuscules la phrase suivante pour chacun : « MÊME SI JE NE SUIS PAS PARFAIT, J'ACCEPTE AVEC BIENVEILLANCE (ce dont je suis fier) ET JE FAIS DE MON MIEUX POUR ÊTRE QUELQU'UN DE BIEN.»

***Exemple** : MÊME SI JE NE SUIS PAS PARFAIT, J'ACCEPTE AVEC BIENVEILLANCE D'ÊTRE FIER DE MES ENFANTS ET JE FAIS DE MON MIEUX POUR ÊTRE QUELQU'UN DE BIEN.*

SE LIBÉRER DE LA PEUR

« «Le courage, ce n'est pas de vivre sans peur. Le courage, c'est d'avoir la peur de sa vie et de quand même avancer.»

Chae Richardson »

Pour terminer du côté des émotions, à l'opposé du lâcher-prise, à l'autre extrême, nous rencontrons une attitude bien différente, qui ne repose pas sur le « trop », mais sur le « pas assez ». Une personne passive peut sembler en apparence être dans un lâcher-prise total. Mais ce n'est pas le cas. Réfléchissons un instant. Lorsque nous sommes très passifs, que nous ne prenons pas de risques, que nous attendons, écoutons, acceptons de suivre les autres, sans conditions, parfois suiveurs, parfois soumis, c'est aussi que nous avons peur… Nous avons peur du jugement des autres, peur de ne plus être aimés, de ne pas être à la hauteur, peur de la solitude, peur d'échouer, peur de faire mal. Nous ne sommes pas sous l'emprise de la colère, de la culpabilité ou du stress, mais sous l'emprise de nos peurs.

Et dans ce cas, nous préférons ne rien faire plutôt que de faire mal ou de nous faire mal. Et finalement, nous gagnerions aussi à « lâcher prise » ! En nous libérant de nos peurs, nous pourrions enfin « oser » être qui nous sommes vraiment et ainsi nous épanouir sincèrement.

UNE CLÉ POUR SE LIBÉRER DE LA PEUR

Objectif : se libérer de la peur en développant son courage et ses ressources !

› **Étape 1 :** Repensez à une situation dans votre vie durant laquelle vous avez « osé » prendre un risque. Rappelez-vous quand, où, avec qui, comment ?

› **Étape 2 :** Et rappelez-vous ce que vous avez ressenti après, juste après, à court terme, mais aussi à moyen terme, et aujourd'hui encore : que ressentez-vous en y repensant ?

› **Étape 3 :** Enfin, repensez maintenant à toutes les ressources qui vous ont permis d' « oser » ? Vos ressources personnelles, en terme de traits de caractères, de qualités humaines, vos ressources physiques, vos ressources extérieures, les personnes qui vous entouraient, etc.

Chapitre 3

Vivre en harmonie avec ce qui nous entoure : le lâcher-prise face au monde extérieur

Ce qui n'est pas évident lorsque l'on s'intéresse à la notion de bonheur, ou bien au contraire, comme dans ce livre, à ce qui peut faire obstacle à notre bonheur, c'est que nous ne vivons pas seuls dans un environnement isolé que nous contrôlons parfaitement. Le monde extérieur qui nous entoure a forcément un impact sur nos vies. Voyons justement où nous en sommes du côté de notre relation aux autres, aux objets ou encore à la nourriture. Vivre en harmonie avec ce qui nous entoure...

TEST DE LÂCHER-PRISE DANS SES RELATIONS

Pour chacune des forces suivantes, évaluez votre niveau de capacité sur l'échelle de 1 à 5 qui la suit :

Faire confiance / Déléguer

J'en suis incapable — J'en suis capable

0	1	2	3	4	5

Savoir dire non / Savoir dire Stop

J'en suis incapable — J'en suis capable

0	1	2	3	4	5

Se séparer / Tourner la page d'une relation

J'en suis incapable — J'en suis capable

0	1	2	3	4	5

Ne rien attendre / Aucune exigence en retour dans mes relations

J'en suis incapable — J'en suis capable

0	1	2	3	4	5

Accepter l'autre / Accepter ses imperfections

J'en suis incapable — J'en suis capable

0	1	2	3	4	5

Laisser le dernier mot à l'autre / Le laisser avoir raison

J'en suis incapable — J'en suis capable

0	1	2	3	4	5

Pardonner à l'autre / Se libérer de toute rancune

J'en suis incapable					J'en suis capable
0	1	2	3	4	5

Faire ses excuses / Reconnaître ses torts

J'en suis incapable					J'en suis capable
0	1	2	3	4	5

Accueillir l'émotion de l'autre sans la subir / Être en bonne empathie

J'en suis incapable					J'en suis capable
0	1	2	3	4	5

Accueillir les reproches d'autrui / S'en servir pour avancer

J'en suis incapable					J'en suis capable
0	1	2	3	4	5

Combien obtenez-vous sur un total de 50 ?

....

› *Si votre total est compris entre 0 et 10 :*

J'ai une excellente nouvelle pour vous, votre vie va bientôt changer ! Après avoir lu ce livre, vos relations aux autres vont évoluer et vous sembler beaucoup plus faciles et agréables. Vous allez enfin pouvoir apprécier vos relations à leur juste valeur en lâchant prise sur des attentes ou des croyances qui vous limitent dans votre propre épanouissement.

› ***Si votre total est compris entre 11 et 39 :***
Pas toujours facile de réagir de façon adaptée avec les autres, une partie de vous a certainement bien conscience de ce qui serait meilleur pour vous, et vous parvenez parfois à être fier de vos réactions spontanées, mais une autre partie sait que ce livre va vous aider à lâcher prise encore plus facilement dans certaines de vos relations et ainsi à vous épanouir encore et toujours plus !
› ***Si votre total est compris entre 40 et 50 :***
Bravo ! Vous avez bien compris que la relation à l'autre n'était que rarement parfaite, mais qu'il ne tenait qu'à vous d'accueillir les autres et les relations avec eux dans leurs imperfections. Vous savez lâcher prise sur ces situations relationnelles que vous ne maîtrisez pas parfaitement, mais qui vous apportent plus de plaisir qu'autre chose, et c'est cela qui est essentiel !

SE LIBÉRER DE SES DÉPENDANCES AFFECTIVES

Dans une relation amoureuse, pas toujours facile de différencier la passion amoureuse de la dépendance affective. La frontière n'est pas toujours bien perceptible. Nous prenons plaisir à être avec l'autre, nous avons envie de passer encore et toujours plus de temps avec lui, puis nous commençons à en avoir besoin, et parfois même à ne plus exister lorsque l'autre n'est pas à nos côtés. Cela peut d'ailleurs se produire dans des relations autres qu'amoureuses, une dépendance affective pour un ami, pour une personne de notre famille, pour une personne que nous aidons ou qui nous aide. Notre bonheur peut finir par dépendre totalement soit du bonheur de l'autre, soit de la présence de l'autre, ou bien de la reconnaissance que nous en attendons par exemple.

Nous avons alors parfois envie de contrôler l'autre, pour son bien le plus souvent, et donc avec les meilleures intentions du monde. Ou alors, au contraire, nous pouvons nous laisser « contrôler » par l'autre pour répondre à ses attentes. Mais si cet autre ne répond pas à nos attentes, si cet autre n'est pas épanoui, ou au contraire, si nous ne parvenons pas à répondre à ses attentes, et que nous ne réussissons alors plus à profiter de l'instant présent en l'absence de cet autre, c'est que nous sommes dans une dépendance affective. Nous ne parvenons alors plus à lâcher prise sur cette relation pour vivre notre propre vie.

UNE CLÉ POUR SE LIBÉRER DE SES DÉPENDANCES AFFECTIVES

Objectif : se sentir libre dans ses relations aux autres en gagnant de l'autonomie !

› **Étape 1 :** Posez-vous les deux questions suivantes :

- Quelles sont les personnes qui peuvent avoir une forme de « contrôle » sur moi ?
- Quelles sont les personnes sur qui je peux avoir une forme de « contrôle » ?

Parmi ces relations, lesquelles peuvent m'empêcher de profiter de l'instant présent lorsque je ne suis pas à leurs côtés ?

Si vous identifiez une ou plusieurs relations de ce type, vous pouvez passer à l'étape suivante. Si ce n'est pas le cas, c'est parfait, nous pouvons heureusement aussi vivre de belles relations intimes et sincères avec des personnes sans pour autant tomber dans la dépendance affective.

→

Étape 2 : Pour chaque relation de dépendance affective, imaginez que la personne concernée vous annonce qu'elle part pour son plus grand bonheur vivre définitivement dans un pays lointain, coupée de toute nouvelle technologie et qu'elle ne compte plus jamais revenir. Imaginez alors votre nouvelle vie, et en accueillant avec bienveillance votre émotion liée à cette séparation, listez au moins une conséquence positive que cela aurait sur vous (ou plusieurs !).

***Exemple** : Je pourrai alors revoir certains amis. Je pourrai être concentré sur mon travail. Je pourrai profiter de mes journées de repos.*

› **Étape 3** : Reprenez chacune des conséquences positives de l'étape précédente et trouvez une petite action à faire qui vous permettrait dès maintenant d'obtenir ces résultats, même si cette personne est encore dans votre vie.

***Exemple** : Revoir certains amis → Et si je reprenais contact avec l'un d'entre eux dès aujourd'hui ?*

Être concentré sur mon travail → Et si je trouvais un endroit plus adapté pour me concentrer en travaillant ?

Profiter de mes journées de repos → Et si je m'organisais une journée de bien-être rien que pour moi ?

SE LIBÉRER DU JUGEMENT

« Lorsque quelqu'un te met en colère, sache que c'est ton jugement qui te met en colère. »

Épictète

Est-il réellement possible de ne pas juger ? Cette question fait débat chez les philosophes ainsi que chez les thérapeutes. Face à une autre personne, nous ressentons quoiqu'il arrive une première « impression », dès le premier contact. Cette impression influence ensuite notre pensée, nos émotions, notre attitude, etc. Cette impression est-elle un jugement ?

Que nous soyons sous l'emprise de jugements naturels ou non, l'essentiel est de ne pas se laisser totalement et en permanence submerger par ces jugements. Dans le cas contraire, nous avons tendance à juger toutes les situations et toutes les personnes, mais aussi à nous juger nous-mêmes. Nos relations sont alors rarement simples, car une communication reposant sur le jugement favorise les quiproquos, les disputes, les mots qui blessent, le manque d'empathie et de diplomatie.

Même avec tout l'amour du monde, et toute la bienveillance du cœur, si nous sommes trop dans le jugement, nous pouvons blesser nos proches ou mettre des distances, n'acceptant pas très bien la différence, ou entrant souvent dans la compétition. Au niveau du corps, nous pouvons alors devenir sensibles aux constipations, aux tensions musculaires, le corps n'étant pas en harmonie avec l'attitude de jugement, tentant de retenir les mots, les gestes, les expressions qui risqueraient de dévoiler ces pensées au grand jour. Les relations professionnelles, personnelles, amicales sont souvent instables dans notre vie. Là encore, les aléas de la vie peuvent nous amener à faire face aux conséquences de notre attitude et c'est là que le lâcher-prise s'impose à nouveau. Seul, avec un sentiment d'abandon, d'injustice, d'incompréhension, voire de culpabilité, nous pouvons facilement nous écrouler dans l'isolement, le rejet ou dans la dépression. Il est temps de prendre du recul et de trouver des solutions pour reprendre sa vie en main, avec plus de « légèreté » et de « bienveillance » envers les autres et envers soi-même !

UNE CLÉ POUR SE LIBÉRER DU JUGEMENT

Objectif : se libérer de son jugement en gagnant en ouverture d'esprit ! Nous pouvons alors chercher à observer une même personne, une même situation sous son meilleur jour.

› **Étape 1 :** Pensez à une situation dans laquelle vous pouvez être tenté de porter facilement un jugement.

Décrivez en une phrase courte le ou les jugements qui vous sont déjà venus à l'esprit.

Exemple : *Il m'arrive de juger les personnes d'après leur tenue vestimentaire. Une personne avec des vêtements froissés, non repassés est sans doute une personne négligente. Une personne qui se tient droite avec un tailleur sur-mesure est sans doute une personne coincée.*

› **Étape 2 :** Cochez toutes les cases avec lesquelles vous êtes d'accord parmi les affirmations suivantes :

❒ Pas besoin d'être parfait pour être bon
❒ Pas besoin d'être parfait pour être beau
❒ Pas besoin d'être parfait pour être gentil
❒ Pas besoin d'être parfait pour être généreux
❒ Pas besoin d'être parfait pour être authentique

› **Étape 3 :** Relisez maintenant votre phrase de jugement de l'étape 1 et demandez-vous : cette personne ou cette situation était-elle parfaite ? Cette personne ou cette situation était-elle bonne ? Belle ? Gentille ? Généreuse ? Authentique ? Juste ?

SE LIBÉRER DU REGARD DES AUTRES

« Et alors ?… »

Cécile Neuville & Anelor Dabo

Pas toujours facile de nous accepter tels que nous sommes, et en plus, il nous faut assumer que le monde entier nous voit tels que nous sommes. Alors souvent, nous avons tendance à cacher une partie de nous-mêmes, une partie de notre personnalité ou de notre apparence physique. Le fameux regard des autres… Par peur de ce dernier, nous pouvons même nous cacher totalement, rester chez nous, plutôt que d'aller nous amuser avec des amis, faire des cours de sport seuls chez nous, plutôt qu'en salle de sport ou en extérieur, ou pire à la piscine en maillot de bain.

Et puis la peur du ridicule aussi nous limite, nous préférons parfois nous contenir dans une attitude dite d'adulte, plutôt que de nous amuser comme des enfants, de revêtir des costumes, d'oser mettre une tenue que nous aimons, mais qui risquerait peut-être de ne pas plaire. L'envie ou le besoin de plaire nous amène même parfois à devenir quelqu'un d'autre, et finalement à nous « déguiser », avec des tenues qui ne nous ressemblent pas, dans des endroits ou avec des personnes qui ne nous correspondent pas. Et si nous apprenions tout simplement à nous accepter tels que nous sommes, à nous aimer ainsi et à aimer ceux qui nous aiment ainsi, en acceptant de ne pas plaire à tout le monde pour autant ?

UNE CLÉ POUR SE LIBÉRER DU REGARD DES AUTRES

Objectif : se libérer du regard des autres par l'acceptation et le « Et alors ? ». Ce n'est pas le regard des autres qui a un impact sur nous, c'est notre façon de l'accueillir.

› **Étape 1 :** Repensez à une situation dans laquelle vous vous êtes senti « limité » dans vos actions, ou dans votre attitude, en raison du regard des autres. Rappelez-vous ce que vous avez pensé, ressenti.

Exemple : *Je n'ai pas osé aller à la plage par peur de montrer mon corps, je me suis senti nul, lâche.*

› **Étape 2 :** Revoyez cette scène et imaginez ce que chacune des personnes aurait pu penser en vous voyant à ce moment-là si vous aviez été au bout de vos actions, sans cette limite du regard des autres.

Exemple : *Certaines personnes m'auraient regardé et trouvé gros. D'autres ne m'auraient pas vu, d'autres me trouveraient sans doute moins gros qu'elles, etc.*

› **Étape 3 :** Reprenez chacune des possibilités de réactions de ces autres, et terminez la phrase par « Et alors ? ».

Exemple : *Certaines personnes m'auraient regardé et trouvé gros. Et alors ?*

SE LIBÉRER DE LA JALOUSIE

La jalousie est une émotion assez particulière et qui a plusieurs versants. Il peut s'agir d'un sentiment que nous ressentons vis-à-vis d'une ou plusieurs autres personnes, qui fait naître en nous la sensation que ce que l'autre est, fait ou possède, est bien mieux que ce que nous sommes, faisons ou possédons nous-mêmes. Nous nous comparons à l'autre et l'envions, et pouvons nous sentir nettement inférieurs, focalisant toute notre attention sur ce qui nous manque et que nous retrouvons chez cet autre, quel qu'il soit.

Mais il peut aussi s'agir d'un sentiment lié à un manque de confiance en l'autre (en soi ?), dans une relation de couple par exemple, où la jalousie nous déstabilise parfois dès que notre partenaire se rapproche d'une autre personne, ou passe trop de temps loin de nous, ou porte plus d'attention à autre chose qu'à nous-mêmes. La jalousie peut être liée à un besoin d'amour, de reconnaissance, d'attention ou à une peur de l'abandon, de la solitude, de ne pas être à la hauteur ou de ne pas être aimé. Cette jalousie est tout à fait normale dans certaines situations et beaucoup parviennent à l'accueillir, l'exprimer, et à améliorer la situation dans leurs relations simplement et rapidement par quelques discussions sincères, empathiques et basées sur la confiance, l'amour et le respect. Cependant, parfois, la jalousie maladive peut nous mener à la paranoïa et nous pouvons alors agir de façon peu raisonnable : fouiller les poches, le téléphone, les mails, et même espionner ou faire appel à un détective. La confiance disparaît, le doute permanent s'installe et tout cela peut gravement nuire à la relation, que la jalousie soit fondée ou non au départ. En apprenant à lâcher prise sur ce sentiment, nous pouvons éviter d'en arriver à de telles situations et laisser place à la confiance, en soi, en l'autre et en la vie !

UNE CLÉ POUR SE LIBÉRER DE LA JALOUSIE

Objectif : se libérer de la jalousie en se rassurant soi-même.

› **Étape 1 :** Identifiez les différents objets de votre jalousie. Dans quelles circonstances pouvez-vous ressentir de la jalousie ? De quoi ou de qui vous arrive-t-il d'être jaloux ? Et au final, quelle est la personne la plus concernée/impliquée dans votre vie par votre jalousie ?

› **Étape 2 :** Dans un premier temps, prenez un papier et un stylo ou votre ordinateur et écrivez une lettre à cette personne. Écrivez-lui tout simplement pour lui faire part de votre sentiment de jalousie, ce que vous ressentez, dans quelle situation, laissez venir naturellement les mots, sans attente.

Vous n'aurez pas à lui remettre cette lettre donc vous pouvez être totalement sincère et honnête, vous ne risquez ni de blesser la personne concernée, ni de paraître ridicule.

› **Étape 3 :** Après une pause, mettez-vous dans la peau de la personne qui reçoit cette lettre et relisez-la avec ses yeux à elle. Puis écrivez une réponse bienveillante, comme si vous étiez cette personne et que vous vouliez rassurer l'auteur de la première lettre.

› **Étape 4 :** Enfin, après une petite pause, revenez bien en vous-même et relisez cette deuxième lettre comme si elle avait vraiment été écrite par cette autre personne. Et remerciez-la du fond du cœur.

TEST DE LÂCHER-PRISE FACE AUX OBJETS MATÉRIELS

Si notre relation aux autres impacte naturellement notre état émotionnel, notre relation au monde matériel a toute son importance aussi ! Comme nous l'avons vu, notre éducation joue un rôle essentiel sur notre capacité à lâcher prise, et c'est en particulier le cas quant à notre relation à l'argent, notre attachement aux objets, aux lieux même. Vous sentez-vous sous l'emprise de ce monde matériel à une époque où tout nous pousse à devenir matérialiste ? Nous allons y voir plus clair à l'aide de ce nouveau test.

Dans chacune des situations suivantes, quel serait selon vous votre niveau de lâcher-prise ?
(1 je ne sais pas du tout lâcher prise / 5 je sais totalement lâcher prise)

❒ *Pour faire de la place, vous devez vous séparer de vêtements abîmés ou qui ne sont plus à votre taille*
❒ *Vous oubliez votre téléphone / votre tablette / votre appareil photo dans le train*
❒ *Pour souder votre couple, vous devez vous séparer de vieilles lettres de vos ex-relations*
❒ *Vous sortez de votre travail et découvrez que votre voiture n'est plus là où vous l'avez garée*
❒ *En faisant une fausse manipulation, vous effacez tous les albums photos numériques que vous aviez sur votre ordinateur*
❒ *Vous arrivez en avion sur votre lieu de vacances pour 15 jours et on vous annonce que votre valise a été perdue*
❒ *Sans le faire exprès, vous cassez votre belle télé écran plat toute neuve*

❒ *Vous vous baignez en mer et soudain réalisez que vous avez perdu votre alliance*
❒ *Vous triez vos placards et trouvez de la vaisselle de famille inutilisée depuis des années*
❒ *Votre domicile prend feu et tout ce que vous possédiez a brûlé*

Combien obtenez-vous sur un total de 50 ?

....

❯ ***Si votre total est compris entre 0 et 10 :***
Chaque objet a son importance pour vous, qu'il ait une valeur sentimentale ou non, le simple fait de réaliser que vous devez vous séparer d'un objet auquel vous tenez ou qui vous est très utile, remet votre sérénité en question. Vous êtes attaché à ces objets qui sont comme la continuité de vous-même.

❯ ***Si votre total est compris entre 11 et 39 :***
Certains objets comptent plus que d'autres pour vous, mais quoiqu'il arrive, vous vous attachez en général vite à votre nouvelle maison, votre nouvelle voiture ou votre nouveau téléphone. Vous parvenez à tolérer la perte ou la casse de certains objets, mais ce n'est pas toujours facile d'accepter de vous en séparer, ou bien il vous faut un petit délai pour en faire le deuil.

❯ ***Si votre total est compris entre 40 et 50 :***
Bravo ! Vous avez bien compris que les objets ne sont que des objets et que ce qui compte fondamentalement, ce sont les émotions, les souvenirs qui y sont associés. Se séparer d'un objet ne signifie pas oublier tous ces souvenirs. Passées les premières minutes peu agréables, vous rebondissez immédiatement et pouvez d'avance vous réjouir des prochains objets qui vont certainement entrer dans votre vie ou bien de la place que les précédents vont laisser.

SE LIBÉRER DES DÉPENDANCES MATÉRIELLES

Nous avons chacun été éduqués différemment dans notre relation aux objets, mais aussi dans notre relation à l'argent, autrement dit à tout ce qui est « matériel ». Certains ont eu la chance de développer ce que nous pourrions appeler une « conscience de richesse », ou un esprit de « liberté financière », qui nous permet de nous réjouir de tout ce que nous possédons déjà, de considérer le matériel et l'argent comme une forme d'énergie qui circule, qui peut aller et venir, nous laissant dans de bonnes émotions quoiqu'il arrive. Certains parlent du « détachement matériel », d'autres de l' « impermanence ». Ces personnes ont tout simplement développé des croyances positives et ont renforcé des ancrages positifs liés au monde matériel, ce qui leur permet d'avoir une relation saine à ce monde.

En revanche, d'autres n'ont pas eu cette chance, et ont été bercés par des phrases comme « l'argent ne fait pas le bonheur », « fais attention à tes affaires, c'est de l'argent » ou « sans mon porte-bonheur je ne serais rien ». Pour ces personnes, il peut arriver que les objets prennent une importance telle dans leur vie qu'il leur est impossible de vivre une semaine sans certains d'entre eux. Leur quotidien peut alors être « plombé » par une peur permanente de perdre, de casser ces objets, ou par une sorte de manque ou une peur de la pauvreté, et elles ne parviennent alors pas à lâcher prise sur ces objets ou sur cette peur quotidienne.

UNE CLÉ POUR SE LIBÉRER DE SES DÉPENDANCES MATÉRIELLES

Objectif : se sentir libre matériellement en gagnant en qualité relationnelle !

› **Étape 1 :** Posez-vous la question suivante : possédez-vous certains objets qui ont une telle importance dans votre vie que vous ne pouvez pas imaginer passer une semaine sans eux ?

Si vous identifiez un ou plusieurs objets de ce type, vous pouvez passer à l'étape suivante. Si ce n'est pas le cas, tant mieux (nous pouvons nous entourer d'objets auxquels nous tenons sans pour autant tomber dans la dépendance matérielle).

› **Étape 2 :** Pour chaque objet pour lequel vous ressentez une forme de dépendance, imaginez qu'il disparaisse à jamais de votre vie. Imaginez alors votre nouvelle vie, et en accueillant avec bienveillance votre émotion liée à cette séparation, listez au moins une conséquence positive que cela aurait sur vous.

***Exemple** : Mon téléphone : je pourrai être plus disponible dans l'instant présent avec les gens qui m'entourent. Je pourrai être plus efficace dans telle ou telle activité.*

› **Étape 3 :** Reprenez chacune des conséquences positives de l'étape précédente et trouvez une petite action à faire qui vous permettrait dès maintenant d'obtenir ces résultats, même si cet objet est encore dans votre vie.

***Exemple** : Être plus disponible → Ce week-end je coupe mon téléphone pendant notre sortie en amoureux.*

Être plus efficace → Demain je vais couper mon téléphone durant la réunion.

SE LIBÉRER D'UNE DÉPENDANCE COMPORTEMENTALE

Nous avons vu que nous pouvions d'une certaine façon entrer dans une forme de dépendance à des personnes, ou à des objets matériels, mais comme vous le savez, nous pouvons être victimes de nombreuses autres formes de dépendances, davantage liées à des habitudes de vie. Nous pouvons nous sentir dépendants de la console de jeux, du sport, du shopping, des séries télé, de la méditation, du sexe...

Certaines addictions semblent moins risquées que d'autres, mais quelle que soit sa nature, une dépendance n'est pas saine lorsqu'elle prend trop de place dans notre vie. Même une dépendance au sport ou à la méditation peut devenir nuisible si elle nous empêche de profiter des autres moments de la journée tant elle occupe nos pensées. Si tout le reste nous semble insignifiant, fade, c'est qu'une forme de dépendance existe et qu'il est donc préférable de s'en libérer. Se libérer d'une dépendance ne signifie pas renoncer totalement à une habitude. Une personne accro aux jeux vidéo peut lâcher prise sur sa dépendance et parvenir à apprécier une petite partie de temps en temps avec grand plaisir tout en appréciant à nouveau d'autres formes d'occupations avec autant de plaisir. Lâcher prise, rappelons-le, ne signifie pas « mettre fin », ni « renoncer », mais se libérer de l'émotion négative qui nous empêche de vivre pleinement chaque instant.

UNE CLÉ POUR SE LIBÉRER D'UNE DÉPENDANCE COMPORTEMENTALE

Objectif : se libérer d'une dépendance comportementale en mettant en place de nouvelles habitudes, nous permettant d'obtenir le même résultat.

› **Étape 1 :** Dans un premier temps, identifiez au moins une dépendance comportementale qui vous donne l'impression qu'elle vous contrôle dans certaines situations, que vous n'avez plus le contrôle dans ces moments-là sur votre propre comportement.

› **Étape 2 :** Listez ensuite tous les bénéfices que vous pensez que cette dépendance vous apporte.

***Exemple** : Le jeu vidéo me détend, diminue mon stress, c'est un lien social avec d'autres joueurs, etc.*

› **Étape 3 :** Reprenez chacun de ces bénéfices et imaginez que vous n'avez plus cette dépendance : quelles nouvelles habitudes plus saines pourriez-vous mettre en place pour obtenir le même résultat ?

***Exemple** : Sans jeu vidéo, je peux me détendre en faisant une sieste chaque jour, je peux diminuer mon stress en faisant du footing, je peux garder un lien social en m'inscrivant dans un club de foot.*

SE LIBÉRER D'UNE DÉPENDANCE ALIMENTAIRE

Nous ne pouvons évoquer les différentes formes de dépendances sans nous intéresser particulièrement à l'une d'entre elles, qui s'avère très fréquente : la dépendance alimentaire. Combien sommes-nous à ne pas pouvoir nous contrôler lors d'une pulsion alimentaire face à du chocolat, à du pain et du fromage, à des gâteaux, ou à n'importe quel aliment que nous aimons particulièrement et qui peut nous donner envie, même lorsque nous n'avons plus faim ? Nous pourrions intégrer dans cette partie la dépendance à la cigarette, à l'alcool ou à plusieurs drogues douces, mais ces sujets font déjà l'objet de nombreux livres et surtout nécessitent souvent des accompagnements thérapeutiques par des professionnels, spécialistes de leur domaine respectif.

C'est plus fort que nous : nous devons manger cet aliment ! Nous savons qu'il serait préférable de se contenter d'un fruit ou d'un légume, meilleur pour la santé, mais non : c'est cet aliment-là qui nous attire. Et une fois que nous avons cédé à la tentation, comme un automate, vient souvent un mélange d'émotions pas très agréables, de culpabilité, de honte, de regrets, d'impuissance, de vulnérabilité. Nous rêvons alors de pouvoir lâcher prise sur ces pulsions, de pouvoir nous libérer de ces envies incontrôlables.

UNE CLÉ POUR SE LIBÉRER D'UNE DÉPENDANCE ALIMENTAIRE

Objectif : se libérer d'une dépendance alimentaire en apprenant à s'écouter ! Nous pouvons ainsi reprendre le contrôle de nos émotions et agir de façon plus consciente pour répondre à nos besoins de façon adaptée et saine pour notre corps et notre santé.

› **Étape 1** : En prévision de la prochaine pulsion, mettez à proximité de l'endroit où elle se produit le plus souvent un cahier avec un crayon, accessibles facilement.

› **Étape 2** : Lors de l'apparition de votre prochaine pulsion, juste avant d'y céder, prenez juste quelques instants pour saisir votre cahier et votre crayon, soyez sincèrement à l'écoute de

→

vous-même, asseyez-vous et écrivez à ce moment-là tous les éléments suivants :

- Date
- Heure
- Qui est présent autour de moi ?
- Comment je me sens ?
- De quoi ai-je envie précisément ?
- Qu'est-ce que j'ai l'intention de manger ?
- En quelle quantité ?
- Comment vais-je me sentir après ?
- Comment me sentirais-je si je parvenais à accepter cette envie, sans y céder ?
- Ai-je soif ?

(Vous pouvez noter d'avance les questions dans votre cahier, pour ne pas avoir à vous en souvenir sur le moment.)

Étape 3 : Prenez encore une minute pour boire un grand verre d'eau, mais gorgée par gorgée, en prenant le temps de respirer entre chaque gorgée. Puis écoutez-vous, prenez votre temps, si vous avez tout de même envie de manger, vous pouvez le faire, en prenant le temps de savourer chaque bouchée, éventuellement en buvant une nouvelle gorgée d'eau entre chaque bouchée et à chaque fois en respirant profondément avant la bouchée suivante. Prenez le temps d'apprécier chaque bouchée, comme si elle avait une importance capitale, mais comme si surtout elle vous remplissait l'estomac lourdement.

› Étape 4 : Une fois la pulsion passée, quand vous ne ressentez plus cette envie de manger, prenez quelques minutes à nouveau pour relire les notes que vous avez prises et ajoutez à la fin : « Petit à petit je me libère, je vais me libérer, et je fais de mon mieux pour y parvenir. » Et si vous en ressentez le besoin, fixez-vous à ce moment-là un nouvel objectif de compensation tel qu'un footing de 30 minutes, une série de 30 abdos ou au moins une bonne marche.

Chapitre 4

Aborder le futur sereinement : le lâcher-prise face à l'avenir

ABORDER LE FUTUR SEREINEMENT…

Vous connaissez très certainement dans votre entourage des personnes vivant « dans le passé » ? Peut-être même avez-vous tendance à ruminer ce passé de temps à autre ? Mais connaissez-vous des personnes qui savent se projeter dans l'avenir ? Des personnes qui rêvent, qui font des projets sans arrêt ? Peut-être y prenez-vous également beaucoup de plaisir ? Où en êtes-vous justement dans cette relation avec le temps ? Nous allons voir comment lâcher prise du poids du passé, mais aussi de la pression de l'avenir pour finalement mieux apprécier l'instant présent, même face à l'imprévu !

Test de lâcher-prise face à l'imprévu

Dans chacune des situations suivantes, quel serait selon vous votre niveau de lâcher-prise ?

(1 je ne sais pas du tout lâcher prise / 5 je sais totalement lâcher prise)

❒ *Vous partez en vacances et votre vol est annulé, vous devez attendre un jour de plus avant de partir*

❒ *Vous êtes fatigué en rentrant du travail et votre conjoint(e) vous annonce alors que ce soir il/elle a invité quelques amis ou de la famille à manger, qu'il faut tout préparer*

❒ *Vous aviez prévu d'aller à une super soirée immanquable, mais vous avez 40 de fièvre, vous devez y renoncer*

❒ *Vous aviez prévu de vous reposer aujourd'hui, mais une urgence de dernière minute vous occupe finalement toute la journée*

❒ *Vous aviez mis de l'argent de côté pour vous offrir un beau cadeau, mais la machine à laver tombe en panne, et vous devez dépenser votre petit « trésor » pour la remplacer*

❒ *Vous aviez prévu un super pique-nique familial ce dimanche, mais la pluie est au rendez-vous et vous devez annuler*

❒ *Toute une organisation en équipe était prévue pour un événement, mais au dernier moment une personne ne tient pas son rôle et vous devez réadapter toute l'organisation*

❒ *Vous êtes au travail comme à votre habitude et l'école appelle pour vous dire que l'un de vos enfants a eu un petit accident, mais rien de grave*

❒ *Vous vous réjouissiez d'avance d'aller au restaurant avec des amis, mais au dernier moment, la moitié d'entre eux n'a plus envie d'y aller, vous annulez*

❒ *Vous aviez prévu un beau repas aux chandelles en amoureux, mais une heure avant le dîner, le travail de votre conjoint l'appelle pour une urgence et il doit s'y rendre*

Combien obtenez-vous sur un total de 50 ? ....

....

› ***Si votre total est compris entre 0 et 10 :***
Votre vie va réellement s'alléger d'ici peu lorsque vous allez apprendre à accueillir avec bienveillance les imprévus de la vie ! Pas facile pour le moment pour vous de faire face à des situations auxquelles vous ne vous attendiez pas, ou qui ne se déroulent pas comme vous l'aviez prévu. Vous allez pouvoir apprendre à lâcher prise sur ces imprévus en développant votre capacité d'adaptation !

› ***Si votre total est compris entre 11 et 39 :***
Vous avez bien conscience que vous ne pouvez pas tout maîtriser et que parfois, vous devez vous adapter aux situations, lorsque celles-ci ne s'adaptent pas à vous ou à vos attentes ! Cependant, ce n'est pas toujours facile. Parfois vous préféreriez que tout se déroule comme prévu. Heureusement, vous parvenez en général à trouver quoiqu'il arrive des solutions.

› ***Si votre total est compris entre 40 et 50 :***
Bravo ! Quelle belle capacité d'adaptation ! Hé oui, la vie est faite d'imprévus et vous vous y attendez. Le plus souvent, vous accueillez les nouvelles sereinement et il vous arrive même parfois de vous réjouir carrément de l'opportunité que vous offrent ces imprévus de vivre quelque chose de nouveau, de faire appel à des ressources insoupçonnées ou de vivre des situations exceptionnelles.

SE LIBÉRER DU BESOIN DE CONTRÔLE

« Lâchez prise de votre attachement à avoir raison, et votre esprit est plus ouvert. »

Ralph Marston

Lorsque notre besoin de contrôle est trop présent, nous nous sentons nous-mêmes « contrôlés » par ce besoin ! Comme si nous devions à tout prix avoir raison, avoir le dernier mot, convaincre les autres, voire les contrôler pour obtenir ce que nous désirons. Le besoin de contrôle est souvent lié à nos attentes et nos désirs. Lorsque nous attendons beaucoup de la vie, des autres ou de nous-mêmes, nous sommes exigeants, perfectionnistes, et nous voulons sans cesse nous prouver que nous avons fait le bon choix, que nous allons au bout des choses quoiqu'il arrive, ne renonçant jamais, quelles qu'en soient les conséquences. Nous sommes souvent décrits comme « têtus », « déterminés », « acharnés », voire « battants », car oui, nous sommes souvent portés par une forme de volonté de combat contre tout et tout le monde.

Nous nous exprimons généralement par des affirmations assez catégoriques, en général sur la défensive ou par anticipation dans une forme d'attaque permanente. Nous sommes d'ailleurs dans une sorte de lutte continue contre l'imprévu, contre les aléas de la vie, portant souvent sur nos épaules de nombreuses responsabilités. Nos pauvres épaules et notre cou nous font parfois souffrir physiquement, car l'esprit et le corps sont étroitement liés. Notre apparence peut également dévoiler des tensions physiques : des épaules carrées, un buste tonique mais assez rigide, des gestes brusques, rarement hésitants.

Côté émotions, la raison passant quasiment toujours avant le cœur, nous ne parvenons pas forcément à les exprimer. Nous n'arrivons d'ailleurs pas bien à les identifier, car nous avons tendance dès qu'une émotion se présente, à la nier, la « cacher » sous une forme de « carapace », ou derrière des « œillères ». Ou alors à l'extrême inverse, il peut nous arriver d'exprimer tout d'un seul coup, que ce soit sous forme de crises de colère, de crises de larmes, de crises d'angoisse, ou heureusement aussi de débordements d'amour, de passion, de gratitude ou d'altruisme. C'est souvent tout ou rien, dans l'extrême, car les émotions ne se « contrôlent » pas, et lorsque nous les retenons de leur dynamique naturelle, elles finissent toujours pas s'exprimer d'une façon ou d'une autre, un peu comme une cocotte-minute qui chauffe, qui chauffe et de temps en temps, hop, la pression se relâche !

Et c'est ainsi que, parfois aussi, nous atteignons une limite. Notre corps nous crie « stop » ! Une pause est nécessaire, et c'est là que le lâcher-prise s'impose, mais le plus souvent par une maladie, un burn-out ou un incident qui nous « oblige » à ralentir ou à nous arrêter.

UNE CLÉ POUR SE LIBÉRER DE SON BESOIN DE CONTRÔLE

Objectif : se sentir libre de son besoin de contrôle en gagnant en confiance ! La conscientisation de notre manque de confiance en soi ou en l'autre peut nous permettre d'avancer, en agissant non plus pour « avoir le sentiment de tout contrôler », mais pour « apprendre à faire confiance ».

› **Étape 1 :** Pensez à une situation dans laquelle vous avez « besoin » de garder le contrôle et définissez-la en une phrase courte.

Exemple *: « J'ai besoin de contrôler la situation au travail, de tout anticiper, de tout vérifier, dans mes tâches mais aussi dans celles des autres. »*

› **Étape 2 :** Terminez la phrase suivante : « J'ai besoin de contrôler cette situation car... »

Exemple *: J'ai besoin de contrôler la situation au travail, car j'ai envie que tout soit bien fait.*

› **Étape 3 :** Terminez la phrase suivante : « J'aurais moins besoin de contrôler cette situation si j'avais plus confiance en ... »

Exemple *: J'aurais moins besoin de contrôler la situation au travail si j'avais plus confiance en mes collègues.*

→

> **Étape 4 :** Pour terminer, imaginez que vous arriviez enfin à avoir plus confiance, même si tout ne serait pas parfaitement tel que vous l'imaginiez : quels seraient alors les bénéfices de votre changement d'attitude pour vous ? Pour les autres ? À court terme, à long terme ?

SE LIBÉRER DU PERFECTIONNISME

« Pas besoin d'être parfait pour être bon ! »

Cécile Neuville & Anelor Dabo

La notion de contrôle s'oppose au lâcher-prise, nous l'avons vu, mais l'un des traits de caractère plus précis lié à ce besoin de contrôle et qui revient fréquemment, en particulier chez les personnes cherchant à lâcher prise, est le perfectionnisme !

Lorsque nous sommes perfectionnistes, nous aimons que tout soit parfait, parfaitement réalisé, en temps et en heure, dans le moindre détail. Nous sommes en général assez maniaques du rangement, de la propreté, chaque chose à sa place, et chaque chose en son temps. Très organisés, nous faisons souvent des listes et hiérarchisons les tâches. Cela peut sembler très bon en apparence, et même donner envie à nos proches qui peuvent parfois nous admirer sur certains points. Cependant, au quotidien, imaginez... Nous sommes en week-end, après une bonne semaine bien menée, nous voilà à un pique-nique en famille, sous un beau soleil. Tout semble parfait ! Mais nous avons oublié de prendre un sac poubelle... et là, c'est le drame ! Nous nous énervons alors contre nous-mêmes, ou pire contre les autres, qui n'y ont pas pensé non plus. Le revers de la médaille, c'est qu'il n'est quasiment pas possible pour une personne perfectionniste de profiter de l'instant présent, car la vie n'est jamais « parfaite » ! Les imprévus, les aléas, les changements, les oublis, les quiproquos, la maladresse sont autant de facteurs qui contribuent à rendre imprévisibles et donc « incontrôlables » certaines situations qui ne se déroulent alors pas parfaitement comme prévu !

UNE CLÉ POUR SE LIBÉRER DU PERFECTIONNISME

Objectif : se libérer de son perfectionnisme en gagnant en optimisme !

› **Étape 1 :** Pensez à une situation que vous vivez en ce moment et que vous ne considérez pas comme « parfaite », alors que vous aimeriez vraiment qu'elle le soit.

› **Étape 2 :** Puis prenez du recul, mettez-vous dans la peau de la personne la plus optimiste que vous connaissiez et imaginez tous les avantages que cette personne trouverait à cette situation imparfaite.

Puis reprenez la phrase suivante en l'associant à votre situation :

« Même si la situation n'est pas parfaite, elle a au moins les avantages suivants : ... »

TEST DE LÂCHER-PRISE FACE À L'AVENIR

Faites-vous partie des personnes qui voient le verre à moitié plein ou à moitié vide ? Et si je vous disais que pour ma part, je le vois entièrement plein : une moitié du verre est pleine d'eau et l'autre moitié... est pleine d'air ! Tout est question de point de vue ! L'optimisme est avant tout une façon de voir le monde sous son meilleur jour, celui qui nous semble le plus agréable. Et les recherches en psychologie positive ont permis de mettre en évidence que l'un des principaux facteurs du bonheur était justement l'optimisme, qui invite à avoir confiance en l'avenir.

L'échelle de disposition à l'optimisme, créée par Erik J. Giltay, traduite et adaptée par Jean Cottraux, membre fondateur de l'Académie de thérapie cognitive et enseignant à l'université Lyon-I, va vous permettre de faire le point.

Évaluez chacun des quatre énoncés suivants en retenant la lettre de la réponse que vous choisissez.

Question 1 : J'attends toujours plus de la vie
A. Je suis complètement d'accord
B. Je suis en partie d'accord ou je ne sais pas
C. Je ne suis pas d'accord

Question 2 : Je n'attends rien de ce qui va m'arriver dans les années à venir
A. Je suis complètement d'accord
B. Je suis en partie d'accord ou je ne sais pas
C. Je ne suis pas d'accord

Question 3 : Mes jours me semblent s'écouler lentement
A. Je suis complètement d'accord
B. Je suis en partie d'accord ou je ne sais pas
C. Je ne suis pas d'accord

Question 4 : Je suis toujours plein de projets
A. Je suis complètement d'accord
B. Je suis en partie d'accord ou je ne sais pas
C. Je ne suis pas d'accord

Avant de vous donner les moyens d'évaluer votre niveau d'optimisme, précisons que ce test n'est qu'une synthèse de tests beaucoup plus poussés. Aussi, considérez-le bien comme une indication des aspects de votre optimisme.

Votre résultat
- *Question 1 : A. 2 ; B. 1 ; C. 0*
- *Question 2 : A. 0 ; B. 1 ; C. 2*
- *Question 3 : A. 0 ; B. 1 ; C. 2*
- *Question 4 : A. 2 ; B. 1 ; C. 0*

Faites le total de vos points et vous obtiendrez ainsi un résultat sur une échelle de 0 à 8 de votre niveau d'optimisme. À vous ensuite de voir quel niveau vous souhaiteriez atteindre !

Petites précisions : il faut savoir que des études ont révélé qu'effectivement, les optimistes avaient parfois du mal à être réalistes. Mais il a aussi été prouvé que réalistes ou non, ce sont les optimistes qui font le plus avancer le monde et qu'ils sont beaucoup plus heureux que les pessimistes. Croyez en l'avenir et il vous sourira ! Parole d'optimiste !

SE LIBÉRER DU POIDS DU PASSÉ

« Lorsque ton passé t'appelle, ne réponds pas, il n'a rien de nouveau à te dire. »

Cherry Blossom

Nous avons tous traversé des épreuves de vie, que nous préférerions oublier, ou au moins pouvoir mettre de côté pour que ces souvenirs ne viennent plus hanter notre présent et nous limiter dans nos projets d'avenir. Certains y parviennent mieux que d'autres d'ailleurs. Mais lorsque nous sommes encore sous l'emprise de ce passé, nous avons de grandes difficultés à profiter du moment présent et encore plus à nous projeter dans l'avenir. Les souvenirs, les traumatismes du passé nous encombrent l'esprit, parfois même habitent nos nuits sous forme de cauchemars ou d'insomnies. Nos pensées sont envahies en quasi-permanence par des phrases, des images, des flashs même parfois, incontrôlables, des idées qui ont été ancrées il y a bien longtemps, mais qui vivent en nous comme au premier jour. De nombreuses personnes ne parvenant pas à lâcher prise sur le passé ont été victimes d'un traumatisme, ponctuel (attentat du 11 septembre, humiliation, viol, agression...) ou dans la durée (enfance difficile, intimidations régulières, harcèlement). Lorsque le passé nous assaille à ce point, il ne nous est alors pas possible de nous relâcher totalement, ni de nous vider la tête.

UNE CLÉ POUR SE LIBÉRER DU PASSÉ

Objectif : se libérer de son passé en gagnant en gratitude ! En donnant du sens, de l'intérêt aux expériences de notre passé, nous pouvons remercier la vie d'avoir mis ces épreuves sur notre chemin, car elles nous ont permis en contrepartie de vivre de très belles expériences.

› **Étape 1 :** Repensez à une situation de votre passé que vous pourriez comparer symboliquement à une porte qui s'est fermée pour vous. Repensez à une situation que vous avez vécue peut-être comme un traumatisme et qui vous a donné l'impression de fermer une porte sur un avenir plus grand, plus beau.

› **Étape 2 :** Maintenant, identifiez au moins trois portes qui se sont finalement ouvertes pour vous par la suite. Identifiez

→

trois conséquences positives qui ne seraient sans doute jamais arrivées dans votre vie si vous n'aviez pas vu cette première porte se fermer.

› **Étape 3 :** Puis, en accueillant avec bienveillance cette première porte fermée, laissez monter en vous un sentiment de gratitude pour ces portes qui se sont finalement ouvertes ensuite.

SE LIBÉRER DE SES ATTENTES ET DE SES DÉSIRS

En tant qu'êtres humains, nous sommes naturellement influencés par certains besoins psychosociologiques : le besoin d'aimer et d'être aimé, le besoin de reconnaissance, le besoin d'accomplissement, le besoin d'autonomie, mais aussi le besoin d'appartenance ou de sécurité. Ces besoins peuvent parfois être contradictoires, plus ou moins conscients. Quoiqu'il en soit, ils influencent nos vies au quotidien. En particulier, ils influencent nos désirs et nos attentes. Pour certains d'entre nous, ces besoins nous poussent à vivre sans cesse dans le désir, dans « l'attente de ». Par besoin de reconnaissance, nous pouvons attendre des compliments de notre patron, par besoin d'amour, nous pouvons attendre des attentions de notre conjoint, par besoin de sécurité, nous pouvons désirer très fort gagner au loto... Et dans cette attente, ce désir hante nos pensées et nous ne nous sentons pas bien. Sans compter que nous pouvons être particulièrement déçus si nous n'obtenons pas le résultat tant désiré ou attendu. Nous pouvons avoir des objectifs comme tout le monde, mais ces objectifs peuvent devenir obsessionnels, nous occuper l'esprit en permanence et il nous est alors impossible de lâcher prise et de profiter de la vie tant que nous n'avons pas assouvi notre désir ou tant que l'autre ou la vie n'a pas répondu à nos attentes.

UNE CLÉ POUR SE LIBÉRER DE SES ATTENTES ET DE SES DÉSIRS

Objectif : se sentir libre de ses désirs et attentes en prenant du plaisir tout au long du chemin !

› **Étape 1 :** En pensant à ce qui vous occupe souvent l'esprit en ce moment, complétez la phrase suivante par plusieurs désirs qui vous viennent comme ça spontanément : « En ce moment, je désire vraiment… »

Parmi ces désirs, en avez-vous un ou plusieurs qui vous préoccupent beaucoup actuellement et qui provoquent des émotions désagréables chaque jour durant votre attente de leur réalisation ?

Si oui, vous pouvez passer à l'étape suivante. Si ce n'est pas le cas, très bien, nous pouvons avoir aussi des objectifs, des rêves qui nous portent, qui nous motivent et nous inspirent uniquement des émotions positives.

› **Étape 2 :** Pour chaque désir néfaste dont vous aimeriez vous libérer, suivez le processus suivant :

1. Remplacez tout d'abord la phrase « En ce moment, je désire vraiment… » par la phrase « Je préférerais vraiment… »
2. Ajoutez cette fin de phrase : « Je préférerais vraiment …. et je vais faire de mon mieux pour y parvenir. » ;
3. Finalement, ajoutez cette fin de phrase : « Je préférerais vraiment …. et je vais faire de mon mieux pour prendre du plaisir à ressentir ce désir. »

LE LÂCHER-PRISE : UN JUSTE ÉQUILIBRE

Que nous luttions pour contrôler l'incontrôlable, que nous combattions nos propres jugements ou que nous nous débattions contre le stress ou contre nos peurs, notre jalousie, notre colère, nous sentons bien au fond de nous dans ces moments-là que nous nageons à contre-courant. Et j'ai une très bonne nouvelle pour chacun de nous : il est possible de sortir la tête de l'eau, de faire demi-tour et de se laisser porter naturellement par un « courant porteur », facteur de paix, de liberté, de sérénité, de simplicité, de bonheur ! Lâcher prise revient donc à sortir la tête de l'eau, mais aussi à faire ce demi-tour et à continuer à nager dans le bon sens.

À ce stade, je ne sais pas à quel niveau de la rivière vous en êtes, ni depuis combien de temps vous nagez à contre-courant, ou si au contraire vous avez déjà commencé votre demi-tour et nagez déjà dans le bon sens à bonne allure.

« Je compare la vie aux cordes d'un instrument de musique, qu'il faut tendre et relâcher pour qu'elles rendent un son plus agréable. »

Démophile

Comme vous pouvez donc le constater, lâcher prise n'est pas aussi simple que vous pouviez le penser au départ. Car il ne s'agit pas uniquement de tout arrêter, de faire une pause ou de se détendre, ni d'attendre, de se mettre sur le côté pour observer les autres. Il ne s'agit pas de renoncer à tout, ni de tout accepter. Il s'agit, comme je l'ai dit tout au début de ce livre, de trouver un équilibre entre différentes dynamiques intellectuelles, émotionnelles et corporelles complémentaires : entre le « laisser aller » et le « tenir bon », entre la souplesse et la persévérance, entre le ressourcement et le passage à l'action, entre l'accueil bienveillant et la volonté de changement, entre la confiance en soi, en l'autre et en la vie !

« Que la force me soit donnée de supporter ce qui ne peut être changé et le courage de changer ce qui peut l'être mais aussi la sagesse de distinguer l'un de l'autre. »

Marc Aurèle

Ni hérisson, ni paillasson, les personnes qui ont trouvé leur équilibre dans le lâcher-prise sont donc des personnes courageuses, persévérantes, qui ont développé une capacité d'adaptation, une bienveillance pour elles-mêmes comme pour autrui, une paix intérieure. Elles alternent des moments d'action et des moments de repos, elles respectent les autres et se respectent elles-mêmes, elles écoutent leur corps et accueillent leurs émotions. Elles connaissent et acceptent leurs possibilités mais aussi leurs limites, tout comme les possibilités et les limites des autres. Elles vivent pleinement et profitent de chaque instant !

APPRENDRE À NOS ENFANTS À LÂCHER PRISE

L'HOMME DANS LE TROU

Un homme tomba dans un trou et se fit très mal.

Un cartésien se pencha et lui dit : « Vous n'êtes pas rationnel, vous auriez dû voir ce trou. »

Un spiritualiste le vit et dit : « Vous avez dû commettre quelque péché. »

Un scientifique calcula la profondeur du trou.

Un journaliste l'interviewa sur ses douleurs.

Un yogi lui dit : « Ce trou est seulement dans ta tête, comme ta douleur. » →

Un médecin lui lança deux comprimés d'aspirine.

Une infirmière s'assit sur le bord et pleura avec lui.

Un thérapeute l'incita à trouver les raisons pour lesquelles ses parents le préparèrent à tomber dans le trou.

Une pratiquante de la pensée positive l'exhorta : « Quand on veut, on peut ! »

Un optimiste lui dit : « Vous avez de la chance, vous auriez pu vous casser une jambe. »

Un pessimiste ajouta : « Et ça risque d'empirer. »

Puis un enfant passa, et lui tendit la main...

Nous sommes ce que nous sommes car nous avons appris à l'être ! Lorsque nous étions enfants, nous possédions naturellement de nombreuses forces et nous avons parfois appris à les contenir et développé quelques limites à notre propre épanouissement. Ce n'est pas la vie qui nous apprend à être altruistes, confiants, gentils, souriants, curieux, créatifs, etc. À l'inverse, c'est la vie qui peut nous amener à mettre en cage ces différentes forces naturelles. À nous ensuite de réapprendre ce lâcher-prise originel.

Aussi, comment pouvons-nous éviter que nos enfants se ferment trop de portes sur le chemin de leur épanouissement personnel ? C'est ce que bon nombre de parents, d'éducateurs et d'enseignants se demandent souvent. Nous souhaitons tous le bonheur des futures générations, mais parfois, sans le vouloir, nous posons nous-mêmes des obstacles sur leur chemin. Voici maintenant douze clés qui vous permettront d'adopter une attitude positive à l'égard de vos enfants et de favoriser en eux l'apprentissage du lâcher-prise.

12 CLÉS POUR APPRENDRE À NOS ENFANTS À LÂCHER-PRISE

1. *Observons-les*

Prenons le temps de les observer, leurs attitudes, leurs jeux, leurs discussions, leurs émotions, leurs réactions, leurs questions, soyons attentifs et... apprenons d'eux ! Depuis combien de temps n'avez-vous pas tout simplement observé de loin un enfant qui joue seul, ou un groupe d'enfants qui joue sans la présence d'un adulte ? C'est très instructif ! En les observant, nous pourrons alors cesser de les réprimander sans raison, par habitude au moindre bruit, au moindre écart à la « règle » !

2. *Autorisons-leur l'échec*

Winston Churchill a dit « le succès, c'est d'aller d'échec en échec sans perdre son enthousiasme ». Il n'y a que celui qui ne fait rien qui ne se trompe pas, alors encourageons nos enfants à essayer, à expérimenter, à échouer, pour mieux se relever, et apprenons-leur à tirer parti de leur expérience pour progresser chaque jour un peu plus ! Et veillons à maintenir leur enthousiasme tout au long du chemin !

3. *Donnons du sens à chaque échec*

À chaque fois qu'ils n'atteindront pas leur objectif, valorisons les bons côtés de la situation, les efforts fournis, les progrès observés, les bénéfices obtenus, l'utilité de cette situation. Répétons régulièrement que toute épreuve est source d'apprentissage, qu'il n'y a pas de problème, que des solutions, que les problèmes sont des énigmes à résoudre, et qu'il faut parfois du temps justement pour les résoudre et trouver les solutions, mais que nous finissons toujours par y parvenir.

4. *Valorisons leurs ressources et leurs réussites*

Prenons le temps régulièrement d'identifier nous-mêmes les qualités de nos enfants, leurs forces, leurs capacités, leurs réussites, et demandons-leur aussi quelles forces ils possèdent, de quelle qualité ils ont fait preuve dans leur dernière réussite. Habituons-les chaque jour à se demander ce qu'ils ont bien réussi aujourd'hui et comment ils y sont parvenus !

5. *Développons leur autonomie*

Laissons-les jouer seuls régulièrement, qu'ils apprennent à se découvrir eux-mêmes, dans leurs envies, leurs goûts, leur créativité, proposons-leur des activités comme du puzzle, de la pâte à modeler, du dessin, de la peinture, de le danse, du sport, des mandalas, de la méditation même, mais tout seuls, avec la responsabilité de faire attention aux affaires, et de ranger ensuite. Invitons-les à nous surprendre en nous prouvant que nous pouvons leur faire confiance. Et ne venons pas toutes les 5 minutes vérifier, sinon l'effet sera contraire ! Au pire, nous ferons un peu de rangement à la fin avec eux, mais le principal, c'est que nos enfants apprendront à ne plus dépendre tout le temps des autres. « Tu as besoin d'un verre là-haut ? Prends une chaise en faisant attention et tu vas t'en sortir, je te fais confiance. »

6. *Lâchons prise sur les bulletins de note*

Imaginez qu'une personne vienne contrôler sans cesse votre travail, plusieurs fois par jour, et que quelqu'un évalue chacune de vos actions avec une note, qu'à la fin de l'année, cette personne vous remette un bulletin de notes et vous impose de le faire signer par l'ensemble de votre famille, de vos amis. Il vous serait impossible de continuer votre activité par passion, vous le feriez pour avoir une bonne note, ou pour ne pas décevoir vos proches, pour ne pas avoir honte devant eux. Il en est de même pour nos enfants. Ainsi, lorsque nous recevons ce bulletin de notes, interrogeons simplement notre enfant sur ce qu'il ressent, demandons-lui ce qu'il en pense, et ce qu'il a appris de tout cela. Et rappelons-lui que nous l'aimons, et que quoiqu'il arrive, nous serons toujours là pour l'aider à faire de son mieux ! Ne serait-ce pas ce que nous aimerions entendre de nos proches si nous devions leur rendre des comptes sur notre travail ?

7. *Développons leur communication bienveillante*

Apprenons-leur à identifier, puis à exprimer leurs émotions, à mettre des mots sur leurs ressentis, à identifier puis à exprimer leurs besoins, leurs désirs, leurs attentes, avec des mots justes, dans une intention juste et avec bienveillance envers eux-mêmes et envers les autres.

8. *Développons leur empathie*

En retour, apprenons-leur à identifier et à écouter les émotions, les besoins, les désirs, les attentes des personnes qui les entourent ! Apprenons-leur à se mettre parfois à la place des autres pour mieux comprendre leurs réactions, leurs émotions et ainsi mieux les accueillir et s'y adapter.

9. *Entretenons leur passion pour ce qu'ils aiment*

Soyons de bons observateurs, écoutons nos enfants, interrogeons-les, interrogeons leurs enseignants pour identifier ce qui les anime vraiment. Qu'est-ce qui est important pour eux ? Quels sont leurs passions, leurs centres d'intérêt ? Et aidons-les de notre mieux à exploiter cette passion pour développer leurs compétences dans cette direction. Si notre enfant aime courir, faisons-lui réciter ses leçons en courant ! Si notre enfant aime dessiner, faisons-lui écrire les tables de multiplications à la peinture avec des illustrations !

10. Développons leur curiosité

Et pour commencer, prenons le temps de répondre à toutes leurs questions, apprenons-leur à chercher les réponses si nous ne les avons pas, accompagnons-les dans cette recherche, incitons-les à poser des questions en les valorisant dès qu'ils s'intéressent à quelque chose de nouveau. Si notre enfant pose une question sur les planètes, emmenons-le dans un planétarium, s'il s'intéresse à la mythologie grecque, offrons-lui un livre sur le sujet ou proposons-lui de nous faire un petit exposé en famille sur ce thème. Et portons de l'attention à chaque étape, de l'idée à la présentation devant la famille.

11. Rappelons-leur que nous les aimons sans conditions

Et quoiqu'il arrive, même dans les moments les moins agréables, rappelons toujours à nos enfants que nous les aimons, tout simplement, sans expliquer pourquoi ni comment, mais avec des mots simples comme « Et quoiqu'il arrive, tu sais mon cœur, je t'aime ! ».

12. Montrons l'exemple

Les enfants sont de grands imitateurs, offrons-leur de belles choses à imiter ! Osons parfois sortir du cadre, osons prendre des risques et accueillir l'échec comme un apprentissage, donnons du sens à nos échecs, valorisons nos forces et nos réussites, lâchons prise sur nos résultats professionnels chiffrés, développons notre propre communication bienveillante, notre empathie, développons nos passions et notre curiosité ! Et parlons de tout cela avec nos enfants régulièrement !

Pour conclure, que pourriez-vous faire dans les jours à venir pour apporter au moins l'une de ces clés à l'un de vos enfants, ou à un enfant de votre entourage ?

....

....

CONCLUSION JE NE SAIS PAS SI C'EST UNE BONNE OU UNE MAUVAISE CHOSE...

LE VIEIL HOMME ET LE CHEVAL BLANC

C'est l'histoire d'un vieil homme qui vit dans un petit village. Bien que pauvre, il est envié par tous, car il possède un beau cheval blanc. Même le roi convoite son trésor. De nombreuses personnes viennent faire des propositions de prix fabuleux pour s'acheter ce magnifique cheval. Mais le vieil homme refuse toujours. L'homme est pourtant pauvre et la tentation est grande. Mais il ne vend finalement jamais ce cheval.

Un matin, il constate qu'il n'est pas dans son écurie. Tout le village vient le voir. « Vous êtes un vieux fou ! se moquent-ils. Nous vous avions prévenu que vous seriez volé. Vous êtes si pauvre. Comment avez-vous pu garder pour vous un animal si précieux ? »

Le vieil homme leur répond très sereinement : « Ne parlez pas trop vite. Dites seulement que le cheval n'est pas dans l'écurie.

C'est tout ce que nous savons, le reste, c'est votre interprétation. Et je ne sais pas si c'est une bonne ou une mauvaise chose. »

Quinze jours plus tard, le cheval revient. Il n'avait pas été volé, il s'était enfui dans la forêt. Non seulement il est revenu, mais il est en plus accompagné d'une douzaine de chevaux sauvages. Une fois de plus, les gens du village se réunissent autour du bûcheron et commencent à discuter : « Vieil homme, tu avais raison et nous avions tort. Ce que nous pensions être une malédiction était en fait une bénédiction. S'il vous plaît, pardonnez-nous. »

L'homme leur répond alors : « Une fois de plus, vous allez trop loin. Dites seulement que le cheval est de retour. Effectivement, une douzaine de chevaux sont arrivés avec lui, mais n'interprétez pas plus que cela la situation. Et je ne sais pas si c'est une bonne ou une mauvaise chose. »

Le vieil homme a un fils, un fils unique. Le jeune homme commence à dresser les chevaux sauvages. Quelques jours plus tard, il tombe d'un des chevaux et se casse les deux jambes. Une fois de plus, les villageois se réunissent autour du vieil homme et lui lancent leurs jugements. « Vous aviez raison, déclarent-ils. Vous avez prouvé que vous aviez raison. La douzaine de chevaux n'était effectivement pas une bénédiction. Ils étaient une malédiction. »

Le vieil homme s'exprime à nouveau : « Dites seulement que mon fils s'est cassé les jambes. Qui sait si c'est une bénédiction ou une malédiction ? Personne ne sait. Et je ne sais pas si c'est une bonne ou une mauvaise chose. »

Il se trouve que quelques semaines plus tard, le pays s'engage dans une guerre contre un pays voisin. Tous les jeunes hommes du village sont appelés pour rejoindre l'armée. Seul le fils du vieil homme n'est pas mobilisé, car il est blessé. Une fois de plus les gens se rassemblent autour du vieil homme. « Vous aviez raison, vieil homme, disent-ils en pleurant. Dieu sait que vous aviez raison. C'est prouvé maintenant. L'accident de votre fils était une bénédiction. » Le vieil homme leur répond à nouveau : « Je ne sais pas si c'est une bonne ou une mauvaise chose. »*

C'est avec cette légende que je conclus ce petit guide en vous invitant, à chaque épreuve de votre vie, à chaque nouvelle situation, à vous rappeler de cette phrase : « Je ne sais pas si c'est une bonne ou une mauvaise chose, mais je sais que je vais faire de mon mieux pour profiter de la vie avec ! »

* Traduction et adaptation par Cécile Neuville du texte de Max Lucado, *The Old Man and The White Horse,* (« Le vieil homme et le cheval blanc ») extrait de *In the Eye of the Storm.*

JEAN-MICHEL GURRET

MIEUX VIVRE AVEC L'EFT, C'EST MALIN

Inclus :
10 vidéos de démonstration !
Rendez-vous à la page suivante !

L'EFT

10 VIDÉOS DE DÉMONSTRATION POUR DÉMARRER FACILEMENT !

Dans ces vidéos, Jean-Michel Gurret vous montre en détail comment stimuler les bons points selon votre objectif. Une aide aussi précieuse que rassurante quand on débute !

Rendez-vous vite sur la page :

http://quotidienmalin.com/eft-malin

ou scannez ce code

Fondateur et président de l'Institut français de psychologie énergétique clinique (IFPEC), la première école française de formation à l'EFT, **Jean-Michel Gurret** est inscrit au registre des psychothérapeutes*. Il est également l'auteur de plusieurs livres, conférencier et formateur certifié en EFT (*Emotional Freedom Techniques* – voir p. 394).

Formé à la psychopathologie au sein de l'AFTCC (Association française des thérapies cognitivo-comportementales), il est l'un des rares formateurs à pratiquer l'EFT au sein d'une institution psychiatrique en plus de sa pratique en cabinet.

Il est le premier Français à être certifié par l'ACEP (Association américaine de psychologie énergétique) pour sa maîtrise de cette pratique. Il contribue largement au développement de cette technique en France et dans le monde, notamment en Haïti au cours de missions humanitaires bénévoles, en accompagnant des milliers de patients et de stagiaires.

Retrouvez son actualité sur **www.gurret.fr**.

* Selon la loi n° 2004-806 du 9 août 2004 et le décret n° 2010-534 du 20 mai 2010 relatif à l'usage du titre de psychothérapeute et notamment ses articles 7, 16 et 17, modifié par le décret n° 2012-695 du 7 mai 2012.

À ma fille, Noémie.
À tous les enfants sages
et surtout pas sages.
À l'enfant qui réside en nous
et qui parfois souffre encore.
Puisse cette méthode qu'est l'EFT
vous apporter bien-être et douceur.

INTRODUCTION

BOOSTER L'ESTIME DE SOI ET GÉRER SON STRESS, EST-CE POSSIBLE SANS COACH NI PSY ?

Oui, absolument, sans aucune hésitation ! Il est tout à fait possible de vous libérer vous-même de tout un tas de problèmes quotidiens, sans l'aide de quiconque. Vous pourrez ainsi, petit à petit, commencer à vous apprécier plus, à vous sentir plus à l'aise dans vos baskets, plus calme dans les situations de la vie courante aussi bien au travail qu'en famille. Je vais même aller plus loin : il est indispensable que vous repreniez par vous-même le contrôle de vos émotions et de votre stress afin d'optimiser votre estime de vous-même.

La méthode que vous allez découvrir dans ce guide, je l'ai expérimentée avant vous et si elle m'a conquis dès le départ, c'est en raison de son extraordinaire efficacité. Il y a une dizaine d'années encore, j'étais incapable de parler en public, je ne me sentais « pas à la hauteur », je doutais de l'avenir. J'ai multiplié le nombre de stages de développement personnel afin « de libérer ma puissance intérieure », « d'attirer le succès dans ma vie », « d'apprendre à parler en public », et j'ai chez moi depuis toujours une collection impressionnante d'ouvrages et de DVD sur le sujet. Mais malgré tous ces efforts, je continuais à me sentir mal à l'aise dans les situations sociales, tout particulièrement quand il s'agissait de me mettre sur le devant de la scène. Et puis j'ai rencontré l'EFT (Emotional Freedom Techniques*), cette méthode venue des États-Unis et arrivée en France au début des années 2000 et qui, combinée à d'autres outils tels que la PNL**, l'hypnose et la cohérence cardiaque***, a radicalement transformé ma manière de me sentir en public et en société. Aujourd'hui, j'anime des formations ou des conférences et je me surprends encore à y prendre un réel plaisir. L'angoisse implacable du passé a laissé place à la joie du partage. Et vous aussi, vous pouvez y parvenir.

COMMENT CE GUIDE PEUT-IL VOUS AIDER ?

Vous allez apprendre, grâce à ce petit guide malin, à vous libérer des souvenirs douloureux et des croyances négatives qui limitent ou annihilent l'estime que vous vous portez. Vous trouverez des dizaines de bons conseils et d'astuces à mettre en place tout de suite et au fil du temps pour améliorer progressivement l'image que vous avez de vous-même, mettre l'accent sur vos réussites, grandes et petites, calmer vos angoisses et apprendre à retrouver votre calme.

Ce livre vous propose de vous poser, de faire un bilan de votre vie et surtout d'apprendre à vous déculpabiliser. Nos pensées et nos actions d'aujourd'hui sont le résultat de notre programmation et de notre éducation dès notre plus jeune âge.

---

* « Techniques de libération émotionnelle ».

** PNL (programmation neuro-linguistique) : thérapie brève visant à favoriser la communication entre les individus, l'estime de soi et les comportements de réussite.

*** Cohérence cardiaque : état cardiaque spécifique que l'on obtient par des exercices respiratoires et ayant de nombreux effets positifs sur la santé et le bien-être.

Les progrès incroyables des neurosciences durant ces quinze dernières années nous montrent que 95 % de nos pensées – donc de nos comportements qui en découlent – sont inconscientes et proviennent de cette programmation. Ainsi, seules 5 % de nos pensées sont conscientes. Dans bien des domaines, nous passons donc 5 % de notre temps à décider des choses et 95 % à faire le contraire. Par exemple, je décide de lire un livre pour booster ma confiance en moi, je prends de bonnes décisions, je me dis à moi-même que je suis quelqu'un de bien, et patatras ! dès que je me retrouve face à un groupe et que je dois prendre la parole, je me sens nul(le), je bégaye, je rougis, je transpire à grosses gouttes et je réagis en fonction de ce que me dicte mon inconscient. Et finalement, je me dis que je n'y arriverai jamais et que je suis « fabriqué(e) » comme cela...

Dans cet ouvrage, je vous propose d'utiliser l'EFT pour changer votre programmation initiale afin d'adopter un nouveau mode de vie qui convienne à vos valeurs et à vos envies. Je vais vous montrer comment changer votre vie sans toutefois faire des efforts insurmontables. Si vous avez déjà lu *L'estime de soi, c'est malin**, le présent guide complétera utilement votre lecture et vous donnera des clés supplémentaires. Nous allons partir de là où vous en êtes pour, au fil des jours qui passent, aller là où vous souhaitez aller. Je vous garantis que si vous me suivez, vous allez prendre plaisir à arpenter ce nouveau chemin, bien avant d'arriver à votre but.

Nous commencerons à faire le point sur les notions abstraites d'émotion, d'estime de soi et de stress de manière à se mettre d'accord sur ce que nous abordons dans ce guide. Il est important de savoir nommer nos ressentis avant de les gérer.

Ensuite, je vous apprendrai à pratiquer l'EFT d'une manière simple et efficace. Pas la peine de vous compliquer la tâche avec

* *L'estime de soi, c'est malin*, Amélia Lobbé, Leduc.s Éditions, 2014.

des notions complexes : nous irons droit à l'essentiel de manière à ce que vous commenciez à en retirer les bénéfices au plus vite. Je vous guiderai tout au long de votre journée pour vous montrer comment vous pouvez intégrer cet outil dans votre vie et en tirer parti de la meilleure façon. Vous pourrez ainsi gérer les petits et les gros tracas dès qu'ils se présentent. Et s'ils vous rappellent des souvenirs désagréables, des choses que vous avez déjà vécues il y a plus ou moins longtemps, vous serez à même de traiter ces événements et de faire la paix avec le passé.

Chaque situation de la vie quotidienne deviendra alors l'occasion de vous libérer des émotions qui jusqu'alors vous dérangeaient ou vous limitaient. Suivez ce guide et vous vous allégerez de ce qui vous encombre, pas à pas. Néanmoins, je dois vous mettre en garde, car cette méthode n'est ni une panacée, ni de la magie : n'espérez pas tout guérir en un claquement de doigts. Pour certaines problématiques, il vous faudra persévérer et utiliser l'EFT régulièrement. Si vous souffrez de pathologies sévères et diagnostiquées, l'aide d'un psychothérapeute ou d'un professionnel de la santé mentale sera indispensable, et ce guide ne saurait en aucun cas se substituer à une prise en charge thérapeutique.

Lorsque vous aurez compris comment mettre en œuvre cette technique et que vous aurez senti que votre corps – et votre esprit – se libèrent des émotions et des traumatismes enregistrés parfois depuis longtemps, je vous accompagnerai alors pour découvrir quel genre de routine vous pourrez mettre en place afin d'accroître encore votre maîtrise de cet outil.

UN POINT D'URGENCE POUR CALMER LES ÉMOTIONS FORTES

Vous êtes en proie à une émotion forte telle que la peur : stimulez ce simple point qui se situe sous la clavicule – droite ou gauche, comme bon vous semble (voir le schéma ci-après).

Si vous êtes seul, au téléphone par exemple, et que l'on vous annonce une mauvaise nouvelle, stimulez ce point avec tous les doigts d'une seule main en le « tapotant » doucement de manière répétée durant 1 minute.

Si vous êtes en public, massez-le discrètement en appuyant plus ou moins fort selon votre sensation afin de retrouver votre calme.

Ce point, appelé « rein 27 » par les médecins chinois (ou plus simplement « point d'urgence » en EFT), a la capacité d'**apaiser les poussées émotionnelles** afin de vous calmer et de vous permettre d'évacuer le trop-plein d'émotions.

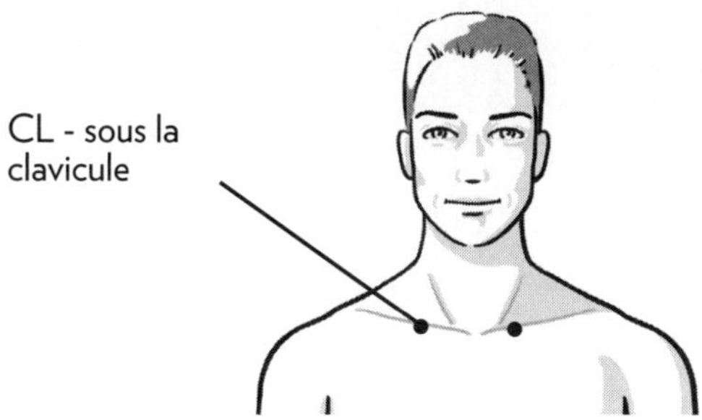

LES COMPLÉMENTS VIDÉO MALINS

On dit souvent qu'une image vaut mieux qu'un long discours. Je vous propose donc de me retrouver gratuitement en vidéo pour mieux vous guider. Pensez à utiliser ces vidéos dès le départ pour mieux vous aider à intégrer la logique de l'EFT. Je vous livre également de nombreuses astuces en plus : test musculaire emprunté à la kinésiologie, les exercices de la routine énergétique de Donna Eden, etc.

Pour visionner ces vidéos, scannez les codes présents dans ce livre ou tapez l'adresse (qui vous sera indiquée) dans la barre dédiée de votre navigateur Internet.

1

MIEUX VOUS ACCEPTER POUR MIEUX VIVRE

Chapitre 1

Les émotions, c'est quoi ?

LE RACCOURCI MALIN

Si vous n'êtes pas passionné par la théorie et que pour vous seul le résultat compte, je vous suggère de passer directement au chapitre 3 (voir p. 417) pour démarrer avec l'EFT. Vous aurez tout le temps par la suite de vous poser un peu et de revenir sur ces quelques lignes.

Définir simplement et précisément ce qu'est une émotion est un exercice compliqué car il s'agit d'un des phénomènes psychologiques les plus difficiles à comprendre. Une émotion est la réaction d'un individu qui traduit ce qu'il ressent au fond de lui. Elle peut être causée par un événement extérieur ou une pensée.

Émouvoir pourrait s'écrire ainsi : « é-mouvoir », c'est-à-dire mettre en mouvement. Ce changement est vécu physiquement (la joie, la peur, le dégoût ou la colère se manifestent par l'augmentation du rythme cardiaque, la colère fait croître la température au bout des doigts et la peur, à l'inverse, la fait diminuer, etc.). Une émotion débute soudainement, en réaction à un événement extérieur, et ne dure que peu de temps.

UNE MOBILISATION DU CORPS ET DE L'ESPRIT

Une émotion a d'abord une manifestation interne et génère une réaction extérieure. Elle est provoquée par la confrontation à une situation et à l'interprétation de la réalité. En cela, une émotion est différente d'une sensation, laquelle est la conséquence physique directe (relation à la température, à la texture...). La sensation est directement associée à la perception sensorielle. La sensation est par conséquent physique. Quant à la différence entre émotion et sentiment, celle-ci réside dans le fait que le sentiment ne présente pas une manifestation réactionnelle. Néanmoins, l'accumulation des sentiments peut générer des états émotionnels.

Les émotions sont donc des réactions complexes qui engagent à la fois le corps et l'esprit. Ces réactions incluent un état mental subjectif – tel que la colère, l'anxiété ou la peur –, une impulsion à agir – telle que fuir ou attaquer, que cela soit exprimé ouvertement ou non – et de profonds changements corporels – tels qu'une augmentation du rythme cardiaque ou de la pression sanguine. Certains de ces changements corporels préparent à des actions d'adaptation soutenues. D'autres – tels que les postures, les gestes et les expressions faciales – communiquent aux autres ce que nous ressentons ou ce que nous voulons que les autres croient que nous ressentons.

LES ÉMOTIONS : UNE NOTION FLOUE

Dans la littérature spécialisée, les émotions constituent une notion floue, difficilement définissable, et les chercheurs n'arrivent pas à se mettre d'accord à leur sujet. Elles présentent la particularité d'être propres à chaque individu et se manifestent par des réactions spécifiques : motrices (tonus musculaire, tremblements...), comportementales (incapacité de bouger, agitation, fuite, agression...) et physiologiques (pâleur, rougissement, accélération du pouls, palpitations, sensation de malaise...). Elles sont à la base de nos réactions physiologiques et comportementales. Elles se traduisent par une expression faciale qui est la même chez tous les êtres humains, comme l'a montré Paul Eckman qui a inspiré la série télévisée *Lie to me*.

Au regard de ces définitions, le concept d'émotion apparaît comme ayant plusieurs sens. Il est, en effet, difficile de donner une définition claire et univoque de l'émotion. Cependant, les spécialistes s'accordent à dire que la pluralité des définitions de l'émotion n'altère en rien son rôle central dans toute analyse comportementale.

Les émotions sont en rapport étroit et permanent avec nos décisions et nos actions. Elles agissent sur nos comportements quotidiens, sur nos choix et nos perceptions, et elles rendent la communication plus efficace. En outre, les émotions jouent un rôle clé dans tout processus d'apprentissage en agissant sur la capacité de mémorisation de l'apprenant, sur sa rétention de l'information et sur son attention. Lors de l'acquisition des connaissances, les émotions agissent à différents niveaux sur l'esprit humain.

De récentes études ont démontré que les émotions et la connaissance sont intimement liées. Il est normal et tout à fait adéquat d'avoir des émotions. Le problème, ce n'est pas l'émotion en elle-même, mais plutôt son intensité et son mode d'expression.

Les émotions viennent et s'en vont. Elles sont des réactions aux événements (éléments déclencheurs externes et/ou internes). L'expression de l'émotion est importante pour communiquer. Il y a 3 types d'expression de l'émotion :

1. **le langage du corps** (expression faciale, posture) ;
2. **les mots** (je suis triste, je t'aime) ;
3. **les actions ou comportements** (embrasser, courir vers quelqu'un, se battre).

Les émotions servent à communiquer notre état d'âme aux autres, à nous révéler certaines choses à propos de la situation vécue ainsi qu'à régler et motiver l'action (mobilisation rapide pour agir en cas de danger, par exemple).

Nos émotions nous aident à affronter des situations et des tâches importantes : formation d'un couple, création d'une famille, séparation, deuil, réussites au travail, études, etc. Donc, nos réactions émotionnelles peuvent nous révéler certaines choses à propos de la situation dans laquelle nous nous trouvons. Ne pas être en contact avec ses émotions ou se laisser envahir par elles (émotions douloureuses) nous prive de leurs buts bénéfiques.

Dans son livre *L'intelligence émotionnelle,* Daniel Goleman décrit l'émotion de la manière suivante : « Un terme dont la signification précise est sujet de débat entre psychologues et philosophes depuis plus d'un siècle. Dans son sens le plus littéral, l'Oxford English Dictionary définit l'émotion comme "une agitation ou un trouble de l'esprit, du sentiment, de la passion, tout état mental de véhémence ou d'excitation". Je désigne par émotion à la fois un sentiment et les pensées, les états psychologiques et biologiques particuliers, ainsi que la gamme de tendances à l'action qu'il suscite. Il existe des centaines d'émotions, avec leurs combinaisons, variantes et mutations. Leurs nuances sont en fait si nombreuses que nous n'avons pas assez de mots pour les désigner. »

Les chercheurs ne sont donc pas d'accord entre eux pour savoir s'il existe des émotions fondamentales – en quelque sorte le bleu, le rouge et le jaune – à partir desquelles se forment tous les mélanges.

ÉMOTIONS ET SANTÉ

La relation entre les émotions et la santé continue d'alimenter de nombreux débats entre les spécialistes. Beaucoup d'études montrent une relation étroite entre l'apparition de maladies et des cas d'émotions négatives prolongées. Et même si les recherches ne sont pas unanimes sur ce point, de nombreux professionnels de la santé reconnaissent que la plupart des maladies sont plurifactorielles et que les émotions et le stress prolongé jouent indéniablement un rôle.

Une des plus importantes études américaines réalisée sur 17 400 personnes, l'Adverse Childhood Experience Study (ACE, étude sur les maltraitances infantiles), résulte d'une collaboration vieille de dix ans entre le service de médecine préventive du Kaiser Permanente à San Diego et les Centers for Disease Control and Prevention (CDC). Cette étude à grande échelle porte sur l'influence des expériences infantiles stressantes et traumatisantes – et donc le vécu d'émotions négatives précoces – sur l'origine des comportements sous-jacents aux principales causes de handicaps, problèmes sociaux et médicaux, parfois causes de mortalité aux États-Unis. À la différence de beaucoup d'études précédentes dans ce champ, qui s'étaient volontairement focalisées sur des types particuliers de maltraitances infantiles (surtout les abus sexuels) et sur des problèmes médicaux spécifiques (souvent psychiatriques), l'ACE Study a été conçue pour évaluer simultanément l'exposition durant l'enfance à de multiples sortes d'abus, carences, violences familiales, ainsi qu'à des dysfonctionnements familiaux tels que la toxicomanie.

De plus, elle inclut l'évaluation d'un large éventail de problèmes médicaux et sociaux prioritaires, allant de l'adolescence à l'âge adulte. Elle est ainsi la plus grande étude jamais réalisée dans sa catégorie avec un éventail de corrélations entre maltraitances infantiles et problèmes médicaux sans précédent.

Elle a montré qu'un nombre inattendu des adultes qui étaient venus dans le service de médecine préventive pour un check-up avaient été victimes de violences ou de dysfonctionnements familiaux significatifs pendant l'enfance. Dans le cadre de l'étude, les maltraitances infantiles ont été définies en tant que violences émotionnelles, physiques ou sexuelles, carences physiques ou affectives, ainsi que le fait de grandir dans un environnement familial dont un des membres était alcoolique, toxicomane, présentait des troubles psychiatriques, était suicidaire, avait été incarcéré durant l'enfance du patient, ou dans lequel la mère était traitée violemment. Cela comprenait en plus les attouchements sexuels.

Ainsi, les maltraitances infantiles ne sont pas seulement répandues de manière inattendue, mais leurs effets se révèlent cumulatifs. Les comportements tels que l'abus d'alcool ou la toxicomanie, le tabagisme, la multiplication des partenaires sexuels sont probablement le résultat de maltraitances au cours de l'enfance, qui est maintenant reconnue comme une période de développement neurologique.

Dans beaucoup de cas, sinon dans la plupart, les comportements pourraient agir en apaisant la détresse sociale et émotionnelle qui résulte des maltraitances infantiles. Ainsi, ces comportements typiquement considérés comme des problèmes se chronicisent parce qu'ils fonctionnent comme des solutions à court terme, même s'ils ont des effets nuisibles à long terme. Les résultats de l'étude ACE suggèrent que les troubles addictifs ont fréquemment pour origine des expériences traumatiques vécues dans l'enfance, et que la structure moléculaire de plusieurs substances chimiques ou les effets physiologiques de certains comportements (suralimentation, comportements sexuels) pourraient être particulièrement efficaces pour atténuer la souffrance résultant de ces maltraitances, tout en provoquant finalement des handicaps et des problèmes de santé.

Il a également été démontré que le nombre de facteurs de risque des causes principales de mortalité augmentait conjointement à l'augmentation de l'ACE Score. Ainsi, les personnes ayant un ACE Score élevé présentent un risque plus important de problèmes de santé ultérieurs, dus aux moyens choisis pour remédier à leur souffrance. Tandis que ces approches sont efficaces à court terme, elles ont souvent des conséquences désastreuses à long terme (importants problèmes de santé chroniques, problèmes sociaux). De plus, les causes sous-jacentes à ces problèmes de maltraitances infantiles ne sont habituellement pas détectées par honte, secret ou tabou social interdisant leur évocation. Ces mêmes tabous sociaux empêchent les médecins et autres professionnels de santé, ceux qui sont les mieux placés pour aider les victimes de maltraitances infantiles, de poser les questions précises qui aideraient à identifier ces causes sous-jacentes, constituant autant d'obstacles majeurs à la santé et au bien-être des personnes.

EN BREF

Une grande étude américaine réalisée sur 17 400 individus a montré que les personnes dont on n'a pas pris soin lorsqu'elles étaient enfants – et qui ont donc connu un plus grand nombre d'émotions négatives – présentent, cinquante ans plus tard, un plus grand risque de maladies liées à l'hypertension, de problèmes cardiaques, de cancers, de fractures osseuses, de tabagisme, de diabète, de suicide ou encore de consommation de drogues.

Chapitre 2

Le stress, un signal d'alerte salvateur

Imaginez-vous installé à la terrasse d'un café, sous un beau soleil de juin, à l'heure de l'apéritif, quand votre ami d'enfance vous propose d'être son témoin de mariage dans quelques mois et de faire un discours. Vous êtes bien, détendu et vous accueillez l'idée avec enthousiasme. Votre cœur s'accélère imperceptiblement, vous souriez intérieurement. Vous êtes flatté et vous songez déjà à tous les souvenirs que vous allez pouvoir dévoiler ainsi qu'à l'hilarité que cela va provoquer. Puis, vous trouvez une trame de discours qui vous semble bonne, vous en parlez à d'autres amis et... vous la mettez de côté.

Jusqu'au jour où votre ami vous rappelle que son mariage aura lieu dans 15 jours. Comme l'échéance arrive vite, il faut vous y mettre : vous passez donc à l'action et rédigez votre texte. C'est ce que font la plupart des personnes qui contrôlent leur stress. Observons quelques instants ce qui se passe à l'intérieur du cerveau et du corps de ces personnes, sous le capot en quelque sorte, et qui leur permet de se mettre au travail...

LE STRESS, MODE D'EMPLOI

Le fait d'avoir une réaction émotionnelle appropriée est permis grâce à ce que l'on appelle le « complexe vagal ventral » : un nerf vague à réponse rapide qui nous permet de nous engager dans l'action facilement.

> **NERF VAGUE, QUÉZACO ?**
>
> Le nerf vague est appelé ainsi car c'est le nerf qui a le territoire le plus étendu (il démarre à la base du crâne et se prolonge dans le corps). Comme les premiers anatomistes ne savaient pas exactement jusqu'où il allait, ils l'ont nommé… « nerf vague » !

La myéline qui entoure ce nerf est une substance qui le protège – comme la gaine d'un fil électrique – et qui permet de conduire rapidement l'influx nerveux. Son temps de réponse est donc court, de l'ordre d'une seconde.

Au regard de l'évolution du système nerveux autonome, que l'on pourrait comparer au pilote automatique de notre corps, et dont fait partie ce nerf, il s'agit de la plus récente structure à être apparue, celle qui nous permet de réagir d'une manière adaptée socialement à des demandes nouvelles.

Arrive le jour du mariage. Pour être sûr d'être à l'heure et que tout soit parfait, vous avez répété votre discours plusieurs fois, vous avez choisi votre plus belle tenue et… vous avez passé une nuit blanche à vous demander comment se déroulerait la journée du lendemain. Vous vous êtes même relevé en pleine nuit pour apporter les dernières retouches à votre texte…

Le jour J, vous arrivez bien avant les autres, votre sourire se crispe de plus en plus et votre cœur s'accélère. La cérémonie démarre, vous transpirez tellement que votre colonne vertébrale vous sert de gouttière, votre respiration s'accélère elle aussi et votre estomac se noue.

Le complexe vagal ventral est dépassé par les événements. La branche sympathique, c'est-à-dire l'accélérateur du système nerveux autonome, est activée à fond, vous êtes victime de la fameuse réponse « fight or flight » : se battre ou s'enfuir. Cette capacité à produire des réponses actives et énergiques est apparue dans le deuxième stade de l'évolution du système nerveux autonome (le SNA).

Mais vous n'avez pas le choix, vous devez affronter tous les regards et parler dans le micro au moment où l'on vous appelle. Vous avez l'impression de vous retrouver sous les projecteurs, avec la pression que vous vous mettez vous-même à l'idée de vous tenir debout face à tous ces regards inconnus. Et là... vous vous figez, vous ne pouvez plus parler, c'est le trou noir, vous êtes comme paralysé.

C'est le complexe vagal dorsal qui entre en jeu, le tout premier que nous avons acquis au cours de l'évolution, celui que nous partageons avec les animaux qui adoptent ce moyen de protection dans la nature. Il s'agit d'un nerf non myélinisé beaucoup plus lent, qui est responsable de la réponse d'immobilisation, le fameux « freeze » des Anglo-Saxons...

La réponse à un stress connaît ainsi 3 étapes déclenchées successivement en cas de débordement émotionnel :

1. une **réponse calme et efficace** si vous pensez être capable de faire face à la situation ;
2. une **réponse active de fuite ou de combat** si vous vous croyez en danger ;
3. une **incapacité à bouger** si vous êtes complètement dépassé.

En plus de ce fonctionnement (que l'on appelle « polyvagal » puisqu'il implique 3 niveaux distincts correspondant à 3 réactions bien différentes), il existe un centre de commandes situé au niveau du cerveau et qui renforce notre capacité à inhiber nos réactions primitives de type FFF (fight-flight-freeze ou bien « frapper-fuir-freiner » – c'est une traduction personnelle) pour en adopter de nouvelles, beaucoup plus socialement adaptées.

En résumé, plus votre frein (la branche parasympathique) est puissant et plus vous avez le contrôle de vos émotions. Autrement dit, si votre nerf vague est bien tonique et bien entraîné, vous évitez de connaître les affres du troisième stade (freeze) et vous passez même du second stade (fight or flight) au premier (le contrôle émotionnel). On pourrait donc ajouter un quatrième F pour « faire » ou « fonctionner ». C'est au choix...

UNE RÉPONSE ADAPTATIVE

Le stress définit ce qui se passe dans notre corps et notre esprit lorsque nous devons affronter une menace bien concrète ou seulement imaginée. En résumé, nous devons faire face et nous adapter à ce qui se passe. Il s'agit d'une réaction qui protège notre vie. Le stress a des effets positifs qui nous boostent. Il nous permet même de maîtriser l'ensemble de nos ressources pour être à notre niveau optimal.

Mais si malheureusement je perçois ou j'imagine que je ne suis pas à la hauteur de ce que mon ami attend, je dépasse mes propres capacités à réagir de manière appropriée.

En résumé, si je pense que mes ressources ou mes capacités sont inférieures à ce que demande la situation dans laquelle je me trouve, je suis dépassé par les événements et je ne contrôle plus rien. C'est mon inconscient qui prend le contrôle et qui me fait réagir en fonction de ce qu'il a enregistré depuis que je suis tout petit... Et une cascade de réactions physiques se produit à l'intérieur de moi.

Ces réactions sont indispensables pour répondre à une perturbation émotionnelle, comme la peur de parler en public, afin de maintenir un équilibre à l'intérieur de nous. Le stress pourrait ainsi être défini comme un moyen de défense face au danger, qu'il soit réel ou imaginaire. Comme nous le voyons avec cet exemple, le simple fait de penser à un danger qui n'existe pas déclenche en nous la même réaction de protection. Celle-ci se traduit par des interactions entre nos systèmes nerveux et immunitaire, nos hormones et notre psychisme. Mais le point important est de bien comprendre que la réponse de stress est une réaction qui vise à protéger notre vie, même si nos réactions que nous ne pouvons contrôler sont parfois bizarres, voire contre-productives.

LE CHAOS, UN ÉTAT NORMAL

Si maintenant, lorsque vous lisez ces lignes, vous prenez votre pouls durant 1 minute et que vous comptez les battements, vous devriez normalement obtenir un chiffre compris entre 50 pour les plus sportifs et 80-90 pour les plus sédentaires… Mais cette mesure ne veut pas dire que l'écart entre les battements est constant. Bien au contraire : votre cœur est sans arrêt en train de modifier son allure. L'écart entre les battements varie : plus il s'allonge et plus le cœur ralentit, et inversement. Le fait de prendre votre pouls et de faire une moyenne ne reflète en rien la réalité de son rythme.

Afin de maintenir l'équilibre à l'intérieur de votre corps, le cœur s'adapte aux variations de l'environnement. Et comme la plupart du temps l'environnement est chaotique, votre rythme cardiaque varie suivant une courbe chaotique qui ressemble aux montagnes russes. Le cœur dispose d'un « pacemaker » naturel qui se nomme le nœud sinusal. Ce pacemaker est relié

– lui aussi – à l'accélérateur (la branche sympathique) et au frein (la branche parasympathique ou nerf vague). Et ce sont ce frein et cet accélérateur qui régulent le temps entre deux battements du cœur. Ce sont aussi les deux branches du système nerveux autonome qui innervent l'ensemble de nos organes et qui pilotent notre corps sans que nous ayons besoin d'y penser.

Sans rentrer dans le détail des deux théories très pointues qui expliquent le lien de cause à effet entre la flexibilité de la fréquence cardiaque et la régulation des émotions, on peut retenir ceci : plus notre fréquence cardiaque a de l'amplitude (c'est-à-dire plus notre cœur a de la souplesse et peut tout d'un coup bondir dans notre poitrine pour répondre à une urgence puis rapidement revenir au calme), plus nous sommes à même d'avoir une réponse émotionnelle adaptée à la situation que nous sommes en train de vivre, plus nous sommes en bonne santé, et plus notre espérance de vie est longue... Le tonus vagal mesure la capacité de notre branche parasympathique – le frein – à ramener notre corps dans un état de calme. La recherche clinique centrée sur les émotions a mis en évidence qu'un tonus vagal élevé favorise une meilleure régulation affective, de meilleures relations sociales et de plus grandes facultés à faire face aux agents stresseurs.

DE L'ESTIME DE SOI À UNE MEILLEURE GESTION DU STRESS

Selon l'Agence européenne pour la sécurité et la santé au travail, le stress survient « lorsqu'il y a un déséquilibre entre la perception qu'une personne a des contraintes que lui impose son environnement et la perception qu'elle a de ses propres ressources pour y faire face ». En d'autres termes, si vous pensez que vous êtes capable de faire un discours devant 200 personnes le jour du mariage de votre meilleur ami, vous êtes zen, et vous le resterez probablement le jour venu. Mais si, à l'inverse, vous commencez à douter de vous, en pensant que toute l'assemblée va vous juger en ce grand jour, vous commencez immédiatement à ressentir les effets du stress.

Ainsi, le stress est une notion subjective, dont l'appréciation varie suivant les individus : Michel pourrait être tétanisé face à la responsabilité d'un discours et pourra inventer une histoire rocambolesque pour éviter d'avoir à affronter cet événement, alors que Jeanne pourrait être fière que son ami ait pensé à elle, et même ressentir de l'impatience en attendant le jour du mariage. Le stress peut faire partie de la personnalité de certains individus et influencer leur comportement, leurs relations avec les autres et leur façon de voir le monde. Dans cette catégorie, on retrouvera les perfectionnistes, les timides, les hypersensibles, les émotifs, ceux qui contrôlent à outrance et ceux qui manquent d'estime de soi.

L'estime de soi est un jugement que l'on porte sur sa propre personne et qui est vital à notre équilibre psychologique. Lorsqu'il est positif, nous nous sentons « bien dans notre peau », nous pouvons agir efficacement et affronter les difficultés de l'existence en toute quiétude. Mais lorsque notre regard sur nous-même est négatif, il engendre une souffrance permanente qui vient ruiner notre vie. Développer l'estime de soi est un travail parmi les plus utiles qui soient pour développer notre aptitude au bonheur et retrouver ou booster notre joie de vivre. C'est également un des moyens les plus rapides pour augmenter notre tolérance au stress.

Concrètement, comme le définit le psychiatre Christophe André dans son best-seller*, « l'estime de soi repose sur 3 "ingrédients" : l'amour de soi, la vision de soi et la confiance en soi ».

---

* Christophe André et François Lelord, *L'estime de soi : s'aimer pour mieux vivre avec les autres*, Odile Jacob, 2008.

Dans le chapitre qui suit, vous allez découvrir une méthode qui va vous permettre d'explorer ce qui se cache derrière ces trois concepts et je vous livrerai les clés qui vous permettront de vous améliorer dans ces trois directions. Vous mettrez en lumière les croyances qui soutiennent la faible estime de soi. Grâce à l'EFT, vous apprendrez à modifier des pensées négatives qui souvent vous ont été transmises dès votre plus jeune âge. Si vous avez un problème avec le fait de passer à l'action et de vous engager dans un projet qui vous motive vraiment, si vous vous sentez mal à l'aise dans votre peau, que vous n'arrivez pas à vous accepter tel que vous êtes, si vous vous dévalorisez en permanence et manquez de confiance en vous, ce livre est fait pour vous. Vous ressortirez de cette lecture gonflé à bloc, avec tous les outils pour améliorer rapidement votre estime de vous-même.

Chapitre 3

L'EFT, ou comment mieux gérer ses émotions, ses pensées et son stress

L'EFT, MODE D'EMPLOI

1re étape

Je vous propose de vous mettre tout de suite au travail en commençant par identifier les situations courantes qui déclenchent chez vous une tension, une appréhension, un malaise et qui perturbent votre bien-être et votre calme intérieur.

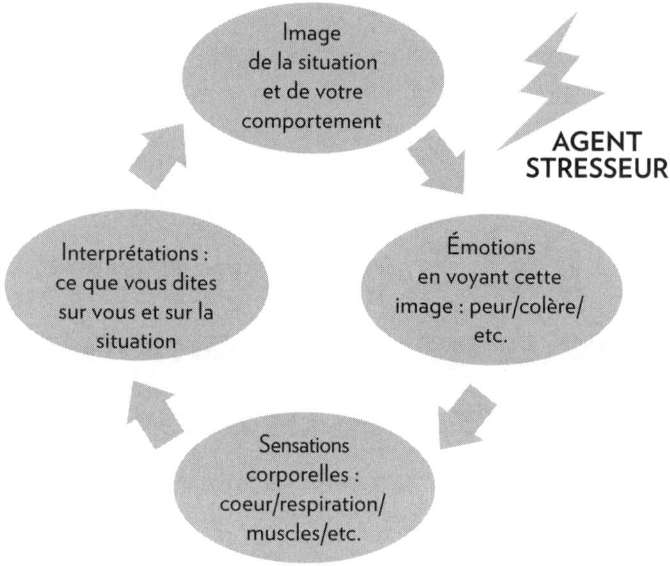

Les niveaux de réaction face à un agent stresseur

Comme le montre le schéma ci-dessus, face à une situation imprévue, nous réagissons à plusieurs niveaux : psychologique, émotionnel, physique et cognitif.

Supposons que l'agent « stresseur » (ou la situation déclenchante) soit l'obligation de prendre la parole en public. Je vais évaluer dans un premier temps les personnes présentes dans la salle, ce que j'ai à dire sur le sujet et le temps dont je dispose. Si la situation ne s'est pas encore déroulée ou qu'elle est déjà passée, je peux même avoir une image de la situation, soit future, soit passée. Nous pouvons distinguer 4 domaines :

① **ce que je fais** dans la situation donnée (l'image mentale que j'ai de mon comportement) ;
② **ce que je ressens** (mes émotions) ;
③ **ce que je sens** (mes sensations physiques) ;
④ **ce que je me dis** (mes pensées).

Donc, je dois faire un discours pour mon ami dans deux mois, le jour de son mariage. Si je suis d'un tempérament anxieux et que j'ai tendance à me dévaloriser, voici ce qui se passe :

① Je me vois tout rouge en train de transpirer, les personnes présentes ont l'air embarrassées pour moi. J'imagine qu'aucun son ne sort de ma bouche, que je suis tétanisé.
② Je ressens de la honte et de la culpabilité, ici et maintenant en y pensant, même si ce n'est pas encore arrivé. Je peux même évaluer cette émotion à 8/10 tant elle est présente dans l'instant.
③ J'ai la gorge qui se noue.
④ Je me dis que ça va être une catastrophe, que je ne suis pas à la hauteur.

À vous de pratiquer !

Je vous suggère de faire la même chose et de penser à une situation stressante, puis de noter noir sur blanc :

① *l'image la pire que vous ayez de la situation (passée, présente ou future) ;*
② *l'émotion que vous ressentez en pensant à cette image et son évaluation sur une échelle de 0 à 10 (0 étant l'absence totale d'émotion et 10 le maximum de ce que vous puissiez imaginer ressentir) ;*
③ *les sensations physiques que vous ressentez ici et maintenant avec cette image présente à votre esprit ;*
④ *ce que vous vous dites de négatif sur vous et/ou la situation.*

2e étape

Après avoir identifié le problème ou la situation stressante, la première chose à faire est de construire une phrase de démarrage (dite de préparation) sur le modèle suivant : « Même si j'ai (cette image dans mon esprit), que je ressens (cette émotion) et (cette sensation dans mon corps), je m'accepte tel que je suis. »

Avec l'exemple du discours que je dois prononcer dans deux mois, voici ce que cela donne : « Même si je me vois tout rouge en train de transpirer quand je pense à ce discours, que je ressens de la honte et de la culpabilité, et que j'ai la gorge qui se noue, je m'accepte tel que je suis. »

Ensuite, prononcez cette phrase, de préférence à voix haute, en stimulant la partie charnue de votre main droite ou gauche, que l'on appelle le « point karaté » (voir schéma ci-après).

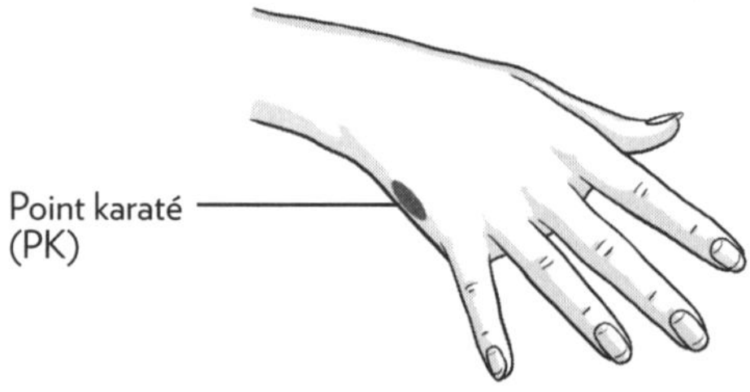

Le point karaté

3e étape

Vous allez ensuite effectuer une « ronde », c'est-à-dire stimuler certains points bien précis (voir schéma ci-après) sur votre corps en restant bien concentré sur la situation stressante. Sur chaque point, vous effectuerez ainsi une dizaine de stimulations avec le bout de votre index et de votre majeur en répétant une courte phrase de rappel, afin de continuer à parler de la situation et de ce que vous ressentez :

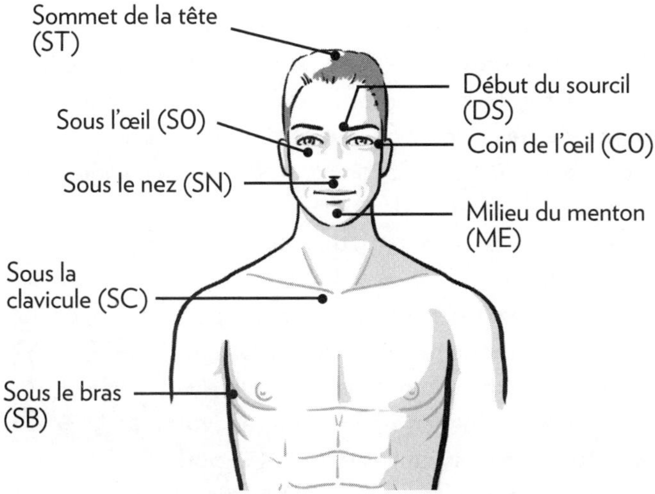

Les points à stimuler lors d'une ronde

① Sommet de la tête : *« Je suis tout rouge. »*
② Début du sourcil : *« Je me vois en train de transpirer. »*
③ Coin de l'œil : *« Tout le monde a l'air embarrassé. »*
④ Sous l'œil : *« Je n'arrive pas à parler. »*
⑤ Sous le nez : *« J'ai tellement honte. »*
⑥ Milieu du menton : *« Je me sens coupable. »*
⑦ Sous la clavicule : *« J'ai la gorge nouée. »*
⑧ Sous le bras : *« Je ne suis pas à la hauteur. »*

QUELLE MÉTHODE ICI ?

Si vous pratiquez l'EFT, vous avez peut-être déjà intégré une méthode différente, avec plus de points par exemple, ou bien sans stimuler le point au sommet de la tête. Il s'agit ici de la **méthode de base de l'EFT simplifiée par Gary Craig** au début de l'année 2013 et disponible (seulement en anglais) sur son site Internet à cette adresse : www.emofree.com/eft-tutorial/eft-tapping-tutorial.html?ref=608.

(Vous pouvez aussi scanner ce code pour accéder à la méthode originelle de Gary.)

Nous verrons plus loin dans ce guide qu'il existe d'autres points complémentaires (voir p. 435). Rendez-vous également p. 432 pour découvrir comment effectuer vos stimulations avec précision.

LE PETIT + MALIN

Regardez ma démonstration de cette ronde en vidéo en scannant ce code ou en tapant l'adresse suivante dans la barre d'adresse de votre navigateur Internet :
http://quotidienmalin.com/EFT-malin

4e étape

Faites une pause, respirez profondément 1 à 2 fois et, au besoin, buvez un verre d'eau.

➔ **MON CONSEIL EN + :** Je vous recommande d'être bien hydraté lorsque vous pratiquez l'EFT, cela fonctionne mieux. L'eau est en effet un très bon conducteur et une bonne hydratation favorise la circulation de l'énergie dans votre corps.

Et maintenant, vous allez évaluer le résultat de votre travail : reprenez l'image de départ et observez-la. Est-ce exactement la même image ? Y a-t-il plus ou moins de détails ? Est-elle plus proche ou au contraire plus lointaine ? Plus nette ou plus floue ? Lorsque vous l'observez, que ressentez-vous ?

Reprenez exactement le même travail qu'à l'étape n° 1 et évaluez l'intensité de votre émotion. Généralement, cette intensité a déjà diminué.

Par exemple : « L'image est moins précise, je vois que je suis gêné mais je ne vois plus les personnes autour. J'ai toujours la gorge nouée, mais c'est moins fort. Je dirais que la honte est descendue à 5/10. Je me dis que mon ami aurait dû demander à quelqu'un d'autre. »

Avec les nouveaux éléments que vous avez définis, vous allez pouvoir passer à l'étape suivante.

5e étape

Vous allez ajuster la phrase de préparation en fonction de ce que vous avez identifié à l'issue de cette première ronde de stimulations. En parallèle, commencez à stimuler votre point karaté, exactement comme à l'étape n° 2 : « Même si je me vois gêné en train de faire ce discours, que j'ai la gorge encore nouée et que je ressens cette honte, je m'accepte tel que je suis. »

Puis recommencez l'étape n° 3 :

① Sommet de la tête : *« Je suis gêné. »*

② Début du sourcil : *« J'ai la gorge encore nouée. »*

③ Coin de l'œil : *« Il aurait dû demander à quelqu'un d'autre. »*

④ Sous l'œil : *« J'ai honte. »*
⑤ Sous le nez : *« Je ressens encore cette honte. »*
⑥ Milieu du menton : *« Il aurait vraiment dû demander à quelqu'un d'autre. »*
⑦ Sous la clavicule : *« J'ai la gorge nouée. »*
⑧ Sous le bras : *« Je suis gêné. »*

Continuez de la sorte jusqu'à déprogrammer complètement votre émotion négative et la sensation corporelle que vous ressentez.

PENSEZ-Y !

› Plus votre phrase de préparation est **précise**, plus votre séance d'EFT sera **efficace**. Si vous avez en tête l'image la pire de la situation stressante, alors vous êtes précis. Quand vous tenez cette image, cela devient simple de savoir ce que vous ressentez émotionnellement et physiquement, d'évaluer votre émotion de 0 à 10 et de savoir ce que vous dites de cette situation ou de vous-même.
› Prononcez la phrase de préparation en stimulant votre point karaté.
› Le but des phrases de rappel est de **vous centrer sur votre problème et d'activer vos émotions négatives**. Prononcez-les en stimulant la séquence des points.
› N'hésitez pas à « forcer le trait » et même à amplifier les choses, ou à utiliser des mots qui expriment bien votre colère ou votre ressentiment. Si vous avez besoin de dire des grossièretés, **ne vous bridez pas**. Même si cela peut surprendre. Contrairement à ce que l'on entend parfois, cela ne risque pas d'ancrer en vous ces comportements : faites confiance à vos émotions qui vous dictent les mots, et à vos stimulations qui vont dissoudre les blocages.

COMMENT ET POURQUOI ÇA MARCHE ?

L'EFT est une technique psychocorporelle de gestion du stress et de déprogrammation émotionnelle des souvenirs traumatiques. C'est également une forme d'acupressure* puisqu'il s'agit de stimuler avec deux doigts certains endroits du visage et du corps pour rétablir le courant énergétique afin de se libérer de ses émotions négatives. C'est une méthode autonomisante, rapide, efficace et facile à apprendre, qui donne des résultats de longue durée, la plupart du temps définitifs. Elle apporte une solution là où d'autres thérapies ont échoué, car elle s'adresse principalement au cerveau émotionnel (limbique) plus qu'au cerveau rationnel (néocortex).

Cette méthode est efficace pour se débarrasser de l'excédent d'émotions qui nous empêchent d'avancer dans la vie. La tristesse, la peur, la colère, le ressentiment, le dégoût, la honte, l'anxiété, la culpabilité ou encore la mauvaise image de soi sont des ralentisseurs de bonheur, ce sont des émotions qui, si elles s'éternisent, nous empêchent d'avancer vers le mieux-être. L'EFT peut également vous aider à résoudre des problèmes physiques (douleurs, surpoids, obésité, problèmes de peau) ou à vous défaire de certaines manies (tabagisme, envies compulsives, TOC, bégaiement, etc.).

Comment ? Tout simplement en stimulant certains points spécifiques à différents endroits de votre corps. Pourquoi ? Parce que votre corps est parcouru par des méridiens qui jouent le rôle de conducteurs d'énergie. Toutes les émotions que vous ressentez face aux situations de la vie quotidienne, devant votre assiette, dans les rayons du supermarché, à la pâtisserie, sont nées d'expériences plus anciennes qui restent gravées dans votre système énergétique. Quand vous paniquez alors qu'objectivement il n'y

* L'acupressure est une technique de guérison d'origine chinoise qui agit sur les points d'acupuncture par simple pression des doigts.

a aucune raison, c'est qu'il y a une perturbation du système énergétique. Cette perturbation, c'est comme un petit court-circuit qui fait dérailler la machine. L'EFT, en stimulant les points méridiens, vous permet de rétablir le circuit, de réparer le système et donc de ne plus envoyer à votre cerveau ces messages erronés !

ET LA SCIENCE DANS TOUT ÇA ?

Bien que l'Organisation mondiale de la santé (OMS) reconnaisse l'efficacité de l'acupuncture dans le traitement de nombreuses maladies, l'existence des méridiens et des courants énergétiques qui les traversent fait encore débat. Plusieurs chercheurs internationaux, dont deux médecins français (Dr Pierre Darras et Dr Pierre de Vernejoul) ont démontré l'existence concrète de canaux extrêmement fins parcourant le corps humain et correspondant aux trajets dessinés par les premiers médecins chinois. L'acupuncture, l'acupressure, le shiatsu et toutes les thérapies énergétiques sont les héritières de la médecine chinoise. Comme elles, l'EFT utilise les méridiens et notamment leurs points d'entrée et de sortie pour rééquilibrer le métabolisme et les émotions qui le perturbent. Rendez-vous en fin d'ouvrage pour en savoir plus, p. 509.

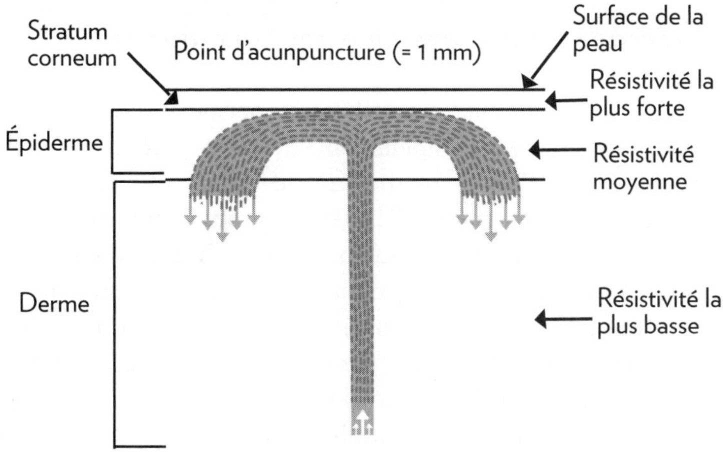

Schéma du fonctionnement d'un point d'acupuncture
(Source ACEP, l'association américaine de psychologie énergétique www.energypsych.org.)

Le méridien « pompe » les ions à la surface de la peau, puis ils forment une sorte de parapluie. La zone ainsi créée a une conductivité plus élevée et produit un mécanisme de transmission-réception, comparable à une antenne biologique au niveau du point d'acupuncture qui a un diamètre d'environ 1 mm.

QUE FAIRE DES ÉMOTIONS NÉGATIVES ?

Toute émotion négative est une perturbation du système énergétique corporel. Les pensées, les émotions, les croyances et les énergies qui les véhiculent sont liées. Lorsque l'énergie circule mal, de mauvais comportements surgissent, des blocages apparaissent, des difficultés surviennent. Apprenez à rétablir le courant et ne pensez plus jamais « c'est ma faute » !

Un message pour le système nerveux autonome

La séquence des stimulations d'EFT nous permet de nous relaxer en jouant directement et rapidement sur notre système nerveux autonome (SNA), dont la fonction est de maintenir l'équilibre à l'intérieur de notre corps. Le SNA gère un grand nombre de paramètres physiologiques sans que nous ayons besoin d'y penser consciemment : digestion, vascularisation, activité cardiaque, etc. La stimulation des points méridiens envoie une information au système nerveux autonome pour lui demander de se calmer.

Lors d'une séance d'EFT, nous réalisons deux actions antagonistes : nous recherchons à activer une émotion négative en pensant à l'image la pire de la situation stressante, et dans le même temps nous envoyons une information de calme. Cela revient en quelque sorte à appuyer simultanément sur l'accélérateur du système nerveux autonome – en s'exposant au problème – et sur le frein, en stimulant les points méridiens. Ainsi, en opposant un signal de calme à une pensée qui, jusqu'alors, déclenchait une réponse de stress, on désactive la réponse d'alerte automatique qui était enregistrée en nous. Nous « déprogrammons » donc le fonctionnement inapproprié qui était le nôtre jusqu'à présent. D'où la notion de « libération émotionnelle ».

Une remise en route cérébrale

Si on observe ce qui se passe au niveau cérébral lors de l'exposition à une situation potentiellement dangereuse, on note la coexistence de 2 voies d'information : l'une courte, l'autre longue (d'après les travaux de Joseph Ledoux en 1994).

Les informations (stimuli) captées par nos cinq sens transitent par le thalamus, qui joue le rôle de routeur de l'information. Le trajet du thalamus à l'amygdale est rapide et permet les réponses réflexes. Ainsi, une action entraîne une réaction immédiate. C'est grâce à ce réflexe que notre vie peut être préservée de danger de mort.

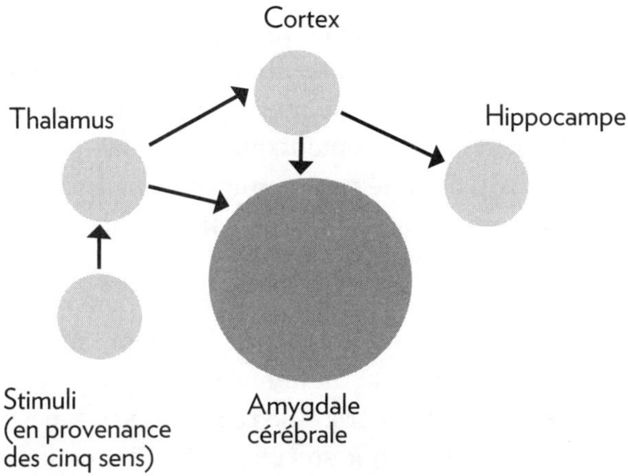

Les deux voies d'information au niveau cérébral

La trajectoire du thalamus à l'amygdale via le cortex est plus lente, mais elle nous permet de réfléchir et d'évaluer le danger réel de la situation. Si je me promène dans la forêt et que je détecte un bruit suspect, je vais instinctivement sauter sur le côté, mon rythme cardiaque va s'accélérer et je vais me tenir prêt à partir en courant. Mais si je m'aperçois que ce n'est qu'un inoffensif orvet qui passe à côté de moi, mon cortex va donner un contre-ordre à mon amygdale et je vais me calmer. Inversement, si j'aperçois une vipère, mon cortex va renforcer l'alarme et je vais partir en courant me mettre en sécurité.

L'hippocampe est impliqué dans la mémoire et peut stocker de l'information sur la signification émotionnelle de stimuli externes. C'est la raison pour laquelle les souvenirs peuvent eux aussi provoquer de la peur via la trajectoire hippocampe-amygdale.

Dans certains cas, la situation est tellement forte émotionnellement ou bien elle s'est répétée tellement souvent que le circuit thalamus-cortex est interrompu. Le cerveau pensant ne peut plus donner l'ordre de la fin de l'alarme. C'est comme si la personne avait perdu la capacité à réfléchir, comme dans certaines phobies où le sujet se met à paniquer dès qu'il voit l'image d'un serpent ou simplement quelque chose qui l'évoque. « Je sais bien qu'un S dessiné sur un mur ne va pas m'agresser », me disait un patient, « pourtant je ne parviens pas à réprimer ma peur qui se déclenche à ce moment-là. »

Une hypothèse avancée par certains chercheurs est que le traitement en EFT permet d'interrompre le schéma automatique qui s'est mis en place entre le thalamus et l'amygdale (un S sur le mur = peur) pour que la personne récupère ses capacités de réflexion (ou cognitives) et que son cortex lui dise de se calmer.

Quand vous maîtriserez bien cette technique, vous pourrez l'appliquer à tous les domaines de votre vie. Les enfants l'adorent, car elle les aide à gérer de nombreux petits maux au quotidien : terreurs nocturnes, colères, moqueries, anxiété de la séparation, pipi au lit, manque de concentration à l'école... Son efficacité est sans pareille pour se débarrasser des craintes, peurs et phobies avec une rapidité époustouflante.

“ ***Emma, 28 ans***

« L'EFT, c'est très drôle, mes enfants y ont recours au moindre bobo et moi, depuis que je pratique, j'ai cessé de me gaver de cochonneries devant la télé et j'ai perdu 5 kilos ! Je ne me prive pas, je ne me raisonne pas, c'est juste que ça ne me vient plus à l'idée ! Quand je pense qu'il suffisait de se tapoter pour perdre cette mauvaise habitude ! » ”

Dans ce livre, vous allez apprendre à modifier vos pensées, vos croyances et vos comportements. Vous allez vous rendre compte que vos dysfonctionnements ou votre manque d'estime de vous-même sont la conséquence de perturbations souvent très anciennes et très bien enfouies. Si bien enfouies que vous les avez oubliées. L'EFT ne va pas rouvrir vos blessures, mais simplement rétablir le courant là où il ne passe plus. Vous allez donc apprendre à activer les bons points méridiens en les stimulant du bout des doigts. C'est très facile, cela ne prend que quelques minutes par jour et vos mauvaises habitudes vont disparaître en douceur, sans frustration, sans douleur et pour toujours.

LES CLÉS POUR BIEN PRATIQUER

Soyez précis dans votre analyse

Si vous voulez obtenir de bons résultats avec l'EFT, il faut être précis lorsque vous travaillez sur vous. Et pour être précis, il suffit d'identifier l'image la pire de la situation stressante. Lorsque j'observe mes stagiaires en formation, je constate qu'à chaque fois que la séance tourne en rond, c'est toujours à cause du même problème : un mauvais ciblage. Donc, pour bien cibler, retenez les 5 critères suivants :

① **une image** ;
② **une sensation dans le corps** associée à cette image ;
③ **une émotion** ;
④ **une intensité émotionnelle** notée de 0 à 10 ;
⑤ **une pensée négative sur soi**.

Une cible se compose souvent de plusieurs aspects différents qu'il faut traiter les uns après les autres afin d'arriver à un résultat tangible et durable.

Les 5 questions essentielles sont :

- **Question 1 :** « Lorsque je me concentre sur la situation stressante, quelle est l'image la pire qui me vient à l'esprit ? »
- **Question 2 :** « Lorsque je pense à cette image, qu'est-ce que je ressens dans mon corps ? »
- **Question 3 :** « Quelle est l'émotion que je ressens en ce moment même ? »
- **Question 4 :** « Sur une échelle de 0 à 10 (où 0 représente une absence totale d'émotion négative et 10 le maximum d'émotion que je puisse imaginer), à combien est-ce que je me situe ? »
- **Question 5 :** « Et lorsque je pense à cette image et que je ressens cette émotion et cette sensation physique, qu'est-ce que je me dis de négatif sur moi-même ? »

Soyez précis dans vos stimulations

Il est primordial d'apprendre dès maintenant les emplacements précis des points EFT grâce au schéma de la p. 421. Je vous recommande aussi d'utiliser les vidéos où je vous montre comment faire des rondes de stimulations (rendez-vous p. 390).

➔ **MON CONSEIL EN + :** Stimulez vos points EFT avec 2 doigts pour augmenter la surface d'impact et serrez bien vos doigts l'un contre l'autre (sinon vous risquez de rater le point qui mesure à peine 1 mm de diamètre).

LES POINTS EFT EN DÉTAIL

Voici quelques précisions complémentaires concernant la localisation des points EFT de la p. 421 :

› **PK : point karaté.** Il se trouve au milieu de la partie charnue du tranchant de chaque main, entre le haut du poignet et la base du petit doigt. Les karatékas utilisent cette partie de la main pour casser des briques. Vous pouvez stimuler ce point sur la main droite ou gauche. Je vous recommande d'utiliser les 4 doigts de la main opposée pour faire ces stimulations.

› **ST : sommet de la tête.** Si vous tracez une ligne imaginaire depuis le haut de votre oreille jusqu'à l'autre oreille en passant par le sommet de votre crâne et une seconde ligne depuis le bout de votre nez jusqu'à votre nuque, le point ST se trouve à l'intersection des deux lignes.

› **DS : début du sourcil.** Ce point se trouve à la naissance des poils des sourcils, juste au-dessus des arêtes nasales, à droite et à gauche.

› **CO : coin de l'œil.** Il se situe juste sur l'os de l'orbite au niveau du coin extérieur des yeux, à droite et à gauche, sur les rides de la patte d'oie.

› **SO : sous l'oeil.** Il se situe à la verticale de la pupille, au niveau de l'os de l'orbite.

› **SN : sous le nez.** Ce point se situe entre le bas du nez et le haut de la lèvre supérieure, au centre.

› **ME : milieu du menton.** Ce point se situe à mi-chemin entre la pointe du menton et le bas de la lèvre inférieure, au niveau de la petite fossette horizontale.

› **SC : sous la clavicule.** Ce point est à la jonction du sternum, de la clavicule et de la première côte. Pour le localiser, vous pouvez aussi placer votre index dans le creux en forme de U dans la partie supérieure du sternum (là où se trouve le nœud

→

de cravate chez les hommes), puis le déplacer vers le bas, d'environ 2,5 cm, et ensuite vers la droite ou vers la gauche de 2,5 cm.
› **SB : sous le bras.** Ce point se situe sous le bras, dans le prolongement de l'aisselle, au milieu du bandeau du soutien-gorge pour les femmes. Pour les hommes, si vous placez le mamelon au centre de la paume de la main, le point se trouve à l'extrémité de votre majeur.

Vous pouvez aussi bien stimuler les points du côté droit (avec la main droite ou gauche) que du côté gauche (avec la main gauche ou droite), ou bien les deux côtés en même temps, ou encore les deux côtés en alternance. Il n'y a pas de différence, et ce n'est pas deux fois plus efficace si vous utilisez vos deux mains.

Vous pouvez également stimuler le point karaté à droite, puis le début du sourcil à gauche avec votre main droite ou gauche, passer au coin de l'œil à droite, etc. C'est vous qui choisissez ce qui est le plus confortable ou le plus naturel pour vous.

Prenez en compte tous les aspects d'une même situation

Dans une situation stressante, il y a toujours plusieurs aspects qui ont été enregistrés par notre inconscient et qu'il faudra traiter. Ce sont les informations collectées par nos cinq sens : ce que nous avons vu, entendu, touché, goûté ou respiré. Dans mon exemple de discours, même s'il s'agit de la peur d'un événement qui ne s'est pas encore produit, je peux avoir des images précises telles que :

- mon visage qui rougit ;
- la mine embarrassée des convives ;
- la raideur de mon corps figé.

Je pourrais avoir aussi des informations auditives, comme :
- des soupirs ;
- des rires moqueurs ;
- mon bégaiement.

Certains de ces aspects ne peuvent apparaître qu'au cours de la séance d'EFT, un peu comme s'ils étaient cachés par d'autres au départ. Il est important de tous les traiter pour arriver à une déprogrammation complète. Pour être sûr de ne rien oublier, interrogez vos cinq sens et posez-vous les questions suivantes.

Lorsque je repense à cet événement douloureux :
- Qu'est-ce que je vois ? Quels sont les détails visuels qui me restent encore en mémoire ?
- Qu'est-ce que j'entends ? La voix d'une personne qui me parle ou qui crie ? Quelle est la tonalité de cette voix ? Quels sont les mots prononcés ? Y a t-il d'autres sons, des bruits, de la musique ?
- Qu'est-ce que je ressens en y pensant ? Qu'ai-je ressenti sur le moment ? Quelle était la température ambiante ?
- Y avait-il une odeur particulière dominante (comme par exemple l'odeur de l'essence dans un accident) ?
- Ai-je aussi ressenti un goût particulier dans ma bouche (le goût du sang par exemple dans le cas d'un coup porté au visage) ?

LES POINTS ADDITIONNELS

Les points des doigts

Il existe d'autres points sur les mains qui complètent la ronde de base, que personnellement je trouve très utiles et que j'utilise quasi systématiquement, notamment lorsqu'il y a beaucoup d'émotions car il permettent de rallonger la durée des stimulations et donc de faire baisser encore plus l'intensité. Ils sont aussi utiles lorsque les points classiques ne peuvent être stimulés, par exemple lorsqu'ils sont douloureux ou lorsque vous vous trouvez dans un endroit public et que bien évidemment vous n'allez pas stimuler les points sur votre visage ou votre tête.

Le point de stimulation est au même endroit sur chaque doigt, à savoir à la base de l'ongle. Lorsque la paume de votre main droite ou gauche est dirigée vers le sol, il s'agit du côté le plus près de votre corps. Lorsque vous stimulez le point à la base de l'ongle de l'index, il s'agit du côté le plus proche du pouce. Et ainsi de suite. (Pour plus de facilité, le point de l'annulaire n'a pas été inclus dans l'enchaînement représenté sur le schéma ci-après car c'est le seul doigt pour lequel le méridien se trouve de l'autre côté, celui de l'auriculaire.)

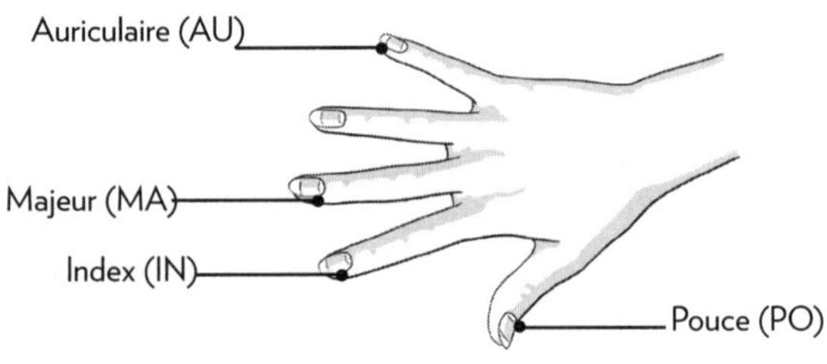

Le point du foie

Le point du foie, situé sous le sein, a été exclu de la ronde de base car il est souvent gênant de le stimuler en public, notamment pour les personnes ayant une poitrine plutôt forte. Il est appelé ainsi parce qu'il correspond au 14e point du méridien du foie qui se trouve à la verticale des mamelons sous les seins :

- **pour les hommes,** il se situe à 2,5 cm sous le centre du mamelon ;
- **pour les femmes,** il se situe juste là où passent les baleines du soutien-gorge, à la verticale des mamelons.

Ce point peut être particulièrement utile lorsqu'on travaille sur la colère. Si cela ne pose pas de problème physique, je vous conseille de l'inclure systématiquement dans votre ronde après avoir stimulé le point sous le bras.

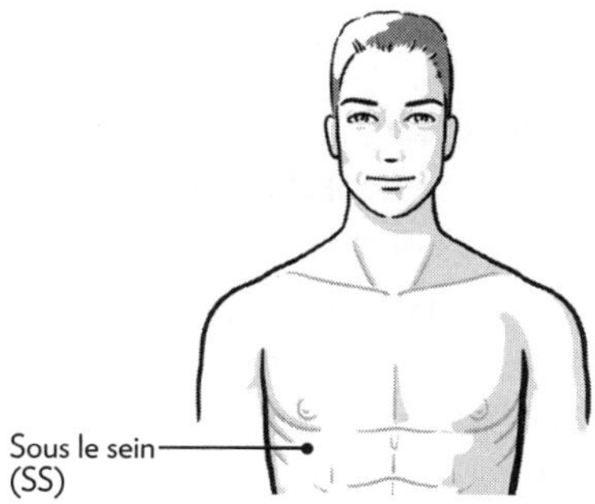

La gamme des 9 actions

L'objectif de cet enchaînement est de mobiliser alternativement les deux hémisphères cérébraux pour les stimuler et les rendre plus réceptifs. Pour cela, on effectue des mouvements oculaires, et on active la partie droite – plus créative – en fredonnant une musique, puis la partie gauche – logique et numérique – en comptant.

La ronde de base (voir p. 421) ainsi que la stimulation des points des doigts (voir p. 435) sont des séquences tellement efficaces qu'en pratique, il est rare d'utiliser cette gamme de 9 actions. Néanmoins, si rien ne se passe quand vous pratiquez ces deux séquences, je vous conseille d'ajouter l'enchaînement qui suit.

Pour effectuer ce processus, 10 secondes suffisent, durant lesquelles vous allez stimuler en continu un point (appelé « point de gamme ») qui se trouve sur le dos de votre main (droite ou gauche), à environ 1 cm/1,5 cm entre la base de l'annulaire et de l'auriculaire (voir schéma ci-après).

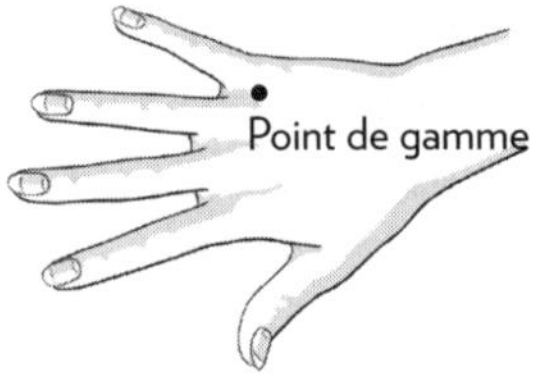

À vous de pratiquer !

Stimulez ce point **avec 3 doigts** *(index, majeur, annulaire) en plaçant l'index entre les métacarpes de l'annulaire et de l'auriculaire. Puis enchaînez tranquillement les 9 actions suivantes en stimulant le point de gamme en permanence, tout en gardant votre tête bien droite et immobile :*

① *Fermez les yeux.*
② *Ouvrez les yeux.*
③ *Regardez le plus loin possible en bas à droite.*
④ *Regardez le plus loin possible en bas à gauche.*
⑤ *Tournez vos yeux dans le sens horaire, en imaginant que vous avez le nez au milieu d'une immense horloge et que vous essayez de lire les chiffres les uns après les autres.*
⑥ *Faites la même chose dans le sens anti-horaire.*
⑦ *Fredonnez n'importe quel air durant 2 secondes.*
⑧ *Décomptez de 5 à 0 lentement : 5, 4, 3, 2, 1, 0.*
⑨ *Fredonnez à nouveau n'importe quel air durant 2 secondes. Choisissez de préférence un air neutre. Si fredonner « Joyeux anniversaire » vous connecte à des souvenirs tristes, changez.*

LE PETIT + MALIN

Regardez la vidéo qui vous montre comment mettre en pratique la gamme des 9 actions en scannant ce code ou en tapant l'adresse suivante dans la barre d'adresse de votre navigateur Internet : http://quotidienmalin.com/EFT-malin

2

L'EFT AU QUOTIDIEN, C'EST FACILE ET MALIN !

Chapitre 1

Au lit le matin

Le son du réveille-matin peut être particulièrement anxiogène, et comme cette première alarme se combine bien souvent avec le pic de cortisol du matin (l'hormone du stress par excellence), il y a fort à parier que cela active votre amygdale. Surtout si la journée s'annonce maussade, avec son lot de contraintes habituelles.

L'EFT

JE N'AI PAS ENVIE DE ME LEVER LE MATIN

Avant même de mettre le nez hors de la couette, demandez-vous ce que cette journée vous réserve de pire. Supposons que vous soyez en retard pour rendre un rapport à votre chef (ou bien votre manuscrit à votre éditrice). Demandez-vous ce qui vous gêne le plus dans cette situation et travaillez sur cet aspect en utilisant le plan de travail de la p. 418 :

① Quelle est l'image la pire que vous vous représentez quand vous pensez à cette situation ? Réponse : *« Je vois déjà son air de reproche, il va encore me dire : "Je ne peux jamais compter sur vous". »*

② Lorsque vous avez cette image bien présente dans votre esprit, que ressentez-vous physiquement ? Réponse : *« Je ressens une oppression sur ma poitrine. »*

③ Quelle émotion ressentez-vous ? Réponse : *« De la culpabilité. »*

④ De 0 à 10, à combien estimez-vous cette culpabilité ? Réponse : *« À 7/10. »*

⑤ Quand vous voyez cette image de votre chef avec son air accusateur et que vous entendez déjà ses reproches, que vous ressentez ce poids sur la poitrine et cette culpabilité à 7/10, qu'est-ce que vous vous dites ? Réponse : *« Je vais passer un sale quart d'heure. Je n'ai pas tenu parole. Je ne suis pas fiable. »*

Vous disposez ainsi de tous les éléments pour commencer votre travail. Vous pouvez rester sous la couette ou bien vous asseoir sur le bord de votre lit.

À vous de pratiquer !

Stimulez votre point karaté *(voir p. 420) en répétant à voix haute (ou basse si votre conjoint dort encore à côté de vous) : « Même si je suis en retard dans la remise de mon rapport et que je vais me faire reprendre par mon chef, je m'accepte tel que je suis. »*

Puis commencez ***votre première ronde*** *(voir p. 421) en stimulant une dizaine de fois chaque point et en répétant une seule fois la phrase de rappel. Il ne s'agit ici que d'un exemple, en pratique vous dites ce qui vous vient en tête, dans l'ordre dans lequel les idées vous viennnent.*

- *Sommet de la tête : « Je vois déjà son air de reproche. »*
- *Début du sourcil : « Il va encore me dire : "Je ne peux jamais compter sur vous". »*
- *Coin de l'œil : « Cette oppression sur ma poitrine. »*
- *Sous l'œil : « Je n'ai pas tenu parole. »*
- *Sous le nez : « Je me sens coupable. »*
- *Milieu du menton : « Je ne suis pas fiable. »*

- *Sous la clavicule : « Je vais passer un sale quart d'heure. »*
- *Sous le bras : « Je suis en retard sur mon dossier. »*

Faites une pause, respirez profondément une ou deux fois, et reprenez :

① *Quelle est l'image la pire que vous vous représentez quand vous pensez à cette situation ? Réponse : « Je vois toujours son air de reproche et ça me fait penser à ce qui s'est passé il y a deux mois, je suis sûr qu'il va remettre cette affaire sur la table. »*

② *Lorsque vous avez cette image bien présente dans votre esprit, que ressentez-vous physiquement ? Réponse : « Je ressens la même oppression sur la poitrine, mais moins forte. »*

③ *Quelle émotion ressentez-vous ? Réponse : « De la culpabilité, mais je sens également poindre de la colère. »*

④ *De 0 à 10, à combien estimez-vous ces émotions ? Réponse : « La culpabilité à 4/10 et la colère à 6/10. »*

⑤ *Quand vous voyez cette image, que vous ressentez cette sensation physique ainsi que ces émotions, qu'est-ce que vous vous dites maintenant ? Réponse : « J'en ai marre, c'est toujours moi qui trinque pour les autres. »*

➔ **MON CONSEIL EN + :** Dès que l'on commence le travail en EFT, d'autres aspects du même problème apparaissent. Il est aussi fréquent que d'autres souvenirs fassent surface. Notez-les donc dans un coin de votre tête pour les travailler ensuite.

Stimulez votre point karaté *en répétant à voix haute (ou basse si votre conjoint dort toujours à côté de vous) : « Même si j'entends déjà ses reproches et qu'il va certainement me sortir cette vieille affaire, je m'accepte tel que je suis. »*

Puis enchaînez avec ***la deuxième ronde*** *en stimulant une dizaine de fois chaque point et en répétant une seule fois la phrase de rappel :*

- *Sommet de la tête : « Je vois déjà son air de reproche. »*
- *Début du sourcil : « Il va me ressortir cette vieille affaire. »*
- *Coin de l'œil : « Cette colère qui monte en moi. »*
- *Sous l'œil : « J'en ai marre de trinquer pour les autres. »*
- *Sous le nez : « Je vois déjà son air de reproche. »*
- *Milieu du menton : « Il va me ressortir cette vieille affaire. »*
- *Sous la clavicule : « Cette colère qui monte en moi. »*
- *Sous le bras : « J'en ai marre de trinquer pour les autres. »*

Faites une pause, respirez profondément une ou deux fois, reprenez l'image de départ et continuez à pratiquer de la sorte ***jusqu'à ce que l'intensité de l'émotion ressentie soit à 0.*** *Vous remarquerez qu'une nouvelle émotion est apparue au cours de la séance (la colère). Cela arrive parfois. Il s'agit d'un* ***autre aspect que vous traiterez de la même manière****.*

➔ **MON CONSEIL EN + :** Si d'autres souvenirs apparaissent durant la séance, finissez d'abord le travail commencé sur la première cible avant de passer aux suivantes.

JE ME LÈVE TOUJOURS DU PIED GAUCHE

Si vous êtes du genre « ronchon le matin », que vous vous levez systématiquement du pied gauche et que vous ne pouvez pas décrocher un mot avant d'avoir ingurgité votre café au grand dam de votre conjoint, vous pouvez utiliser directement l'EFT sur votre émotion (la colère, le ressentiment) et utiliser des métaphores du style : « Même si je me sens en colère et que j'ai envie de bouffer tout le monde autour de moi, je m'accepte tel que je suis. »

Ensuite, effectuez une ronde de stimulations en répétant une fois à chaque point : « Je me sens en colère », « J'ai pas envie de me lever », « J'ai pas envie de parler », « Je veux qu'on me foute la paix », « Je suis de mauvaise humeur », etc. Utilisez les mots qui sont les vôtres, tels qu'ils vous viennent et ne vous censurez pas. Si vous avez envie de dire des gros mots, ne vous en privez pas.

Si vous êtes systématiquement en colère le matin, c'est probablement parce que vous avez de bonnes raisons à cela : prenez un temps pour les analyser, recherchez les événements qui en sont à l'origine, et traitez-les avec l'EFT de la même manière que précédemment.

➔ **MON CONSEIL EN + :** Si vous vous sentez particulièrement brumeux au réveil parce que la nuit a été courte ou que vous avez du mal à remettre vos idées en place, asseyez-vous sur le bord de votre lit et stimulez les deux points qui se trouvent sous vos clavicules (voir p. 397) durant 1 minute afin de retrouver vos esprits. Si vous ne parvenez toujours pas à émerger, appuyez fortement avec votre pouce juste sous votre nez durant 30 secondes. Ce point est utilisé par certains urgentistes pour restituer les personnes dans le présent.

Chapitre 2

Dans votre salle de bains

LA ROUTINE ÉNERGÉTIQUE, L'ATOUT MATINAL

La salle de bains est l'endroit idéal pour débuter votre journée en EFT, si vous avez raté l'occasion de travailler dès votre réveil. Et notamment en commençant par la routine énergétique. Parfois, le système énergétique est tellement perturbé que les blocages ne cèdent pas. Cette méthode quotidienne a été développée par Donna Eden dans son livre *Médecine énergétique**. Elle a regroupé un ensemble de pratiques ancestrales qu'elle a mises au point pour nous permettre en 5 minutes de réharmoniser nos énergies et de les faire circuler dans le bon sens. Comment savoir si vous avez besoin de cette routine ? C'est simple : si vous vous sentez dans une forme olympique, c'est que votre énergie circule bien. Si ce n'est pas le cas, alors allez-y, vous verrez, c'est surprenant !

Lorsque les énergies circulent naturellement, les activités telles que la marche nous stimulent. À l'inverse, lorsque nous

L'EFT

---

* Donna Eden et David Feinstein, *Médecine énergétique*, Ariane, 2005.

sommes fatigués, les activités qui nous donnaient du tonus commencent à nous épuiser. Donna Eden l'explique ainsi : « dans ce cas, vos méridiens ont commencé à circuler en sens inverse. Votre corps vous oblige à ralentir afin de pouvoir se rééquilibrer, se débarrasser des toxines et se régénérer dans la magie reconstituante qu'est le sommeil. En accélérant votre fatigue chaque fois que vous faites un effort pour avancer, votre corps essaie de vous obliger à vous reposer lorsque vous en avez besoin ».

La routine énergétique quotidienne se compose de 5 exercices qui durent chacun moins d'une minute, à faire le matin dans votre salle de bains.

① Les trois coups.
② Le crawl croisé.
③ La posture de Wayne Cook.
④ La traction de la couronne.
⑤ Remonter la fermeture Éclair.

Certaines de ces techniques auront un impact différent d'une personne à l'autre, mais lorsqu'elles sont associées, elles se renforcent et équilibrent le champ énergétique. Il est fréquent de remarquer des améliorations progressives de la force physique, de la vitalité et de la santé en général.

1. *Les trois coups*

Certains points de votre corps, lorsque vous les stimulez avec les doigts, affectent le champ énergétique de façon prévisible, envoyant des impulsions électrochimiques à votre cerveau et libérant des neurotransmetteurs. En stimulant 3 ensembles précis de points, vous pouvez activer une séquence de réactions qui vous rechargeront en cas de fatigue, augmenteront votre vitalité et renforceront votre système immunitaire lors de périodes de stress. Vous en viendrez à savoir instinctivement lorsque vous aurez besoin de stimuler ces points.

Aussi, ne vous souciez pas trop de trouver l'emplacement précis de chaque point. Si vous utilisez plusieurs doigts pour stimuler la zone décrite, vous atteindrez le bon endroit.

Les points clavicules

Stimuler vos deux points sous les clavicules (SC, les mêmes que ceux utilisés dans la ronde p. 421) est un exercice simple qui vous recharge si vous êtes somnolent et vous permet de vous concentrer si vous éprouvez des difficultés d'attention. Ces points de jonction affectent toutes vos voies énergétiques. Le fait de les travailler signale à votre cerveau qu'il doit ajuster vos énergies afin que vous puissiez vous sentir plus alerte et plus efficace.

À vous de pratiquer !
Stimulez ou massez les points fermement (durée : environ ***30 secondes****), tout en* ***respirant profondément*** *: inspirez par le nez et expirez par la bouche. Servez-vous de votre pouce et de vos doigts pour stimuler ou masser les deux points à la fois. Ensuite, vous pouvez augmenter l'effet en enfonçant le majeur d'une main dans votre nombril et en posant les doigts de votre autre main sur les points SC. En gardant votre doigt dans le nombril, tirez vers le haut le temps de deux ou trois respirations profondes. Vous sentirez une traction dans votre bas-ventre.*

Le thymus

La stimulation du thymus est une technique simple qui :
- stimule votre énergie ;
- booste votre système immunitaire ;
- accroît votre tonus et votre vitalité.

À vous de pratiquer !

Effectuer des percussions avec vos doigts sur votre thymus le réveille et l'aligne : en respirant profondément, stimulez fermement le point du thymus des 4 doigts de chaque main (durée : environ ***20 secondes****). Le thymus se trouve juste entre les seins, au centre de la poitrine.*

Les points de la rate

Tapoter les points neurolymphatiques de votre méridien de la rate est une façon rapide :

- d'augmenter votre niveau d'énergie ;
- d'équilibrer votre chimie sanguine ;
- de renforcer votre système immunitaire.

Contrairement aux points d'acupuncture, qui se trouvent le long des méridiens d'acupuncture, les points neurolymphatiques font partie du système lymphatique. Parce que la rate est essentielle au fonctionnement du système immunitaire, la stimulation de vos points réflexes neurolymphatiques sert à synchroniser les rythmes de votre corps, à harmoniser ses énergies et ses hormones, à évacuer les toxines, à lutter contre l'infection, à combattre un malaise général durant ou après un stress, à combattre l'étourdissement, à moduler la chimie sanguine et à mieux métaboliser la nourriture.

À vous de pratiquer !

Il s'agit d'un point situé en dessous de celui utilisé en EFT « sous le sein » (voir p. 437), sur la dernière côte. ***Stimulez ce point des deux côtés fermement avec plusieurs doigts*** *(durée : environ* ***15 secondes****). Respirez profondément, en inspirant par le nez et en expirant par la bouche. Ce point est distinct de celui du méridien du foie utilisé en EFT, il se situe plus bas.*

L'activation successive de ces 3 endroits – clavicules, thymus et rate – doit vous prendre à peine plus d'une minute. Passez ensuite à l'exercice suivant.

2. Le crawl croisé

Le crawl croisé facilite le croisement de l'énergie entre les hémisphères droit et gauche du cerveau. Il vous aidera à :

- vous sentir plus équilibré ;
- penser plus clairement ;
- améliorer votre coordination ;
- harmoniser vos énergies.

Le crawl croisé vous paraîtra sans doute particulièrement utile si, par exemple, vous vous sentez physiquement et mentalement épuisé sans raison apparente, si votre état empire au lieu de s'améliorer après un exercice physique, si vous êtes en train de devenir léthargique et sans motivation ou si vous vous sentez en déséquilibre après avoir porté une valise, un sac en bandoulière ou un enfant.

➔ **MON CONSEIL EN + :** Si vous faites cet exercice isolément, avant de le commencer, tapotez vos points SC (sous les clavicules) pour vous assurer que vos énergies circulent dans leur direction naturelle.

Pratiquer le crawl croisé est aussi simple que de marcher sur place (durée : environ 1 minute).

À vous de pratiquer !

① *Dans la position debout, levez simultanément le bras droit et la jambe gauche.*

② *En les laissant redescendre, levez le bras gauche et la jambe droite.*

③ *Répétez cet enchaînement en exagérant le mouvement de votre jambe et l'élan de votre bras ; ils doivent traverser la ligne médiane du côté opposé de votre corps.*
④ *Poursuivez cette marche exagérée pendant au moins 1 minute, toujours en inspirant profondément par le nez et en expirant par la bouche, puis passez à l'exercice suivant.*

L'exercice du crawl croisé

3. *La posture de Wayne Cook*

La posture de Wayne Cook* peut vous aider à :
- démêler le chaos intérieur ;
- voir la situation d'un meilleur point de vue ;
- vous concentrer plus efficacement ;

* Wayne Cook est un pionnier dans la recherche sur les champs de force bioénergétiques. C'est lui qui a inventé cette approche. Donna Eden l'a modifiée sous la forme présentée ici.

- penser plus clairement ;
- apprendre avec plus de facilité.

Pour effectuer la posture de Wayne Cook, asseyez-vous sur une chaise, le dos bien droit (durée : environ 2 minutes).

À vous de pratiquer !

① *Placez le pied droit sur le genou gauche. De la main gauche, entourez votre cheville droite et de la main droite, enveloppez la partie antérieure de la plante du pied droit.*

Première étape : assis, un pied posé sur le genou opposé

② *Inspirez lentement par le nez, en laissant le souffle soulever votre corps. En même temps, tirez votre jambe vers vous, en provoquant un étirement. Expirez lentement par la bouche, en laissant votre corps se relaxer. Répétez 4 ou 5 fois ce lent mouvement de respiration et d'étirement.*

③ *Changez de pied : placez votre pied gauche sur votre genou droit. De la main droite, enveloppez votre cheville gauche et de la main gauche, la partie antérieure de la plante du pied gauche. Respirez de la même façon.*

④ *Décroisez les jambes et joignez le bout de vos doigts pour former une pyramide. Posez les pouces sur votre « troisième œil », juste au-dessus de l'arête du nez. Inspirez lentement par le nez.*

Deuxième étape : le troisième œil

L'EFT

Puis expirez par la bouche en laissant vos pouces se séparer lentement vers les côtés du front, en étirant la peau

⑤ *Ramenez vos pouces à la hauteur du troisième œil. Abaissez lentement vos mains devant vous, en les joignant en position de prière, tout en respirant profondément. Abandonnez-vous à votre propre respiration.*

4. *La traction de la couronne*

La traction de la couronne permet de libérer le trop-plein d'énergie stagnante qui s'accumule en haut de la tête. « Elle dégage votre esprit de ses toiles d'araignée et apporte le calme à votre système nerveux », souligne Donna Eden. Elle peut également faire disparaître un mal de tête ou d'estomac provoqué par le stress.

Pendant que vous faites la traction de la couronne, respirez profondément, en inspirant par le nez et en expirant par la bouche (durée : environ 15 secondes).

À vous de pratiquer !

› *Posez les pouces sur les tempes, de chaque côté de la tête. Posez le bout des doigts recourbés juste au-dessus du centre de chaque sourcil.*

› *Lentement et avec de la pression, écartez les mains afin de tendre la peau juste au-dessus des sourcils.*

› *Posez le bout des doigts à mi-hauteur du front (toujours au-dessus du centre de chaque sourcil), et tendez à nouveau la peau.*

› *Posez le bout des doigts à la naissance de vos cheveux, et tendez à nouveau la peau.*

Première étape de la traction de la couronne

› *Posez le bout des doigts au sommet de la tête, avec les auriculaires à la racine des cheveux. Appuyez et écartez les mains l'une de l'autre, comme si vous sépariez votre tête en deux.*

› *Posez le bout des doigts entre le sommet et l'arrière de la tête, et de nouveau appuyez et éloignez vos mains l'une de l'autre.*

› *Posez enfin le bout des doigts sur l'arrière bombé de la tête, et tendez à nouveau la peau.*

› *Répétez chacune de ces étapes au moins 1 fois.*

Deuxième étape de la traction de la couronne

5. *Remonter la fermeture Éclair*

Lorsque vous vous sentez triste ou vulnérable, le méridien central (ou conception), la voie énergétique qui gouverne votre système nerveux central, peut canaliser vers vous les pensées et les énergies négatives des autres, à la manière d'un récepteur radio. C'est comme si vous étiez ouvert et exposé. Le méridien central est comme une fermeture Éclair qui va de votre os pubien jusqu'à votre lèvre inférieure, au-dessus du menton. Vous pouvez donc utiliser les énergies électromagnétiques et les énergies plus subtiles de vos mains pour « remonter la fermeture Éclair ». Le fait de remonter les mains le long du méridien central attire l'énergie le long de cette ligne.

Remonter la fermeture Éclair vous aidera à :

- vous sentir plus confiant et positif à propos de vous-même et du monde ;
- penser plus clairement ;
- tirer parti de vos forces intérieures ;
- vous protéger des énergies négatives qui peuvent vous entourer.

À vous de pratiquer !

› *Alors que vous êtes debout, stimulez vivement les points SC pour vous assurer que vos méridiens circulent dans la bonne direction.*

› *Placez une main au bas du méridien central, qui se trouve sur votre os pubien.*

› *Inspirez profondément tout en déplaçant votre main lentement le long du centre de votre corps, jusqu'à votre lèvre inférieure. Répétez 3 fois. Cela va très vite et ne vous demandera que 5 secondes tout au plus pour remonter trois fois de suite votre « fermeture Éclair ».*

Voilà la direction naturelle de la circulation du méridien. En suivant sa direction, vous renforcez le méridien et celui-ci, à son tour, vous renforce. Vous pouvez remonter la fermeture Éclair du méridien central aussi souvent que vous le voulez. Encore une fois, si vous vous souvenez de respirer profondément lorsque vous pratiquez cet exercice, vous commencerez à vous sentir centré et maître de vous-même ainsi que de votre force. Le méridien central est très sensible aux pensées et aux sentiments des autres, autant qu'aux vôtres.

Voilà, vous connaissez maintenant les 5 outils de la trousse de secours. Vous pouvez les utiliser à volonté et aussi souvent que vous le souhaitez. Mais sachez que pour entreprendre un bon démarrage et bénéficier de tous leurs bienfaits, je vous recommande de les pratiquer tous les cinq chaque matin, au moins pendant 1 mois, comme une petite routine énergétique indispensable avant d'entamer votre journée. Cela vous prendra 3 à 4 minutes, juste après le saut du lit, ou avant de vous brosser les dents, ou après votre douche. Ensuite, vous pourrez y recourir seulement en cas de besoin. C'est votre corps qui le sentira et vous le fera savoir !

“« J'ai de suite adopté la routine énergétique dès que je l'ai essayée. Je ressens un bien-être immédiat, comme si l'énergie se mettait en circulation dans mon corps. Je la pratique dès le matin, puis à différentes reprises dans ma journée, notamment lorsque je ressens un "coup de barre". Elle me permet à la fois de me recentrer et de me stimuler. »

Josiane, 55ans ”

LE PETIT + MALIN

Regardez ma démonstration en vidéo pour vous aider à intégrer cette routine énergétique quotidienne dans votre vie. Il vous suffit de scanner ce code ou de taper l'adresse suivante dans la barre d'adresse de votre navigateur Internet :
http://quotidienmalin.com/EFT-malin

MIROIR, MON BEAU MIROIR

Pratiquer l'EFT face à un miroir peut être carrément éprouvant pour les personnes qui souffrent d'un déficit d'estime de soi, et notamment lorsque cela est causé par leur propre reflet dans le miroir.

Si vous faites partie des personnes qui détournent les yeux lorsqu'elles croisent leur regard dans la glace, je vous conseille d'utiliser cette méthode.

À vous de pratiquer !

Stimulez votre point karaté en répétant 1 ou 2 fois à voix haute : « Même si je suis incapable de croiser mon regard dans le miroir et que je n'ai pas envie de me regarder, je m'ouvre à l'idée de m'accepter un jour. De cette manière, il me sera ensuite beaucoup plus facile de dire que "je m'accepte tel que je suis"... »

Puis commencez votre première ronde en stimulant une dizaine de fois chaque point et en répétant une seule fois la phrase de rappel :

- *Sommet de la tête : « Je suis incapable de croiser mon regard dans la glace. »*
- *Début du sourcil : « Je ne supporte pas de me regarder. »*
- *Coin de l'œil : « Je n'aime pas mon image. »*

› Sous l'œil : « Je me sens mal devant ce miroir. »
› Sous le nez : « Je suis incapable de croiser mon regard dans la glace. »
› Milieu du menton : « Je ne supporte pas de me regarder. »
› Sous la clavicule : « Je n'ai pas envie de me voir. »
› Sous le bras : « Je n'aime pas mon visage. »

Si l'émotion négative est forte, enchaînez avec les stimulations au niveau de l'une des mains (voir p. 435) :
› À la base de l'ongle du pouce : « Je n'aime pas mon reflet dans la glace. »
› À la base de l'ongle de l'index : « Je ne supporte pas de me regarder. »
› À la base de l'ongle du majeur : « Je n'aime pas mon image. »
› À la base de l'ongle du petit doigt : « Je n'ai pas envie de me regarder. »
› Sur le point karaté : « Je n'ai vraiment pas envie de me regarder. »
› Sur le dos de la main (point de gamme, voir p. 438) : « Je n'aime pas mon reflet dans la glace. »

Jetez alors un coup d'œil dans la glace : est-ce possible de vous regarder maintenant ? Si la réponse est non, recommencez l'enchaînement ci-dessus. Si oui, observez-vous plus attentivement. Qu'est-ce qui vous déplaît ? Soyez précis : est-ce vos traits ? votre peau ? votre regard ? Analysez le plus finement possible ce qui vous gêne, puis créez votre nouvelle phrase et travaillez avec elle en utilisant la méthode de base ou bien la méthode longue (en ajoutant les points de la main).

STIMULER LES POINTS SOUS LA DOUCHE

Personnellement, c'est la manière que je préfère pour pratiquer l'EFT et relâcher les tensions avant le démarrage de la journée.

Faites couler la douche à la température qui vous convient le mieux et, avant même de vous savonner, faites 1 ronde ou 2 d'EFT. Vous n'êtes même pas obligé de parler : vous pouvez vous concentrer sur la sensation de l'eau qui coule sur votre peau et simplement stimuler vos points.

Si vous êtes toujours préoccupé, ou si vous avez raté l'étape avant de vous lever, vous pouvez alors rattraper ici le tout premier exercice du chapitre 1 « Au lit le matin » (voir p. 441).

PRATIQUER EN PENSÉE EN VOUS BROSSANT LES DENTS

Cette manière de pratiquer peut sembler surprenante, car il ne s'agit pas de stimuler les points concrètement mais seulement de penser que vous le faites.

À vous de pratiquer !

Vous êtes debout, face à la glace, votre brosse à dents dans la bouche.

Mentalement, répétez votre phrase de démarrage (voir p. 419) en regardant votre point karaté et en imaginant que vous le stimulez. Puis, alors que vous continuez à vous brosser les dents, concentrez-vous sur chaque point en pensant à votre problème et en répétant juste une phrase courte de rappel dans votre tête.

MON CONSEIL EN + : Vous pouvez procéder ainsi dans toutes les situations sociales dans lesquelles la proximité avec les autres personnes vous empêcherait de pratiquer l'EFT.

Chapitre 3

Pendant vos trajets quotidiens

STIMULEZ-VOUS – DISCRÈTEMENT ! – DANS LES TRANSPORTS

Dans le bus, dans le métro ou dans le train, vous pouvez utiliser discrètement l'EFT pour vous calmer si la situation le demande et éviter ainsi de vous énerver si le bébé de la dame installée à quelques sièges de vous est en train de manifester de plus en plus bruyamment son mal-être.

Voici quelques conseils pour pratiquer en toute discrétion :

- Vous pouvez **masser ou frotter les points** au lieu de les tapoter. Si vous frottez le haut de votre tête, les gens qui vous observent croiront que vous vous grattez, tout simplement. Idem pour les points autour des yeux (racine des sourcils, coin des yeux et sous les yeux).
- Pour le point sous le nez, vous pouvez simplement **appuyer dessus et le maintenir** en effectuant 3 longues respirations.
- Pour le point sous la bouche (milieu du menton), vous pouvez facilement laisser croire que vous soutenez votre tête avec votre index et votre majeur.

- Massez ensuite les points sur le torse, et les autres n'y verront que du feu…

Pendant que vous réalisez ces stimulations, prenez votre temps : vous pouvez tenir ou frotter chaque point plus longtemps (une vingtaine de secondes) et marquer des pauses (par exemple, stimulez 3 points, puis patientez 30 secondes avant de passer aux trois suivants).

Concentrez-vous sur ce qui vous gêne (les hurlements du bébé) ou sur ce qui vous préoccupe (la présentation que vous devez faire devant des clients importants).

Reprenez la méthode telle que je l'ai définie à la p. 418. Puis commencez votre « séance » :

À vous de pratiquer !

Frottez votre point karaté et répétez la phrase de préparation suivante dans votre tête : « Même si je ne supporte pas les cris de ce bébé et que je trouve que sa mère pourrait s'en occuper, je m'accepte tel que je suis. »

Puis stimulez vos différents points en répétant une seule fois les phrases de rappel :

❯ *Frottez le haut de votre tête et pensez : « Je ne supporte pas ces cris. »*

❯ *Début du sourcil : « C'est vraiment insupportable. »*

❯ *Coin de l'œil : « Elle pourrait le faire taire. »*

❯ *Sous l'œil : « C'est un manque de respect pour tout le monde. »*

❯ *Sous le nez : « Ces cris m'insupportent. »*

❯ *Milieu du menton : « Faites-le taire. »*

❯ *Sous la clavicule : « C'est insupportable. »*

❯ *Sous le bras : « Ces cris m'énervent. »*

Insistez également sous le sein (voir p. 437), car c'est le point de la colère : « Ça me met en colère. »

Observez ce qui se passe en vous et la manière dont vous vous calmez. Si de nouvelles pensées émergent, si vous faites des liens, prenez-en conscience et travaillez-les. Par exemple, le « sans-gêne » de cette maman qui laisse pleurer son bébé peut vous connecter à un autre souvenir où vous avez été confronté à une situation autrement plus dérangeante. Si l'émotion que vous ressentez en y pensant est élevée, gardez ce souvenir pour plus tard. Évitez de vous activer trop fortement en public. En revanche, pensez à noter ce souvenir par écrit, sur un papier ou dans votre smartphone, afin de pouvoir le traiter plus tard.

L'EFT EN MARCHANT !

Deux de mes amis australiens, le Dr David Lake, psychothérapeute, et Steve Wells, psychologue, ont simplifié la technique EFT de manière à permettre à leurs patients de l'utiliser tout au long de la journée. Ils l'ont appelée SET pour « *Simple Energy Technique* » (technique énergétique simplifiée). Steve Wells est d'ailleurs le premier professionnel à publier une étude sur l'efficacité de l'EFT* sur des personnes souffrant de phobies spécifiques, effectuée sur des petits animaux. Il a également étudié le trouble d'angoisse généralisé, le fameux « TAG ». Il a demandé à un groupe d'anxieux de stimuler les points des doigts en se servant de l'index puis du pouce, sans rien dire, et n'importe quand dans la journée. Comme la plupart des anxieux sont activés par leurs pensées quelle que soit la situation dans laquelle ils se trouvent, la pratique de ce rituel de stimulations permet de

---

* S. Wells, K. Polglase, H.B. Andrews, P. Carrington et A. H. Baker, « Evaluation of a Meridian-Based Intervention, Emotional Freedom Techniques (EFT), for Reducing Specific Phobias of Small Animals », *Journal of Clinical Psychology*, septembre 2003, vol. 59 (9), p. 943-966.

désensibiliser leurs angoisses. Dans son étude, Steve a observé une réduction notable de leur niveau d'anxiété au fil du temps.

À vous de pratiquer !

Fermez l'un ou l'autre de vos poings (ou même les deux), le pouce étant recouvert par les autres doigts. Dans cette position, votre index vient couvrir naturellement le point du pouce (voir p. 436). Vous allez donc l'utiliser pour stimuler cette partie de votre pouce.

Puis, en utilisant le pouce, vous allez stimuler le point à la base de l'ongle de l'index, puis du majeur, de l'annulaire et de l'auriculaire (voir p. 436).

(Notez que, pour faciliter la séquence, nous stimulons aussi le point de l'annulaire, cela vous évite de devoir penser à « sauter » ce doigt.)

Il ne vous reste plus qu'à tester cette méthode : si vous vous sentez anxieux, n'hésitez donc pas à vous servir de cette routine. L'avantage est que vous pouvez stimuler les points sur votre main très discrètement, en gardant les mains dans vos poches par exemple.

Attention toutefois à ne pas remplacer un TAG par un TOC (le célèbre trouble obsessionnel compulsif) !

LES POINTS D'URGENCE (REMAP®)

Steve Reed est un thérapeute américain qui vit au Texas et qui a mis au point une technique voisine de l'EFT utilisant également des points méridiens soigneusement sélectionnés. Les deux premiers points REMAP® sont tellement puissants qu'ils sont vivement déconseillés pour les femmes enceintes. En séance de psychothérapie, j'utilise ces points pour calmer les

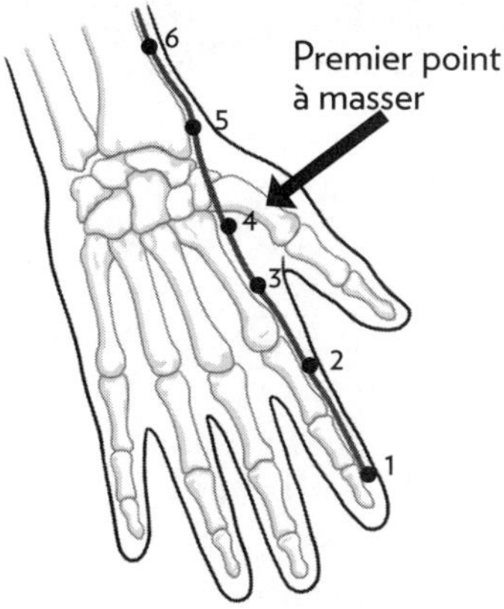

montées émotionnelles très fortes. Dans la vie de tous les jours, vous pouvez vous en servir lorsque vous ne pouvez pas stimuler les points EFT, par exemple. En cas de stress, il suffit de masser chaque point durant 1 minute, puis de passer au suivant.

Le 1er point se trouve sur le dos de la main, à l'intersection des métacarpes du pouce et de l'index.

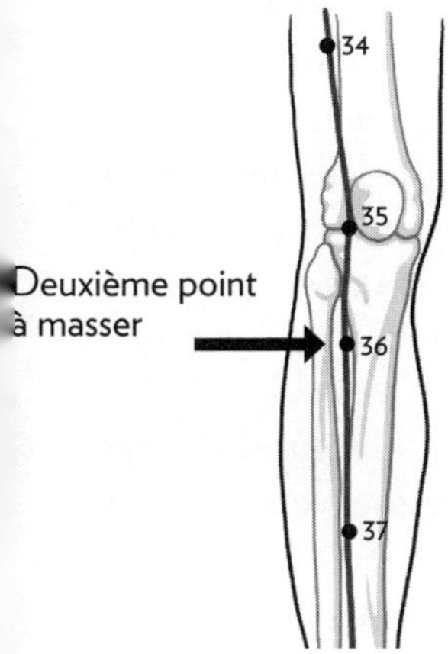

Le 2e point se trouve en partant du bas de la rotule. De là, descendre juste en dessous du renflement (tubérosité tibiale), au-dessus de l'os de la jambe (tibia). À partir du dessous du renflement, se déplacer d'un quart de pouce vers l'extérieur de cet os (latéralement du bord antérieur du tibia).

Le 3e point est simple à trouver : il se situe entre les sourcils, à la racine du nez.

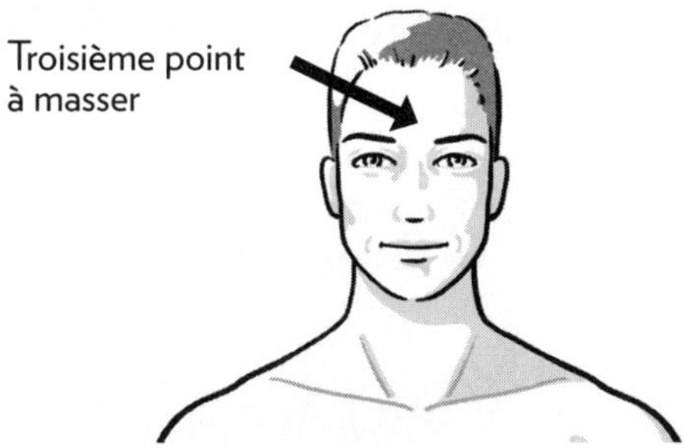

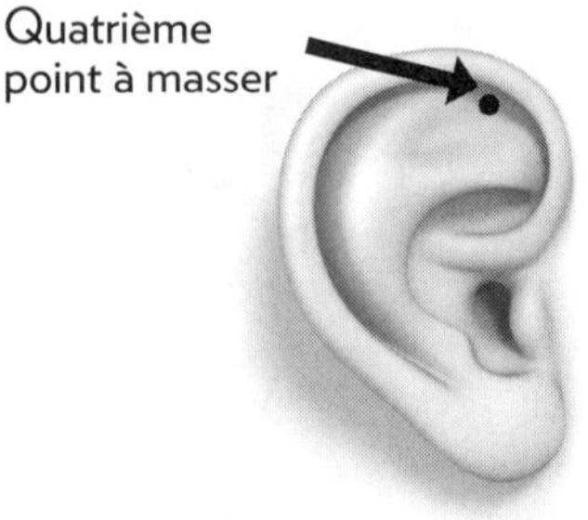

Le 4e point se trouve dans l'oreille : trouvez le point le plus haut, puis glissez légèrement vers l'avant.

AU VOLANT !

J'ai découvert une façon très utile de se servir de l'EFT pour se calmer au volant de sa voiture ! Les occasions ne manquent pas : entre les chauffards qui vous font des queues de poisson ou qui vous klaxonnent à répétition (l'enfer, c'est les autres), les embouteillages ou encore les radars, vous trouverez forcément une occasion de pratiquer l'EFT… Si vous êtes passager, vous n'aurez pas de problème à pratiquer pour autant que le conducteur soit informé de la technique.

Si vous êtes seul dans votre véhicule et que, comme de très nombreuses personnes, vous souffrez d'anxiété au volant, l'EFT devrait très certainement vous aider. Dans les embouteillages, vous pourrez sans problème vous servir de vos deux mains pour pratiquer, mais lorsque vous roulez, cela se complique. Si les conditions de circulation vous le permettent, vous pouvez faire une séance en vous servant du volant comme support à vos stimulations pour le point karaté et pour les points des doigts.

POUR L'ANECDOTE…

Voici un exemple réel de la façon dont j'ai pu utilement recourir à l'EFT pour calmer mon stress en voiture. Un soir d'hiver, je roulais sur l'autoroute enneigée qui relie Genève à Lyon. La neige tombante formait un épais rideau et la visibilité était mauvaise. Soudain, dans un virage, une grosse masse noire allongée sur le sol apparaît dans le halo des phares. Je n'ai pas pu l'éviter malgré mon coup de volant. Plusieurs voitures arrêtées sur le bas-côté avaient dû la percuter avant moi. J'ai bien failli heurter l'une d'entre elles. J'ai senti monter l'adrénaline en moi, en un instant mon cœur s'est mis à battre la chamade. J'ai alors compris qu'il s'agissait d'un sanglier déjà mort et allongé en travers de la chaussée. Instantanément, je me suis mis à stimuler le point sous la clavicule gauche avec la main gauche durant plusieurs minutes. Petit à petit, je me suis calmé, mon cœur a ralenti. Je me suis arrêté quelques kilomètres plus loin en sécurité sur une aire de repos afin de constater les résultats du choc. Il n'y avait rien. J'ai fait alors plusieurs rondes d'EFT pour nettoyer l'impact de cette peur : *« Même si j'ai failli avoir un accident, je m'accepte tel que je suis », « Même si j'aurais pu mourir en percutant une voiture, je m'accepte tel que je suis ».*

Lorsque je suis arrivé chez moi une heure plus tard, j'ai oublié de parler de cet incident à mon épouse, ce qui montre bien que je n'étais plus sous le choc. Au lieu de ressasser encore et encore ce qui aurait pu se passer, j'ai repris le fil de mes pensées et « digéré » en quelque sorte cet accident qui aurait pu avoir des conséquences fâcheuses.

Chapitre 4

Au travail

Avez-vous déjà entendu parler de la prévention du stress et des risques psychosociaux ? Avec plus de 1 personne sur 5 qui se déclare stressée au travail, les entreprises sont obligées d'affronter un enjeu de santé prioritaire ainsi qu'un problème croissant de gestion des ressources humaines.

Nous avons déjà vu à la p. 414 que l'Agence européenne pour la sécurité et la santé au travail définit le stress comme provenant d'un déséquilibre perçu entre les ressources et les contraintes d'une personne dans une situation donnée.

Selon l'Anact*, la notion de risques psychosociaux est plus large. Elle évoque diverses situations de mal-être, de ressenti négatif par rapport au travail. Elle renvoie à des contextes d'entreprises et à des causes très variées : surcharge de travail, contraintes excessives de temps, mais aussi perte de repères, difficulté à trouver du sens au travail, conflit de valeurs... Elle rappelle surtout que la santé psychique n'est pas seulement une dynamique individuelle, mais qu'elle se construit aussi dans la relation aux autres : par la reconnaissance, par la possibilité d'échanges et de coopération dans le travail, avec le soutien des collègues et de la hiérarchie.

---

* Agence nationale pour l'amélioration des conditions de travail (www.anact.fr).

Le stress et les risques psychosociaux sont à l'origine de troubles sur le plan psychologique, avec un impact plus ou moins grave sur le plan physique :

- fatigue, épuisement jusqu'au burn out ;
- troubles du sommeil ;
- maladies psychiques, dépression ;
- troubles du comportement ;
- différentes formes d'addiction ;
- suicides dans les cas les plus graves ;
- maladies cardiaques, troubles musculaires, etc.

Je reçois de nombreuses personnes en consultation qui, suite à une réorganisation de l'entreprise, une compression d'effectif, un changement de hiérarchie, se retrouvent prises au dépourvu. Pour l'entreprise, ces troubles peuvent se traduire par du désengagement au travail, un absentéisme accru, des conflits entre les personnes.

« Ancien timide congénital, j'ai vraiment pu changer mon rapport au groupe grâce à l'EFT. Aujourd'hui, je suis capable de parler en public sans aucun problème, et même de faire de l'humour et de raconter des blagues. Je n'aurais jamais cru pouvoir le faire il y a encore quelques mois. »

Laurent, 48ans

MES COLLÈGUES, CES ENNEMIS

Critiques répétées, mauvaises blagues, fausses accusations, surnoms sarcastiques font partie du lot de nombreux salariés qui n'osent pas se plaindre de peur que cela empire, ou qui l'ont déjà fait en vain. Voici un exemple de mise en application de l'EFT sur vos problèmes du quotidien au travail.

Suite à la sortie du film *Le Prénom*, Jean-Pierre, 51 ans, vient consulter car il se sent de plus en plus mal au travail. Lors de l'entretien initial, l'objectif de mon questionnement est de faire émerger l'origine de ce malaise. « Je les voyais rire dans mon dos, ça a duré plusieurs semaines, et puis un jour j'ai compris. Ils me surnommaient "Adolf", en raison de mon côté autoritaire, voire dictatorial selon certains, depuis que plusieurs membres de l'équipe avaient vu ce film dans lequel Patrick Bruel fait une mauvaise blague à ses amis. » Nous déterminons alors précisément la cible sur laquelle travailler.

- Image la pire : « mes trois collègues en train de me regarder par en dessous avec un sourire moqueur ».
- Sensation et localisation dans le corps : « une grosse boule dans la gorge ».
- Émotion : « l'injustice ».
- Intensité émotionnelle : « 9/10 ».
- Pensée négative : « Ce n'est pas juste, je suis toujours rejeté. »

La phrase de préparation est : « Même si mes trois collègues me regardent par en dessous avec un sourire moqueur, qu'ils me surnomment "Adolf" et que c'est vraiment injuste, je m'accepte tel que je suis. »

Puis nous enchaînons la séquence de stimulations, avec une phrase de rappel qui change à chaque point :

- Sommet de la tête : *« Mes trois collègues me regardent par en dessous. »*
- Début du sourcil : *« Ils m'appellent "Adolf". »*
- Coin de l'œil : *« Cette boule dans ma gorge. »*
- Sous l'œil : *« C'est injuste. »*
- Sous le nez : *« Je suis toujours rejeté. »*
- Milieu du menton : *« Ils se moquent de moi. »*
- Sous la clavicule : *« C'est injuste. »*
- Sous le bras : *« Leur regard moqueur. »*

L'intensité de l'émotion commence à baisser peu à peu jusqu'à 2/10. Puis elle ne bouge plus. C'est alors que Jean-Pierre se remémore un souvenir d'injustice à l'école, où l'instituteur le punit à la place de l'un de ses camarades qui, en plus, se moque de lui. Nous redéfinissons alors la cible le plus précisément possible et nous traitons l'ensemble des aspects de cet événement passé : l'injustice liée à la punition, l'autorité du maître, la moquerie de son camarade, etc. Lorsque cette cible du passé est ramenée à 0 d'intensité, je demande à Jean-Pierre de prendre à nouveau son image mentale de ses collègues qui le regardent par en dessous : « Ce sont vraiment des crétins, dit-il, je ne devrais pas leur donner tant d'importance. » Cette nouvelle pensée valide ainsi le fait que son regard sur cet événement a changé.

Vous aussi, si vous avez tendance à sur-réagir par rapport à une situation donnée, commencez par travailler sur ce qui vous gêne le plus dans cette situation, puis recherchez les événements passés qui font écho à cet événement-ci et traitez-les de la même manière.

LE STRESS DE LA PRISE DE PAROLE EN PUBLIC

La peur de parler en public, que ce soit devant des gens connus ou inconnus, est une anxiété sociale particulièrement courante. Si vous êtes du genre à rougir dès que vous devez vous présenter à plus d'une personne, l'EFT vous sera sans aucun doute particulièrement utile.

Voici comment arriver à juguler progressivement votre angoisse de prendre la parole devant tous vos collègues si vous devez présenter vos résultats à l'ensemble de votre entreprise :

① **Identifiez** une des dernières fois où vous vous êtes senti très mal lors d'une prise de parole en public.

② Lorsque vous avez trouvé, recherchez **le moment le pire** de cette situation. Avez-vous une image en tête ? Entendez-vous encore les remarques de vos collègues ? Que se passe-t-il pour vous ?
③ Lorsque vous reprenez ces éléments (image, phrases prononcées), **que ressentez-vous physiquement** ?
④ **Quelle émotion ressentez-vous** ici et maintenant en y pensant ? De la peur ? De la honte ? Autre chose ?
⑤ À combien estimez-vous l'**intensité de votre émotion**, de 0 à 10 ?
⑥ **Qu'est-ce que vous vous dites de vous** dans cette situation ?

Notez ces différentes réponses sur une feuille de papier. Puis laissez partir l'image de cette dernière fois et demandez-vous quand est-ce que vous avez ressenti cette émotion et ces sensations corporelles pour la première fois, ou l'une des toutes premières fois... Si vous en trouvez une, notez les différents éléments de ce souvenir (image/sons, sensations physiques, émotion, intensité et pensées négatives).

Généralement, l'intensité émotionnelle de la cible la plus ancienne est la plus forte.

Commencez alors à traiter la cible la plus ancienne avec la méthode que vous connaissez maintenant (voir p. 418), jusqu'à ce que vous ne ressentiez plus rien. Notez comment votre pensée (votre cognition) a changé à présent.

Puis reprenez la situation initiale (la même image) et réévaluez cette cible de nouveau. Normalement, l'intensité émotionnelle devrait déjà être à 0.

➔ **MON CONSEIL EN + :** Si l'intensité émotionnelle liée à la situation initiale n'est pas encore à 0, appliquez l'EFT sur le restant émotionnel. Si plusieurs souvenirs du passé remontent, traitez-les tous, les uns après les autres, en prenant votre temps.

LE PIÈGE DE LA PAUSE CIGARETTE

Si vous avez décidé d'arrêter de fumer, que vous êtes en période de sevrage et que vous ressentez une forte envie de rejoindre vos collègues fumeurs lors de la pause cigarette, l'EFT peut vous aider. (Notez aussi que vous pourriez utiliser l'EFT pour arrêter de fumer mais, dans ce cas, la procédure sera plus longue car il faudra travailler sur les causes de l'addiction au tabac, les peurs futures – peur de grossir, d'échouer, de manquer, etc.)

Voici comment vous servir utilement de l'EFT par rapport à la gestion de la compulsion, c'est-à-dire l'envie irrépressible de prendre une cigarette pour faire comme les copains ou les collègues.

À vous de pratiquer !

Répétez la phrase suivante en stimulant votre point karaté : « Même si j'ai envie de fumer une cigarette maintenant, je m'accepte tel que je suis. »

Puis stimulez une dizaine de fois chacun des points de la ronde, en ajoutant ceux des doigts, en répétant de temps en temps : « J'ai envie de fumer une cigarette. »

Observez à quel point votre envie diminue rapidement.

Chapitre 5
Le soir à la maison

Il est souvent nécessaire de se couper d'une grosse journée de travail avant de rentrer à la maison et de ne pas rapporter les problèmes professionnels du jour chez soi. Ce n'est ni le lieu ni le moment de faire faire des heures supplémentaires non payées à votre famille, et à vous-même.

UN SAS AVANT DE RENTRER CHEZ VOUS

Avant de quitter votre travail, à votre bureau si cela est possible ou bien dans les toilettes, pensez à faire 1 ronde ou 2 sur le thème « même si la journée a été dure, que j'en ai ras le bol de tous ces problèmes, je m'accepte tel que je suis. Et c'est bien normal que j'en aie marre. La réalité, c'est que la journée est finie et que j'ai le droit de lâcher ces soucis jusqu'à demain ».

Dans cette longue phrase de préparation, vous notez 2 choses :

① **Nous accueillons notre émotion :** « Et c'est bien normal que j'en aie marre. »

② **Nous ajoutons 2 observations :** « La réalité, c'est que la journée est finie » et « j'ai le droit de lâcher ces soucis jusqu'à demain ». Il s'agit là de deux vérités absolues : il est 18 h 00, donc la journée est bel et bien terminée, et j'ai effectivement le droit de lâcher légalement mes soucis jusqu'au lendemain. Il ne s'agit pas de prononcer des phrases positives, mais de **choisir des phrases réelles et concrètes**.

À vous de pratiquer !
*Prononcez à voix haute votre longue **phrase de préparation** en stimulant votre point karaté : « Même si la journée a été dure, que j'en ai ras le bol de tous ces problèmes, je m'accepte tel que je suis. Et c'est bien normal que j'en aie marre. La réalité, c'est que la journée est finie et que j'ai le droit de lâcher ces soucis jusqu'à demain. »*
*Puis faites une première ronde en restant uniquement sur **le négatif** et **l'accueil de votre émotion** : « La journée a été dure », « J'en ai ras le bol de tous ces problèmes », « Je n'ai vraiment pas été épargné aujourd'hui », « C'est bien normal que j'en aie marre », « Mes collègues sont trop exigeants », etc.*
*Lorsque vous sentez que votre émotion se calme, vous pouvez passer aux **phrases concrètes** : « La réalité, c'est que la journée est finie », « J'ai le droit de lâcher ces soucis jusqu'à demain », « J'ai le droit de relâcher la pression », « La journée est finie »...*

De cette manière, vous vous créez un véritable sas qui vous évitera de rapporter votre stress professionnel à la maison.

POUR ÉVITER DE CRAQUER À L'APÉRO

Si habituellement vous ressentez le besoin irrépressible de boire un ou deux verres de vin ou d'alcool en rentrant du travail, c'est que vous avez probablement enregistré dans votre cerveau un lien de récompense entre l'alcool et le fait d'avoir achevé votre journée de travail. Outre le fait de jouer le rôle d'anxiolytique, la consommation d'alcool agit directement sur le système de récompense (appelé aussi « de renforcement »). Ce système est indispensable à la survie, car il fournit la motivation nécessaire à la réalisation d'actions ou de comportements adaptés, permettant de préserver l'individu et l'espèce. Il se compose de trois dimensions :

- **affective** (le plaisir provoqué par les récompenses, tel que l'alcool dans le cas ci-dessus – ou le déplaisir provoqué par les punitions ou le manque) ;
- **motivationnelle** (envie d'obtenir la récompense ou d'éviter la punition) ;
- **cognitive** (les apprentissages qui découlent du conditionnement).

Cela se traduit par le renforcement de certaines actions (celles qui procurent du plaisir) et l'évitement d'autres (assimilées à la punition). L'alcool, comme d'autres psychotropes, agit directement sur ce système quand il est absorbé.

REPÈRES CONCERNANT LA CONSOMMATION D'ALCOOL

L'OMS (Organisation mondiale de la santé) considère qu'avec une consommation de 3 verres par jour pour les hommes et 2 verres pour les femmes, avec 1 jour d'abstinence par semaine, il y a déjà un facteur de risque. Car le circuit de la récompense est bien entraîné et en situation de stress, d'échec ou de problème affectif, il y a plus de risque à augmenter la consommation pour « adoucir » la situation problématique.

Si vous souhaitez diminuer votre consommation d'alcool, ou pouvoir faire des breaks quand vous le désirez, utilisez l'EFT en faisant des rondes avec des phrases du genre :

- « Même si je n'arrive pas à me passer de mon apéritif, je m'accepte tel que je suis. »
- « Même si ça m'inquiète de ne pas être capable de me passer de mon apéritif, je m'accepte tel que je suis. »
- « Même si j'ai besoin de ma récompense quand je rentre le soir à la maison, je m'accepte totalement et complètement. »

Choisissez l'une de ces phrases, construisez celle qui vous convient le mieux, et pratiquez sans modération !

« En tant que Champenoise de souche, j'ai toujours été "baignée" dans les bulles. Progressivement, le champagne a pris une place importante dans ma vie, au point d'en boire 1 ou 2 coupes tous les soirs. L'EFT m'a permis de casser le côté systématique de ma consommation et d'apprécier encore plus les moments où je décide d'en boire. »

Florence, 42 ans

SE STIMULER AU TÉLÉPHONE

Imaginez la situation suivante : vous rentrez tranquillement en début de soirée chez vous (après avoir fait votre sas de décompression avec l'EFT, voir p. 475) et vous n'avez même pas le réflexe de prendre un apéritif. C'est bien ! Il est 19 h 30, quand soudain une de vos amies téléphone à la maison pour vous raconter une mésaventure particulièrement cuisante. Comme vous êtes très proches, son angoisse et son récit vous touchent au plus profond de vous-même et vous restez pétrifié à l'écouter vous raconter toute l'histoire.

Il est particulièrement intéressant d'utiliser l'EFT dans ce genre de cas : il vous suffit simplement de stimuler vos points EFT tout en écoutant votre amie et en lui répondant. Étant donné que son aventure malheureuse vous touche, vous vous activez émotionnellement comme si vous étiez exposé aux mêmes désagréments et un ensemble de réactions d'adaptation à différents niveaux (nerveux, hormonal, neurotransmetteurs) se produit dans votre corps.

La stimulation des points d'EFT vous permettra alors de limiter les dégâts, et surtout de pouvoir rester calme pour aider au mieux votre amie. Vous serez ainsi dans l'empathie et pourrez comprendre sa souffrance, sans avoir à la vivre avec elle.

Chapitre 6

Avec vos enfants

La pratique de l'EFT avec les enfants nécessiterait un livre à part entière tant les applications sont vastes. La rapidité de leur réponse à cette technique m'étonne toujours. Comme ils ont moins de filtres et portent moins de jugements que les adultes, on dirait qu'ils entrent plus rapidement dans le traitement et qu'ils en sortent aussi dès que l'effet attendu se manifeste. Préparez-vous, vous aussi, à être parfois dérouté par les résultats.

L'EFT AVEC LES ENFANTS : CONSEILS DE BASE

Avec les enfants, soyez simple, créatif, humoristique, factuel et rapide. Pour réaliser une séance avec votre enfant, demandez-lui ce qui se passe pour lui en ce moment et démarrez directement en formulant une phrase du genre : *« Même si j'ai (ce problème), je suis une super petite fille et mes parents m'aiment. »*

Vous trouverez des exemples précis propres à diverses situations dans les paragraphes qui suivent.

POUR DES RÉVISIONS TOUT EN DOUCEUR

Si votre enfant peine à faire ses devoirs, qu'il n'a pas envie de s'y mettre ou qu'il a peur d'avoir une mauvaise note, demandez-lui s'il est d'accord pour faire un petit jeu avec vous afin de l'aider.

À vous de pratiquer !

Demandez-lui tout d'abord ce qui le dérange. Par exemple : « Je ne comprends rien à cette leçon et demain, je ne vais pas savoir répondre à mon évaluation. »

Placez-vous en face de lui (ou d'elle) et montrez-lui comment faire, tout en lui demandant de faire la même chose et de répéter les mêmes phrases que vous à voix haute :

- *Stimulez votre point karaté tout en disant : « Même si je ne comprends rien à cette leçon et que demain, je ne vais pas savoir répondre à mon évaluation, je suis un super petit garçon et mes parents sont fiers de moi. »*
- *Puis commencez les stimulations sur le sommet de la tête en disant : « Je ne comprends rien à cette leçon. » (Vérifiez bien qu'il stimule les points correctement tout au long de la ronde.) Continuez de la sorte sur les autres points : « Je vais rater mon évaluation », « Je ne comprends vraiment rien », « Je vais avoir une mauvaise note », etc.*

N'hésitez pas à exagérer avec les enfants, souvent ils adorent ça et ça les fait rire : « Je vais avoir la plus mauvaise note de toute la galaxie », « Mon prof va me crier dessus tellement fort que mes oreilles vont exploser »... S'il fait la moue ou n'a pas l'air d'accord, interrogez-le pour savoir ce qu'il pense : « Je vois que tu n'es pas d'accord, comment tu dirais, toi ? » Utilisez au maximum ses propres mots à lui.

Souvent, 5 minutes sont suffisantes pour le remettre en route. Au-delà de 6 ans, apprenez-lui à pratiquer seul. Montrez-lui également les points REMAP (voir p. 464) pour qu'il puisse gérer son stress discrètement à l'école.

STIMULEZ-LES VOUS-MÊME !

Il arrive que les enfants n'aient pas envie de faire les stimulations sur eux, mais qu'ils ne soient pas opposés à ce que Maman ou Papa les fasse à leur place.

À vous de pratiquer !
Dans ce cas de figure, prenez la main de votre enfant et commencez à stimuler son point karaté tout en prononçant la phrase (magique, bien sûr...) de préparation et en lui demandant de la répéter ensuite.
Puis enchaînez les stimulations en commençant sur le sommet de la tête tout en douceur (attention sur les tout-petits, comme nous le verrons ci-après). Si vous observez que les stimulations par tapotements le gênent, ralentissez la vitesse de tapping ainsi que la force d'impact. (Vous pouvez tout simplement tenir votre doigt appuyé sur le point une dizaine de secondes, puis passer au point suivant.)

Voici par exemple un rituel plein de douceur qui vous permettra de préparer votre enfant à s'endormir sereinement :

Lorsqu'il est allongé dans son lit, prêt à dormir, demandez-lui de vous raconter sa journée passée et de vous parler de ce qu'il va faire à l'école le lendemain.

Pendant qu'il parle, massez tous les points de la ronde de base (p. 421) et ceux de la main (p. 436) tour à tour. S'il vous confie un élément qui l'active émotionnellement, faites une ronde spécifique sur cette cible, puis reprenez là où vous vous étiez arrêté.

GÉREZ VOTRE PETIT DERNIER

Si votre petit dernier ne fait toujours pas ses nuits et que vous l'entendez pleurer dans sa chambre, essayez de pratiquer par procuration, c'est-à-dire sur vous-même dans votre chambre, mais pour lui. Cette façon de pratiquer peut paraître étrange, mais essayez quand même avant de juger.

À vous de pratiquer !

Vous êtes dans votre chambre et Hugo, votre petit de 3 mois, pleure dans son lit pour la troisième fois cette nuit. Avant de vous déplacer une nouvelle fois, testez ceci : ***imaginez que vous êtes à sa place****.*

Stimulez votre point karaté et dites (en son nom) : « Même si j'ai un gros chagrin et que je me sens tout seul dans mon lit, je suis un merveilleux bébé et mes parents m'aiment. »

Ensuite, commencez la ronde sur vous en commençant par les stimulations sur le sommet de votre tête : « J'ai un gros chagrin », « Je n'ai pas envie de rester tout seul dans mon lit », « J'aimerais être contre ma maman », etc.

Mettez-vous vraiment à sa place, imaginez ce qu'il ressent et dites-le dans votre tête tout en stimulant vos points.

➔ **MON CONSEIL EN + :** Ne stimulez **jamais** le point sur le sommet de la tête d'un bébé. Ne tapotez jamais les points d'un bébé, mais **massez-les** en douceur. **N'insistez jamais** si vous le dérangez.

« Je me suis mise à l'EFT en désespoir de cause, ne sachant plus quoi faire face aux cris de mon bébé. Je n'y croyais pas, et pourtant cela fonctionne : même en pratiquant sur moi, il se calme. »

Brigitte, 38ans

Chapitre 7

Au coucher

Si nécessaire, notamment si vous avez du mal à vous endormir ou si vous êtes un adepte des ruminations anxieuses, vous pouvez vous servir de l'EFT afin d'améliorer votre sommeil. Lorsque vous dormez, l'activité du système nerveux parasympathique est à son maximum : c'est le moment où nous récupérons notre énergie et où la réparation cellulaire est à son maximum. Or, la stimulation des points EFT favorise l'activation du système parasympathique, donc de ce fait vous prépare à dormir. Même sans prononcer aucune parole, la ronde EFT vous sera bénéfique.

ROUTINE ÉNERGÉTIQUE ET RESPIRATION PROFONDE

La routine énergétique que nous avons vue dans le chapitre 2 (voir p. 447) permet d'harmoniser le système énergétique. Vous pouvez également la pratiquer lors de votre douche, en fin de journée.

➔ **Mon conseil en + :** Si vous prenez une douche ou un bain avant de dormir, pensez à ne pas utiliser d'eau trop chaude. Pour bien dormir, le corps a besoin d'une température légèrement inférieure à 37 °C.

Vous pouvez également penser à **respirer profondément** à la fréquence de **6 respirations par minute**.

À vous de pratiquer !
Allongez-vous dans votre lit sur le dos. Inspirez par le nez en gonflant le ventre durant 4 secondes, puis soufflez doucement par la bouche durant 6 secondes.
Vous effectuerez ainsi une respiration complète (inspiration + expiration) en 10 secondes, soit 6 respirations en 60 secondes.

Cette respiration permet également d'activer le système parasympathique.

AU LIT ET EN SILENCE

Je trouve qu'il est fort désagréable de pratiquer l'EFT allongé sur le dos. Voici donc une méthode beaucoup plus adaptée.

À vous de pratiquer !
Face à votre miroir dans votre salle de bains, faites une séance d'EFT avec l'idée d'enregistrer visuellement vos mouvements comme si vous les filmiez dans votre esprit.
Puis, une fois allongé, identifiez l'objet de vos préoccupations et faites une séance d'EFT de la manière suivante : supposons que vous soyez anxieux à l'idée de mal dormir et de vous réveiller dans la nuit. Une fois allongé sur le dos, les bras le long du corps (ou bien dans la position la plus confortable pour vous), ***imaginez-vous en train de stimuler votre point karaté*** *et prononcez cette phrase* ***dans votre tête*** *: « Même*

si j'ai peur de mal dormir et d'être fatigué en me réveillant demain, je m'accepte tel que je suis. »
Ensuite, ***imaginez que vous stimulez tour à tour vos points*** *en visualisant les images que vous avez enregistrées précédemment et en répétant* ***mentalement*** *des phrases courtes de rappel : « J'ai peur de me réveiller dans la nuit », « Je vais être fatigué demain », etc. Je suis souvent surpris de m'endormir avant la fin d'une ronde complète...*

GÉREZ VOS RÉVEILS NOCTURNES

Les réveils nocturnes sont souvent anxiogènes pour les personnes qui sont sujettes aux insomnies. Cette interruption du sommeil déclenche une série de pensées stressantes qui empêchent la personne de se rendormir. L'utilisation de l'EFT est tout à fait appropriée dans ces conditions : il vous suffit de faire les stimulations tout en continuant à penser à ce qui vous préoccupe. Vous pouvez utiliser la méthode précédente en pensée ou bien faire les stimulations en réel si, par exemple, vous vous êtes levé pour aller aux toilettes ou boire un verre d'eau.

« L'EFT m'a permis d'arrêter de culpabiliser lorsque je me réveillais la nuit. À ce moment-là, je me disais toujours que j'allais être fatiguée le lendemain matin, que c'était ma faute si je n'arrivais pas à dormir. Mes pensées s'entrechoquaient alors et je n'arrivais plus à me rendormir. Aujourd'hui, peu importe si je me réveille, je pratique quelques instants et je me rendors. »

Maya, 47ans

L'EFT

3

VOTRE PROGRAMME PERSONNEL AU JOUR LE JOUR

Chapitre 1

1re étape : faire la paix avec son passé

Cet exercice est connu des praticiens EFT sous le nom de « procédure de paix personnelle ». Il permet de se libérer petit à petit de tous les fardeaux et de toutes les blessures que nous avons accumulés et refoulés durant notre vie. Je suis toujours amusé du nombre de personnes qui commencent par dire en consultation qu'elles ont eu une enfance très heureuse, sans accrocs, et qui, quelques dizaines de minutes plus tard, fondent en larmes en se rappelant les humiliations en famille ou à l'école dont elles ont été victimes. C'est la preuve, s'il en était encore besoin, que nous stockons tous les souvenirs du passé profondément à l'intérieur de nous et que nous les portons sans cesse.

FAITES LA LISTE DE VOS SOUVENIRS DOULOUREUX

Commencez par prendre un carnet ou un cahier spécialement dédié à cet exercice.

➔ **Mon conseil en + :** Vous pouvez lui donner un titre humoristique, afin de dédramatiser la situation et de prendre du recul, comme si c'était un roman que vous vous préparez à écrire. Ou bien vous pouvez vous inspirer de la littérature française ou étrangère, au choix : *Les Misérables*, *L'Assommoir*, *L'Étranger*, *J'accuse*, etc.

Puis, comme dans un livre, je vous suggère de constituer des grandes parties :

- ma conception ;
- ma naissance ;
- les premiers mois ;
- mon enfance ;
- l'école primaire ;
- le collège ;
- le lycée ;
- mon chagrin d'amour ;
- etc.

Vous pouvez subdiviser chaque partie en chapitres, puis y consigner des faits précis.

Par exemple, dans le chapitre « Le divorce de mes parents », vous pourriez écrire :

- mon père m'annonce qu'il quitte la maison aujourd'hui ;
- mon grand frère pleure et le supplie de rester ;
- les insultes de ma mère ;
- etc.

Nommez les événements avec précision, comme s'il s'agissait d'un titre de film.

Vous pouvez également inscrire la nature de l'émotion que vous ressentez encore aujourd'hui en y pensant et son intensité émotionnelle chiffrée de 0 à 10 (0 étant l'absence totale d'émotion et 10 le maximum que vous puissiez imaginer).

➔ **Mon conseil en + :** Même si vous ne ressentez rien, notez quand même le souvenir dans votre carnet. Le simple fait que vous y pensiez suggère que ce souvenir n'est pas traité, même si vous vous en êtes a priori détaché émotionnellement.

REPÉREZ LES SOUVENIRS À TRAVAILLER

Dans un premier temps, notez pêle-mêle tout ce qui vous vient à l'esprit, puis, lorsque vous n'avez plus d'idée, arrêtez-vous.

➔ **MON CONSEIL EN + :** Dès que vous commencerez le travail d'EFT, d'autres souvenirs reviendront très certainement. Pensez simplement à conserver votre carnet **toujours à portée de main** afin de pouvoir les ajouter à votre liste, et y revenir par la suite.

Repérez ensuite les événements qui sont les plus anciens (plus ils sont anciens, plus ils sont susceptibles d'être à l'origine de vos réactions émotionnelles) et/ou les plus forts (ceux dont l'intensité émotionnelle est proche de 10/10). C'est avec ces souvenirs (les plus anciens et/ou les plus forts) que vous allez commencer le travail.

TRAITEZ-LES PAR L'EFT

Appliquez alors l'EFT sur chaque événement, l'un après l'autre. Ne zappez pas d'un événement à un autre, même s'ils sont proches. Il est important de déprogrammer complètement chaque événement. Donc, pour y parvenir, pensez à traiter tous les aspects de chaque événement. Lorsque vous êtes capable de repenser à l'événement, c'est-à-dire à l'image la pire de ce souvenir, et que vous ne ressentez plus rien, que vous êtes neutre et qu'à l'intérieur de vous, vous vous dites : « C'est le passé, je n'ai plus à souffrir de cela », vous avez terminé le travail sur cette cible. Passez ensuite à un autre événement proche de 10/10 et continuez ainsi la déprogrammation émotionnelle de tous vos souvenirs désagréables.

OBSERVEZ LES CHANGEMENTS DANS LE PRÉSENT

Utilisez l'EFT chaque jour, pendant environ 15 minutes, et déprogrammez de la sorte au moins 1 souvenir perturbateur chaque jour. Si votre emploi du temps le permet, passez-y plus de temps. Et observez les changements dans votre vie. Observez si vous êtes plus calme, si vos relations avec les autres s'améliorent. Soyez attentif à l'avis de vos proches. Au besoin, posez-leur des questions pour savoir s'ils notent un changement dans votre attitude. Peut-être pouvez-vous constater également des modifications physiologiques, au niveau de votre tension, de votre sommeil et de votre qualité de vie en général.

➔ **Mon conseil en + :** Si vous avez un traitement médical, ne faites pas d'automédication si vous vous sentez mieux et ne décidez pas par vous-même de réduire votre traitement. Dans tous les cas, **parlez-en au médecin** qui vous a prescrit le traitement.

Chapitre 2

2e étape : modifier les pensées qui nous limitent

Les émotions que nous ressentons découlent de nos pensées et de nos sentiments. Les chercheurs en psychologie appellent « cognitions » l'ensemble des images, des phrases, des mots, des sons et de toutes les pensées que nous avons dans la tête par rapport aux situations que nous vivons. Il s'agit d'un flux ininterrompu d'informations de pensées et d'images qui a son propre sens et sa propre teinte émotionnelle en fonction du moment présent. Vous pouvez le stopper temporairement lorsque vous en prenez conscience, mais il reste actif en toile de fond, et vous vous en apercevez à peine. Lorsque vous reprenez le cours de votre vie, ce « discours » redevient inconscient.

Ainsi, la personne dépressive ou déprimée aura en permanence une façon illogique de penser, systématiquement négative. Les émotions qui en découleront l'entraîneront à agir d'une manière inappropriée en société. Et les résultats qui en découleront viendront inévitablement renforcer le bien-fondé de ses pensées.

Il est cependant possible de changer ces « cognitions », que l'on appelle aussi « croyances ». Ces croyances sont (pour les thérapeutes cognitivistes) des vues personnelles sur soi, sur les autres et sur le monde. Elles peuvent être rationnelles et nous permettre d'être bien dans notre vie ou, au contraire, irrationnelles et provoquer un mal-être profond et entraîner des échecs répétés.

La première chose à faire est de les identifier. Puis nous utiliserons l'EFT pour les modifier. Et lorsque ces pensées « automatiques » auront été ainsi transformées, vous serez alors plus à même d'être joyeux, efficace, capable d'aimer la personne que vous êtes et donc de vous accepter tel que vous êtes.

Avec l'EFT, ces changements peuvent être rapides : quelques semaines, voire quelques jours pour certains.

En résumé, on peut dire que les émotions que je ressens découlent de la perception que j'ai de la réalité qui m'entoure. Comme disent certains philosophes, « ce n'est pas le monde qui m'impacte, mais la représentation personnelle que j'en ai ». Et c'est une bonne nouvelle, car la plupart du temps, je n'ai pas d'emprise sur le monde ni sur le réel. En revanche, j'ai le pouvoir de changer mes représentations et mes filtres (mes cognitions) qui me permettent d'avoir une vision de ce monde. En changeant de lunettes, je change ma vision, donc ma réalité. Alors au boulot, maintenant !

REPÉREZ VOS PENSÉES INCONSCIENTES

La psychologie cognitive explore les relations entre le conscient et l'inconscient. Elle sépare d'un côté les processus de pensées automatiques et ceux qui sont contrôlés. Les processus de pensées automatiques sont rapides et inconscients : vous ne pouvez pas, a priori, vous en rendre compte, car ils ne demandent pas d'effort ni d'attention particulière. Ils sont donc plus difficiles à modifier, d'autant qu'ils s'appuient sur des schémas mentaux profonds. Bien souvent, ces façons de penser dysfonctionnent et provoquent une perturbation profonde et permanente des mécanismes de pensée logique. On parle alors de distorsions cognitives.

Les processus contrôlés sont plus lents, conscients et demandent des efforts. Ils correspondent à une forme de pensée logique et sont de ce fait plus faciles à transformer.

Lors de la 1re étape de votre programme (voir p. 491), je vous ai demandé de faire la liste de tous les événements de votre vie chargés d'émotions négatives et de les classer en fonction de l'intensité que vous ressentez aujourd'hui en y pensant, sur une échelle de 0 à 10.

Lorsque vous vous concentrez sur les événements les plus forts, à quoi pensez-vous ? Quel est votre dialogue interne ? Que vous dites-vous sur vous-même, sur le monde et les autres, et sur l'avenir ?

Lorsque vous vous activez émotionnellement, vous vous connectez à vos pensées automatiques qui, en réalité, passent de l'inconscient (mémoire à long terme) au conscient (mémoire à court terme). Prenons un exemple, pour mieux comprendre.

Supposons que dans votre carnet (voir chapitre précédent), vous ayez inscrit « le bide du jour de mon arrivée dans la boîte », en référence à un moment de grande solitude le jour où votre nouveau patron a réuni l'ensemble des collaborateurs pour vous présenter : plutôt que dire simplement quelques mots sur vous, il vous a demandé de le faire, sans vous avoir prévenu au préalable. Surpris, vous avez bafouillé plusieurs lieux communs et inepties en rougissant et en transpirant. Vous avez remarqué toute une gamme d'expressions faciales dans l'assistance, allant de l'étonnement à l'amusement en passant par la suspicion, voire le rejet. Rien que d'y repenser, votre émotion est encore à 7/10.

Vous ressentez de la honte et de la dévalorisation vis-à-vis de vous-même, et de la colère vis-à-vis du traquenard que vous a tendu votre patron ainsi que vis-à-vis des personnes qui vous ont jugé. Vous vous dites que plus jamais vous ne reprendrez la parole devant un groupe.

Dans cet exemple, on observe que cette situation inconfortable active certainement des croyances irrationnelles qui déclenchent une perturbation émotionnelle (honte, colère, etc.) ainsi que des conséquences comportementales (ne jamais plus reprendre la parole en public) et physiques (tensions dans certaines parties du corps, accélération cardiaque, etc.). Les pensées automatiques et les distorsions cognitives à l'œuvre sont :

- « je suis incapable de parler de moi ; je suis un loser ; je suis nul » (pensées automatiques négatives) ;
- « je n'ai aucun avenir dans cette société ; tout le monde me déteste » (distorsions cognitives) ;
- « quelle que soit la situation, je dois toujours être capable de parler de moi au pied levé » (règle générale de fonctionnement).

MODIFIEZ VOS PENSÉES NÉGATIVES

En prenant conscience de vos croyances irrationnelles et de vos modes de fonctionnement inconscients, vous allez pouvoir agir sur eux et les transformer. Vous allez pouvoir moduler votre registre émotionnel à votre guise et réintroduire des façons plus logiques et normales de fonctionner.

À vous de pratiquer !

① *Définissez l'image la pire : « Je suis tout rouge en train de bafouiller devant le personnel de la société le jour de mon arrivée. »*

② *Sensation/localisation : « Mon cœur s'accélère, j'ai chaud. »*
③ *Émotion : « honte, colère ».*
④ *Intensité de l'émotion : « honte à 8/10 et colère à 6/10 ».*
⑤ *Pensées négatives : « Je suis incapable de parler de moi ; je suis un loser ; je suis nul ; je n'ai aucun avenir dans cette société ; tout le monde me déteste. »*

Construisez votre phrase de préparation :
« Même si je me revois encore tout rouge en train de bafouiller devant le personnel de la société le jour de mon arrivée et que je me sens nul, je m'accepte tel que je suis. Et c'est logique de ressentir cette honte (accueil de l'émotion au lieu d'essayer de la refouler).
La réalité, c'est que c'est difficile de parler de soi. D'autant plus quand on n'est pas préparé (réalité par rapport à la norme : la plupart des gens ont du mal à faire cet exercice sans préparation). Je m'ouvre à la possibilité de m'améliorer (ouverture vers autre chose que l'échec programmé). »

Vous allez ensuite travailler en 2 temps :
1ER TEMPS : *prononcez votre phrase de préparation à voix haute en stimulant votre point karaté et enchaînez avec une ronde EFT sur les aspects négatifs et le fait d'accueillir votre émotion.*

- *Sommet de la tête : « Je me revois encore tout rouge. »*
- *Début du sourcil : « J'ai bafouillé devant tout le monde. »*
- *Coin de l'œil : « C'est vraiment la honte. »*
- *Sous l'œil : « Je suis nul. »*
- *Sous le nez : « Je ne suis même pas foutu de me présenter. »*
- *Milieu du menton : « Je suis un loser. »*
- *Sous la clavicule : « J'étais rouge comme une pivoine. »*
- *Sous le bras : « C'est logique d'être honteux. »*

Vous pouvez continuer avec les points de la main et, si besoin, refaire 1 ou 2 rondes jusqu'au moment où vous ressentez un apaisement.

2ᴱ TEMPS : *vous allez passer en mode « recadrage », c'est-à-dire que vous allez commencer à introduire de nouvelles pensées qui sont plus en rapport avec votre apaisement émotionnel. Lorsque l'intensité de l'émotion initiale diminue, cela signifie que vous êtes en train de prendre de la distance par rapport à ce qui s'est passé, votre regard sur la situation change et vos pensées aussi. Le fait de recadrer accélère donc cette nouvelle prise de conscience.*

- *Sommet de la tête : « La réalité, c'est que ce n'est pas facile de parler de soi. »*
- *Début du sourcil : « C'est toujours délicat de se présenter. »*
- *Coin de l'œil : « Mon boss ne m'a pas aidé. »*
- *Sous l'œil : « La vérité, c'est que ce n'est pas simple de parler de soi. »*
- *Sous le nez : « Je me suis planté. »*
- *Milieu du menton : « Je m'ouvre à la possibilité de progresser. »*
- *Sous la clavicule : « J'ai le droit de m'améliorer. »*
- *Sous le bras : « J'ai appris de cette expérience. »*

Dans cette deuxième phase, il s'agit de ***vous orienter vers le changement****. Ne soyez donc pas trop positif, parce que cela a souvent du mal à passer : « je suis le meilleur » ne sera pas – tout de suite – accepté par votre inconscient…*

IDENTIFIEZ LES ÉVÉNEMENTS QUI SOUS-TENDENT VOS CROYANCES

Profitez de ce travail pour rechercher dans votre liste d'événements de vie tous ceux qui sont en relation avec ces croyances négatives, ces distorsions et ces règles de vie qui se posent comme des postulats.

Avez-vous déjà vécu des expériences au cours desquelles vous vous êtes dit « je suis incapable de parler de moi, de me mettre en valeur », ou encore « je suis un perdant », ou bien « je suis nul, je ne suis pas à la hauteur » ? Vous êtes-vous déjà dit dans votre vie « je n'ai aucun avenir dans ce monde, tout le monde me déteste » ? Ou avez-vous appris que « quelle que soit la situation, je dois toujours être capable de faire bonne impression et de parler de moi au pied levé » ?

Recherchez tous les événements reliés à ces manières de voir les choses et traitez-les de la manière présentée ci-dessus. Ce travail peut être long, mais au fil des jours qui passent, vous constaterez à quel point il est essentiel et efficace. En travaillant de la sorte, vous allez transformer vos schémas inconscients et vous commencerez probablement à voir la vie avec les couleurs du bonheur.

Chapitre 3

3e étape : en finir avec les anticipations anxieuses

La France détient le double record de la consommation d'alcool et de tranquillisants, deux produits qui permettent de diminuer l'anxiété. Notre pays serait-il plus anxiogène que ses voisins ? Nos conditions de vie ne semblent pourtant pas rebuter particulièrement les étrangers puisque la France reste la destination touristique n° 1 au niveau mondial.

L'anxiété n'a pas que des inconvénients, bien au contraire. À petites doses, elle nous pousse à mobiliser nos ressources pour effectuer les tâches que nous avons à faire, et augmente même nos performances. Pour paraphraser Sarah Bernhardt (qui fit cette réplique à une jeune actrice lui assurant qu'elle ne connaissait pas le trac : « Ne t'inquiète pas ma petite, ça viendra avec le talent »), il serait plus exact de dire que c'est le talent qui vient avec le trac. En effet, selon les travaux de Yerkes et Dobson (en 1908), l'activation émotionnelle augmente les performances... jusqu'à un certain point où les résultats commencent à décliner pour ensuite s'effondrer. Un peu de trac optimise le talent, trop d'angoisse le paralyse.

L'utilisation de l'EFT ne visera donc pas à supprimer toute forme de peur, mais seulement à éliminer le surcroît qui ne sert qu'à diminuer votre qualité de vie.

PROJETEZ-VOUS DANS LE FUTUR POUR TESTER VOS RÉACTIONS

Une fois ce travail effectué par rapport à votre passé et votre présent (étapes 1 et 2), il est temps de vous tourner vers l'avenir pour vérifier si le travail réalisé lors des deux étapes précédentes porte ses fruits.

Pour poursuivre avec notre exemple, imaginez-vous maintenant en train de reprendre la parole devant l'entreprise réunie au grand complet. Pour amplifier encore l'importance de la situation, ajoutez les clients les plus notables et des personnalités extérieures qui vous impressionnent. Votre patron devait prononcer un discours, mais un imprévu l'empêche d'être présent et au téléphone il vous demande expressément de le remplacer dans cet exercice. Vous ne pouvez vous y soustraire.

En imaginant cette scène :

- **Que voyez-vous ?** Quelle image mentale formez-vous dans votre esprit ? Pourriez-vous la dessiner ? Représentez-vous cette scène avec le plus de précision possible.
- **Que ressentez-vous,** aussi bien au niveau physique (dans votre corps) qu'émotionnel ?
- Si vous ressentez une émotion, **évaluez-la** de 0 à 10.
- Enfin, **observez vos pensées** sur vous, sur la situation et sur ce qu'il pourrait se passer dans l'avenir.

Si vous êtes neutre, voire légèrement excité à l'idée de le faire, c'est très bien. Votre travail porte déjà ses fruits.

Si, en revanche, vous ressentez de l'angoisse, utilisez l'EFT comme vous l'avez appris jusqu'ici.

À vous de pratiquer !

› *Image : « Je me vois en train de parler, mais mon discours n'est pas fluide. Les gens plissent le front et me dévisagent. »*
› *Sensation/localisation : « J'ai la bouche sèche. »*
› *Émotion : « Je suis angoissé, j'ai le trac. »*
› *Évaluation : « 6/10 ».*
› *Pensées négatives : « Ils se disent que je ne suis pas un bon orateur, que je ne suis pas à la hauteur. »*

Vous disposez ainsi de tous les éléments pour pratiquer une séance efficace dans l'instant. Et vous allez à nouveau travailler en 2 temps :

***1ER TEMPS :** prononcez votre phrase de préparation à voix haute en stimulant votre point karaté et enchaînez avec une ronde EFT sur les aspects négatifs et le fait d'accueillir votre émotion négative, en l'occurrence le trac dans cet exemple.*

« Même si je n'arrive pas à parler de manière fluide devant toutes ces personnes, je m'accepte tel que je suis. Et c'est logique de ressentir ce trac. La réalité, c'est que je suis en train de sauver la situation. Je m'ouvre à la possibilité d'accepter mon angoisse. »

› *Sommet de la tête : « Je n'arrive pas à parler de manière fluide. »*
› *Début du sourcil : « Je bafouille devant tout le monde. »*
› *Coin de l'œil : « J'ai le trac. »*
› *Sous l'œil : « Je ne suis pas à la hauteur. »*
› *Sous le nez : « Je n'arrive pas à parler de manière fluide. »*
› *Milieu du menton : « Je bafouille. »*
› *Sous la clavicule : « Je transpire. »*

› Sous le bras : « C'est normal de ressentir ce trac. »
Vous pouvez continuer avec les points de la main et, si besoin, refaire 1 ou 2 rondes, jusqu'au moment où vous ressentez un apaisement.

2ᴱ TEMPS : *vous allez passer maintenant en mode « recadrage », en introduisant de nouvelles pensées plus en rapport avec la réalité de la situation.*
› Sommet de la tête : « La réalité, c'est que je suis en train de sauver la situation. »
› Début du sourcil : « C'est à moi seul qu'il a demandé de le remplacer. »
› Coin de l'œil : « Ce n'est pas simple, ce qu'il m'a demandé. »
› Sous l'œil : « Personne n'aurait aimé prendre ma place. »
› Sous le nez : « J'ai du mal, mais je suis en train de le faire. »
› Milieu du menton : « Je suis en train de sauver la situation. »
› Sous la clavicule : « J'ai le droit me sentir angoissé. »
› Sous le bras : « Je suis angoissé, mais j'assure. »
Maintenant, ***reprenez l'image du début et évaluez-vous à nouveau****. Tant qu'il reste de l'émotion, ajustez votre phrase de préparation et continuez le travail.*

TRAITEZ LES PEURS QUI N'EXISTENT PAS

« J'ai eu beaucoup de problèmes dans ma vie, dont la plupart ne sont jamais arrivés », disait avec humour Mark Twain. À l'instar de cet auteur américain, de nombreuses personnes entretiennent des pensées négatives sur ce qu'il pourrait leur arriver ainsi qu'à leurs proches en envisageant à chaque instant le pire du pire. L'entretien de ces ruminations perturbe le quotidien de ces anxieux ainsi que leurs relations sociales. Si vous êtes dans ce cas, utilisez la méthode suivante.

L'événement que vous redoutez fait-il écho à une expérience que vous avez vécue ? Si oui, travaillez d'abord sur cette expérience passée. Définissez-la avec précision :

- Avez-vous une image toujours présente dans votre esprit ? ou bien est-ce une pensée, une phrase, une sensation ?
- Quelle émotion ressentez-vous dans le présent ?
- Évaluez l'intensité de cette émotion (de 0 à 10).
- Que vous dites-vous quand vous repensez à cette expérience ?

Utilisez toutes vos réponses et pratiquez l'EFT ainsi que vous l'avez appris dans cet ouvrage afin de réduire l'intensité négative de ce souvenir à 0.

Puis, reprenez votre peur par anticipation, pensez-y à nouveau et traitez ce qu'il reste d'émotion en utilisant des phrases de recadrage.

Par exemple : « Même si j'ai peur de m'embêter à ce mariage et de ne pas me sentir à ma place, je m'accepte totalement et complètement. La réalité, c'est que je n'en sais rien, et que je vais peut-être faire des rencontres intéressantes. »

Travaillez en 2 temps : d'abord le négatif, puis, lorsque l'intensité émotionnelle sera proche de 0, utilisez les phrases de recadrage qui commencent par « la réalité, c'est que... ». Si, en formulant ces phrases, l'intensité remonte ou si cela génère une résistance, reprenez avec le négatif jusqu'à revenir à 0.

EN GUISE DE CONCLUSION : PETIT RETOUR EN ARRIÈRE

BIEN AVANT L'EFT, DANS LA CHINE ANCIENNE...

Les Chinois ont découvert il y a 5 000 ans que l'être vivant est une organisation alimentée par une énergie, le Qi. Cette énergie vitale circule le long des méridiens, sortes de canaux d'irrigation qui régulent le flux énergétique dans l'ensemble de l'organisme et relient entre eux tous les organes. Dans cette organisation du vivant, le corps et l'esprit sont en perpétuelle interaction, ce qui signifie que les émotions sont directement reliées au fonctionnement des organes traversés par l'énergie. Ainsi, par exemple, la colère prend sa source dans une mauvaise régulation du foie, la peur naît dans les reins et les poumons sont le siège de la tristesse. L'état de l'âme et la santé de l'organe sont intimement liés. Si l'on rétablit le courant énergétique qui traverse, par exemple, le méridien du foie, la personne régule sa colère et voit ses fonctions hépatiques remises d'aplomb.

Les Chinois, qui étaient des agriculteurs, comparaient le corps humain à un champ. Quand il est sec, il faut l'arroser ; quand il est trop humide, il faut le drainer. L'acupuncture, qui consiste à insérer de très fines aiguilles sur des endroits très précis le long des méridiens, sert à réguler et à contrôler l'énergie dans le corps, comme si on venait nettoyer le système d'irrigation du champ lorsqu'il est engorgé ou brisé. Lorsqu'il y a une douleur, une maladie, un mauvais comportement, cela signifie que l'énergie circule mal. Le travail de l'acupuncteur est donc de déblayer les méridiens pour rétablir une circulation fluide.

L'EFT que vous avez apprise remplit un rôle presque identique. Cependant, alors que l'acupuncture nécessite une pratique et une connaissance très pointues, l'EFT est à la disposition de chacun, parce qu'elle est simple à utiliser et qu'elle ne demande aucune formation scientifique. Il suffit de repérer les points d'entrée et de sortie des méridiens, d'y associer vos émotions et de les stimuler.

LES TROUBLES ALIMENTAIRES, UNE QUESTION D'ÉNERGIE

L'émotion négative est due à une perturbation du circuit énergétique corporel. Il suffit de rétablir le circuit et de réparer les connexions grillées pour mettre un terme à ces émotions qui vous font trop ou mal manger.

Cette pratique dite holistique, c'est-à-dire qu'elle traite l'être humain dans sa globalité, est basée sur les flux énergétiques et leurs conséquences sur notre organisme. Elle englobe les concepts énergétiques de Yin et de Yang, ainsi que celui du Qi (prononcez « tchi »). Nous pourrions dire que le Yin et le Yang sont deux polarités énergétiques complémentaires dont la confrontation provoque la naissance, le développement, l'apogée, le déclin et enfin la renaissance de toute chose vivante et dynamique dans l'univers. C'est l'éternel va-et-vient des transformations qui anime la vie. Le Qi, quant à lui, représente l'énergie vitale, c'est l'élan, le souffle qui anime tout être humain vivant et il est le résultat de la confrontation du Yin et du Yang. La médecine chinoise est née de la vision taoïste qui recherche l'harmonie, l'équilibre, le juste milieu entre ces deux énergies paradoxales.

Les méridiens : un réseau de transport d'énergie

Les méridiens forment un réseau de routes interconnectées à l'intérieur du corps, le long desquelles circule l'énergie. Celle-ci entre par un point, traverse le corps, puis ressort par un autre point. Ce sont ces points d'entrée et de sortie que nous utilisons avec l'EFT. Comme l'explique Donna Eden dans son livre *Médecine énergétique*, les méridiens apportent la vitalité et l'équilibre, retirent les blocages, ajustent le métabolisme et déterminent même la vitesse et la forme du changement cellulaire.

Les méridiens principaux sont au nombre de douze : 6 Yin et 6 Yang. Ils partent de l'extrémité des membres. Ainsi, comme le cours d'un fleuve dont ils sont la correspondance sur le corps, ils grossissent depuis leur source vers le centre du corps. Ils disposent de nombreux affluents, ou méridiens secondaires, et nourrissent de leur énergie la chair, les muscles, les organes internes et la totalité du corps. Ils portent le nom de l'organe ou du système (respiratoire, digestif, circulatoire, immunitaire, nerveux, hormonal, lymphatique, musculaire, ainsi que le squelette) qu'ils desservent, par exemple poumon, intestin grêle, cœur, rate, etc.

Les lignes médianes du corps sont parcourues par deux méridiens particuliers, qui sont deux voies énergétiques additionnelles : le vaisseau central et le vaisseau gouverneur. Ils se comportent comme les autres méridiens et sont donc considérés comme tels.

L'existence de ces voies de transport de l'énergie corporelle a longtemps été niée par la conception occidentale de l'anatomie ; en effet, ils ne sont pas détectables visuellement. Cependant, une expérience utilisant l'injection d'isotopes radioactifs – substance qui sert de révélateur – dans les points d'acupuncture a mis en évidence l'existence d'un ensemble de conduits très fins (0,5 à 1,5 micron d'épaisseur) qui, justement, se calquent parfaitement sur les tracés les plus anciens des méridiens…

Les points : un ensemble d'amplificateurs

Les méridiens relient un ensemble de points d'énergie qui sont autant de zones stratégiques permettant de dégager ou de redistribuer l'énergie. Ces points sont parfois comparés à des amplificateurs qui permettent de capter le signal énergétique et d'augmenter sa puissance afin qu'il puisse atteindre l'amplificateur suivant.

Les points les plus importants pour le traitement des énergies des méridiens par l'aiguille sont ceux situés près des extrémités.

L'insertion des aiguilles permet d'équilibrer le Qi, l'énergie vitale, dans le réseau des méridiens, stimulant ainsi tout le système d'autoguérison ainsi que les organes, dont le fonctionnement s'harmoniserait.

LE SAVIEZ-VOUS ?

Traditionnellement, on compte 365 points répartis sur les méridiens qui parcourent toute la surface du corps. Cependant, d'autres points ont par la suite été identifiés et, selon le modèle utilisé, on peut trouver jusqu'à plus de 2 000 points !

L'acupressure

L'acupressure est une variante populaire et sans aiguilles de l'acupuncture. (Elle a probablement précédé l'acupuncture, qui est plus contraignante à pratiquer en toute situation à cause de la spécificité des aiguilles.) On utilise avec cette technique la simple pression des doigts pour remplacer les aiguilles. Dans la médecine chinoise, le corps et l'esprit sont en perpétuelle interaction. Le corps est marqué par les émotions, et ce corps « marqué » ou douloureux conditionne en retour l'esprit. La circulation optimale de l'énergie vitale à travers notre corps, en dissolvant les blocages émotionnels et énergétiques, est le garant de notre santé physique et de notre esprit. L'acupressure, par des techniques comme le shiatsu, participe à cet objectif de santé et de bien-être et fait partie intégrante de la médecine chinoise.

DE LA TRADITION À LA MODERNITÉ

Dans un autre registre que la médecine chinoise, la kinésiologie appliquée démontre que le corps peut apporter des réponses très sûres lorsqu'on lui pose des questions. Il agit comme un véritable agent de renseignement, capable de transmettre des informations extrêmement justes, précises et datées ! Lorsqu'il est questionné, le corps ne ment pas ! Il réagit au stress, à la douleur, au plaisir, et tout ce que nous vivons, il le mémorise à sa façon. Dès lors, lorsque l'on veut savoir quelque chose, il est simple de le questionner précisément et selon un protocole simple pour obtenir un diagnostic exact (voir partie 3, chapitre 2 p. 495).

La kinésiologie a été élaborée au milieu du XXe siècle par le Dr Goodheart, un chiropracteur qui avait remarqué, lors d'expériences en 1939, que le corps, lorsqu'il est soumis à des influences extérieures bénéfiques, devient plus fort et qu'il s'affaiblit musculairement s'il est soumis à des stimuli négatifs. Le corps peut alors devenir un interlocuteur privilégié dans l'élaboration de son diagnostic puisqu'il peut répondre au travers des muscles. Grâce à ses découvertes, il a apporté une nouvelle compréhension de la chiropratique et du corps, pris comme un ensemble et dont un dérèglement local peut engendrer un déséquilibre général, rejoignant par là même le principe de la médecine chinoise.

Avec le test musculaire, appelé aussi test « énergétique », il devient possible de « poser » des questions au corps qui peut ainsi apporter des réponses à travers son langage musculaire et permettre de distinguer les blocages physiques ou émotionnels qui empêchent son bon fonctionnement.

En 1962, Goodheart découvre l'acupuncture par un livre publié par la société d'acupuncture de la Grande-Bretagne. Il voit alors dans cette technique une nouvelle dimension qui s'ouvre à lui en apportant un moyen de soigner ce qu'il avait diagnostiqué à l'aide de la kinésiologie appliquée.

Il explore alors cette voie et, dans un souci de vulgarisation, recherche un moyen de se passer d'aiguilles en appliquant une pression ou des stimulations répétées avec les doigts sur les points d'entrée des méridiens. Les résultats sont convaincants.

Ses travaux serviront de base de travail à John Diamond, un psychiatre australien qui met au point une nouvelle forme de thérapie, la « *behavioral kinesiology* » (kinésiologie béhavioriste) constituant une variante à la kinésiologie appliquée du Dr Goodheart en introduisant pour la première fois la formulation d'affirmations positives en même temps que la stimulation des méridiens afin de traiter des problèmes émotionnels.

Quel est le lien entre la médecine chinoise, la kinésiologie et l'EFT ? À vrai dire, comme souvent dans les découvertes, le hasard a bien fait les choses ! Au début des années 1980, le docteur en psychologie clinique Roger Callahan fut le premier surpris par un résultat qu'il n'imaginait pas du tout ! Alors qu'il suivait Mary, une patiente, depuis plus d'une année en utilisant sans grand succès tout son arsenal thérapeutique classique (thérapie centrée sur la personne, thérapie cognitive, thérapie comportementale, hypnose, relaxation, biofeedback, désensibilisation systématique, thérapie par l'exposition...), il mit le doigt sur une découverte.

Roger Callahan connaissait la tradition chinoise des méridiens, il connaissait également les travaux de Goodheart, mais pour Mary, rien jusqu'à présent n'avait contribué à éliminer sa phobie de l'eau. À l'idée de prendre une douche, elle frissonnait de terreur. Le simple fait d'apercevoir la piscine dans le jardin de son thérapeute provoquait chez Mary une forte angoisse, proche de la panique. Mais un jour, alors qu'ils travaillaient ensemble sur cette phobie, Mary lui précisa qu'elle « sentait de l'eau au creux de son estomac » et que cela la dérangeait. Le thérapeute lui proposa machinalement de se stimuler juste sous l'œil en pensant à l'eau. Il savait que cet endroit était l'un des points d'entrée du méridien de l'estomac et pensait qu'elle pourrait ainsi soulager sa tension. Mary fit comme il le lui avait demandé durant 2 minutes...

Une fois qu'elle eut fini, elle s'exclama avec étonnement : « C'est terminé, je n'ai plus cette sensation dans mon estomac ! »

Roger Callahan resta sceptique tant cela lui paraissait bien peu probable. Aussi, quand il la vit se lever et courir vers la piscine, il dut prendre la chose au sérieux... Il était très inquiet parce que Mary ne savait pas nager et il se mit à crier afin de l'empêcher de tomber dans l'eau.

Cependant, à sa grande surprise, et même si cela paraissait étrange, la peur de Mary avait bel et bien disparu ! Agenouillée au bord de la piscine, elle s'aspergeait le visage tout en rassurant son psychologue : « C'est parti, docteur, je n'ai plus peur de l'eau. » Le Dr Callahan venait de découvrir qu'en stimulant un certain point tout en se concentrant sur sa phobie, il était possible de s'en libérer.

DES ANNÉES 1980 À L'ORIGINE DE L'EFT : LA TCM

En partant de la kinésiologie appliquée, une nouvelle voie a donc été ouverte dans les années 1980 par le Dr Roger Callahan (*Stimulez votre guérisseur intérieur. La thérapie du champ mental : comment surmonter peurs, dépendances et perturbations émotionnelles*, Roger J. Callahan et Richard Trubo, Guy Trédaniel Éditeur, 2003). Il a perfectionné la méthode en utilisant la procédure des stimulations tout en la combinant avec la concentration sur un problème émotionnel, et a ainsi donné naissance à une toute nouvelle thérapie. Il a découvert par hasard que, si une personne se concentre sur une peur précise, en combinaison avec des stimulations sur des points d'acupuncture, cette peur peut disparaître de façon définitive. Comme c'est souvent le cas, sa découverte est due à un hasard. Lui aussi avait cherché une solution pour ses patients du côté des méridiens. Après sa découverte lors du traitement de Mary et sa phobie de l'eau, il a poursuivi ses recherches en se servant de la kinésiologie appliquée afin de déterminer quels points d'acupuncture entraient en jeu pour tel et tel problème. Il a ainsi mis au point des séquences précises (des algorithmes) pour chaque émotion et a appelé sa méthode « les techniques de Callahan », pour finalement lui préférer le nom de « Thought Field Therapy » (thérapie par les champs de pensée, ou thérapie du champ mental – TCM), techniques avec lesquelles il a obtenu des résultats cliniques remarquables. Notons que la contribution de Roger Callahan est immense et que la technique de l'EFT puise toute son inspiration dans la TCM, depuis la mise en évidence de l'inversion psychologique* et son traitement, la

* Chez certaines personnes, les pensées négatives profondément enfouies entraînent une « inversion de polarité » dans le système énergétique, exactement comme si nos « piles » étaient à l'envers. Ce dysfonctionnement peut faire obstacle à la guérison, et c'est ce qui explique que ces personnes ne parviennent pas à régler leur problème bien qu'elles en aient l'envie réelle.

manière d'évaluer l'intensité du problème et de se concentrer dessus, jusqu'au choix des points de tapping.

Cependant, malgré les résultats brillants et efficaces de la TCM, il subsistait quelques difficultés, notamment le fait d'avoir à apprendre un grand nombre d'algorithmes pour chaque cas à traiter. De plus, le test musculaire pour connaître les points d'acupuncture appropriés est une procédure un peu lourde et doit être effectué avec précision. Il ne s'agit donc pas d'une technique d'autoguérison.

La question s'est alors posée : pourquoi ne pas stimuler tous les points d'acupressure ? On pourrait alors être sûr de ne rien négliger et, en outre, faire l'économie du test musculaire. Plusieurs des élèves de Roger Callahan ont suivi ce raisonnement. Différentes approches ont été élaborées et utilisées, comme l'Acutap du Dr Patricia Carrington, mais celle de Gary Craig a presque d'emblée apporté la réponse la plus complète en mettant au point un protocole de base intitulé EFT (pour Emotional Freedom Techniques, en français « techniques de libération émotionnelle »). Gary Craig, peut-être par sa formation d'ingénieur électricien, a eu l'idée de simplifier les différents algorithmes de la TCM pour aboutir à une seule et même ronde de stimulations qui fonctionne avec tous les problèmes.

LE PETIT + MALIN

Si vous comprenez l'anglais, vous pouvez accéder directement à la méthode de Gary Craig en scannant ce code ou en tapant l'adresse suivante dans la barre d'adresse de votre navigateur Internet : www.emofree.com/eft-tutorial/eft-tapping-tutorial.html?ref=608.

APRÈS L'EFT...

Depuis lors, cette technique évolue et les praticiens l'adaptent à leur sensibilité. Pour être différenciée de la technique originale qu'est l'EFT, l'abréviation MTT (*Meridian Tapping Techniques*, ou « techniques de tapotement des méridiens ») se développe aujourd'hui. Vous la rencontrerez certainement pour désigner l'ensemble des techniques qui découlent de la TCM et de l'EFT.

J'espère que ce guide synthétique vous aura permis de découvrir l'EFT et surtout vous aura donné l'envie de vous en servir grâce à ces quelques pistes concrètes et simples. Voilà maintenant une dizaine d'années que je m'en sers au quotidien avec mes patients bien sûr, mais aussi pour moi et ma famille, pour éliminer les petits tracas comme pour résoudre de plus gros problèmes. Gardez bien à l'esprit qu'il ne s'agit pas d'une panacée universelle. Méfiez-vous aussi des discours racoleurs venant de personnes qui vous promettent monts et merveilles avec telle ou telle technique à la mode, dont l'EFT. Je ne puis que vous encourager à mettre en pratique cet outil et à observer en toute objectivité les résultats que vous obtiendrez. Sachez également que certains gros traumatismes de la vie (surtout ceux qui arrivent très précocement) laissent des traces qu'il n'est pas possible de traiter seule(e), quelle que soit la technique employée. Heureusement, de nombreux professionnels de la santé mentale et physique se forment aujourd'hui à l'EFT (plusieurs listes de contacts sont disponibles sur Internet et notamment sur le site de l'IFPEC : www.ifpec.org).

TABLE DES MATIÈRES

Achevé d'imprimer en Italie par
LEGO S.P.A.
Lavis (38015)
Dépôt légal : octobre 2015